철학,
삶을
말하다

철학, 삶을 말하다
삶의 문제들에 관한 철학적 탐구

2012년 4월 15일 초판 1쇄 발행
2014년 2월 27일 초판 2쇄 발행
2018년 8월 17일 초판 3쇄 발행
2021년 8월 25일 초판 4쇄 발행

지은이 | 이종하
펴낸이 | 이찬규
교정교열 | 정난진
펴낸곳 | 북코리아
등록번호 | 제03-01240호
주소 | 13209 경기도 성남시 중원구 사기막골로
　　　 45번길 14 A동 1007호
전화 | 02)704-7840
팩스 | 02)704-7848
이메일 | sunhaksa@korea.com
홈페이지 | www.북코리아.kr
ISBN | 978-89-6324-179-1 (93100)

값 15,000원

철학, 삶을 말하다

이종하 지음

삶의 문제들에 관한
철학적 탐구

말하다

북코리아

'사는 것이 참 버겁다'고 느낄 때가 종종 있습니다. 휴테크가 중요하고, 하늘을 바라볼 삶의 여백을 남겨놓는 것이 중요하다는 것을 잘 알고 있습니다. 그러나 자신을 돌아보고 생각할 시간도 없이 일상의 삶에 쫓겨 살아가는 나 자신을 봅니다. 간혹 수많은 장애물을 넘어도 또 다른 장애물이 있고 '삶의 고민은 계속되는구나' 하는 생각이 떠오르기도 합니다. 우리의 삶은 문제 해결의 연속이라는 생각을 지울 수 없습니다. 이러한 삶의 사실성을 받아들이는 데는 용기가 필요합니다.

적어도 삶의 문제를 받아들이고 삶의 문제와 씨름한다는 것은 우리 자신에게 형이상학적인 능력이 있다는 것을 말합니다. 사유할 수 있는 형이상학적 동물인 인간은 삶의 의미를 스스로 탐구합니다. 특정한 분위기에서 '난 왜 이렇게 살고 있는가'와 같은 감상적인 질문 던지기에서 새로운 삶을 기획하는 근본적인 자기 성찰에 이르기까지 스스로 삶에 질문을 던집니다. 이 문제로부터 자유롭거나 회피하고 싶지만, 자신의 궁극적인 삶의 문제에 부딪힐 수밖에 없습니다.

이러한 삶의 국면에서 우리는 선인과 현자들의 아포리즘, 철학자들이 들려주는 조언들, 다양한 심리학 서적들, 인간관계학, 성공학 시리즈 서적들을 뒤적이기도 합니다. 또 선후배나 동료, 선생님들을 통해 문제 해결을 위한 조언을 경청하기도 합니다. 그러나 문제의 성격에 따라 우리는 이런 방식이 일시적이며 잠정적인 해결방식임을 인식하게 됩니다. 또한 우리가 부딪히는 실존적 상황의 특수성과 직접성 및 일회성으로 인해 일반적인 삶의 조언들보다 '문제 해결의 주체'인 내가 열쇠를 쥐고 있다는 것을 알게 됩니다. '어떻게 해야 하는가'에 대한 질문에 가장 많은 고민을 하고 있고, 고민을 통해 문제를 해결하는 주체도 나 자신이기 때문입니다.

여기서 우리는 다시금 성찰(reflection)의 중요성을 알게 됩니다. '어떻게 살 것인가'의 문제, '현재 우리의 모습에 관한 존재판단' 그리고 '한국사회에서 나로서 살아가기'에 대한 성찰은 우리 삶의 길이 끝날 때까지 계속될 수밖에 없으며 계속 수행해야 합니다. 이렇게 스스로 묻고 답하는 성찰적인 삶의 태도를 통해서 우리가 원하는 삶, 자기 정체성을 찾아갈 수 있습니다. 스스로 살만한 삶이라는 의미를 부여할 수 있는 사람은 마음의 얼굴을 응시하고 자신의 영혼을 쉼 없이 스스로 돌봐온 사람일 겁니다. 그래서 우리는 어쩌면 지금보다 더 치열하게 고민하고 자신의 문제에 빠져들어야 합니다. 고민이 치열해지다 보면 나와 나의 둘레, 우리 사회로 그 고민의 폭과 깊이가 늘어날 것입니다. 문제 해결을 위한 실천전략과 행동 프로그램을 만들며 깊이 생각하고 자율적으로 행동하는 그런 우리가 되지 않을까 생각해봅니다.

이 책에서는 우리가 우리로 살아가는 데 고민할 수밖에 없는 삶의 문제와 일상의 중요한 사건을 주제화해보았습니다. 이 책이 우리의 실존적 문제를 해결해주지는 못합니다. 단지 이 책은 실존적 문제의 두 측면인 개인적 실존과 사회적 실존의 항상적인 문제에 관해 함께 사유하고 고민할 것을 제안합니다.

일상적 사건을 철학적 언어로 번역하고 다시 철학적 언어를 일상적 사건을 바라보는 거울로 만드는 작업을 하기 위해서 주제별로 구체적인 '사례들'을 제시하였습니다. 각 글의 마지막 부분에서는 '성찰&생각 키우기'를 통해 주제와 연관된 문제들을 '나의 관점'과 '나와 한국사회'라는 관점에서 생각해보도록 구성했습니다.

이 책을 읽고 함께 생각하면서 독자 여러분이 자기 삶의 주체로 거듭나고 좀 더 의미 있는 삶을 살아가는 데 약간의 지적 자극을 줄 수 있다면 이 책은 그 소명을 다한 것이라 봅니다. 초고를 읽고 비판적인 논평을 해준 동학 이찬주 박사님께 진심 어린 감사의 마음을 전하며, 이 책을 출판해주신 북코리아 출판사 이찬규 사장님과 본문 내 꽃 사진을 제공해주신 정암 선생님께도 감사 드립니다.

2012년 4월

이종하

차례 CONTENTS

1

철학, 천 개의 얼굴

안투리움

1 '알고 싶다'는 욕구와 철학

● ● ●

자, 눈을 감은 채 타임머신을 타고 자신의 유아기로 돌아가보자. 머리 위에 모빌이 보이는가? 어떻게 생긴 모빌인가? 여러분은 호기심 어린 눈으로 모빌의 움직임을 따라가고 있지 않은가?

여러분은 이제 막 걸음마를 시작한다. 엄마, 아빠가 한 걸음 뗄 때마다 박수를 치며 좋아한다. 그런데 좀 더 자유롭게 걷기 시작했을 때 여러분이 했던 행동을 돌이켜보자. 여러분은 만지고, 두드려보고, 먹어보면서 사물의 정체를 파악한다. 이제 여러분은 언어를 배워 자유롭게 말을 하며 유치원에 다니고 있다. 그리고 선생님과 엄마, 아빠에게 물어보기 시작한다.

엄마, 귀신이 정말 있어? 엄마, 달이 자꾸 우리를 따라오는 것 같아. 왜 따라오는 거야?

아빠, 저 별 이름은 뭐야? 하늘은 왜 파란 거야? 아빠, 오늘 유치원 선생님께서 지구가 팽이처럼 돈다고 했는데, 우리는 왜 어지럽지 않은 거지?

여러분은 유치원이나 초등학교 시절에는 끊임없이 질문을 던지는 '질문 도사'였을 것이다. 때로는 그것 때문에 엄마, 아빠 혹은 선생님께 꾸중을 들은 기억도 있을 것이다. 그러면 여기서 질문을 던져보자. 여러분은 왜 그토록 많은 질문을 던진 걸까? 타고난 천재 기질이 수많은 질문을 던지게 한 걸까? 아니면 인터넷 게임이나 친구들과의 놀이에는 흥미를 보이지 않은 조숙한 아이였기 때문일까? 도대체 왜 그랬을까?

이 문제에 관하여 철학자 아리스토텔레스는 "인간이 누구나 가지고 있는 타고난 앎에 대한 욕구" 때문이라고 말한다. 앎에 대한 욕구는 지적 호기심이고 그것 때문에 묻게 되는 것이다. 그런데 왜 이런 지적 호기심이 생기는 것일까? 앎에 대한 욕구는 왜 계속 생기는 것일까? 이것에 대하여 아리스토텔레스는 놀라움과 경이로움 때문이라고 말한다.

여러분이 유아기 시절, 침대에 누워 모빌을 쳐다볼 때 '놀라움'과 '신기함'을 느꼈듯이 사물에 대한 놀라움과 경이로움이 지적 호기심으로 나타난다. 이러한 지적 호기심은 앎의 정도와 관심에 따라 사물에서 시작해서 주변 세계, 주변 인물, 타자, 사회, 세계 등으로 그 범위가 확장된다. 그러면 놀라움과 신기함, 경이로움을 가장 잘 지각하는 신체 기관은 어디일까? 바로 눈, 시각이다. 아리스토텔레스는 앎, 지식 형성의 시작을 시각으로 보았다.

그렇다면 놀라움과 경이에서 시작하는 앎의 욕구와 철학은 어떤 관계일

▲ 르네 마그리트, 〈데칼코마니〉
1966년 / 캔버스에 유채 / 81×100cm / 개인 소장

까? 아리스토텔레스는 철학의 시작은 바로 세계에 대한 놀라움, 경이에서 시작한다고 하였다. 사물의 모습, 움직임, 사물의 변화, 운동원리 등에 놀라워하고 그것을 알기 위해 질문을 던지는 것이 바로 철학의 출발이라고 보았다. 결국 철학의 시작이란 수수께끼 같은 '사물의 비밀', '세계의 비밀'을 들추어보고 그 정체를 벗기고 싶은 앎의 욕구와 의지에서 비롯된다. 이 문제와 관련해 철학의 시작은 질문 던지기에서 출발한다는 것을 알 수 있다. 철학은 "왜?"라는 질문을 계속해서 던지는 것이며 그것 자체가 철학의 정신이다. 철학의 역사도 "왜?"로 시작한 한 철학자의 질문에 스스로 답하고, 그 답에 대해 다른 철학자들이 다시 "왜?"라고 묻는 물음의 연속이다.

아고라에서 소크라테스가 젊은이들에게 한 것은 "정의란 무엇인가? 선이란 무엇인가? 아름다움은 무엇인가?" 같은 질문 던지기였다. 철학은 다음과 같은 것을 묻는다.

- ● 철학은 사물, 현상, 사회, 역사, 세계, 인간의 본질에 관하여 묻는다.
- ● 철학은 주장(원인)과 근거에 관하여 묻는다.
- ● 철학은 사용된 개념에 대하여 묻는다.
- ● 철학은 전제, 근거, 결론의 추론 과정을 묻는다.
- ● 철학은 어떻게 진리에 접근할 수 있는지 그 '방법'에 대하여 묻는다.
- ● 철학은 주어진 문제 답변의 정당성과 타당성에 관해 묻는다.
- ● 철학은 자신의 이론적 입장 자체의 정당성을 묻는다.
- ● 철학은 철학이론 자체가 갖는 사회적 영향관계에 대하여 묻는다.

질문 던지기가 철학이라고 한다면 질문에 대한 대답은 중요하지 않으냐고 다시 질문할 수 있다. 이에 대해 영국의 철학자 러셀은 "철학에서 중요한 것은 주어진 문제에 대한 대답이 아니라 오히려 제기된 질문이다."라고 말한다.

철학에서는 질문 던지기와 던져진 질문의 성격, 내용, 정당성, 숨은 전제 등에 대해 묻는다. 이렇게 제기된 질문을 탐구하는 과정이 곧 특정한 대답을 찾아가는 과정이 된다. 따라서 러셀은 제기된 질문이 대답보다 더 중요하다고 하였다. 칸트는 철학의 '질문 던지기'는 크게 세 가지라고 말한다.

- 나는 무엇을 알 수 있는가?
- 나는 무엇을 해야 하는가?
- 나는 무엇을 희망해도 좋은가?

첫 번째 질문이 인식론적 질문이라면 두 번째 질문은 윤리적 질문, 세 번째는 종교 혹은 형이상학적 질문이다. 칸트는 이 세 가지 질문이 '인간이란 무엇인가?'라는 질문으로 수렴된다고 말한다.

2 철학의 정체 엿보기

한 젊은 철학자가 유학을 마치고 처음으로 강단에 섰다. 그는 교양철학 수업이건 전공철학 수업이건 첫 수업시간마다 학생들에게 이런 질문을 던진다.

여러분, 철학이란 무엇일까요? 도대체 철학은 어떻게 정의할 수 있을까요? 철학이라는 것을 정의할 수 있나요? 여기서 정의된 철학의 여러 가지 개념은 각각 같은 뜻과 의미를 가지고 있나요?"

이쯤 되면 학생들은 질문을 들으며 생각했던 '철학이란 무엇인가?'라는 질문에 대한 머릿속의 대답들을 멈추어버린다. 젊은 철학자는 한마디 또 던진다.

여러분, 나도 사실 철학을 오래 공부해왔지만 철학이 뭔지 곰곰이 생각해봐야 합니다. 철학이란 것이 도대체 뭔지……. 요것이 생각할 때마다 바뀌어요, 카멜레온처럼…….

이제 학생들은 숨을 멈춘 채 생각하기를 멈추고 포기하거나 비실댄다. 젊은 철학자가 계속 말을 던진다.

그리고 잊으세요. 지혜를 사랑하는 학문이라는 그 딱딱한 사전적 정의는 말이죠. 우린 이제 어제 주문한 CD에 대해서 말하고, 어제 내려 받아 본 미국 드라마에 대해 리뷰하듯이 철학이라는 것에 대해 나의 눈과 나의 입맛에 따라 말해보도록 합시다……

이 젊은 철학자는 왜 이런 식의 질문을 던진 걸까? 학생들을 혼란에 빠뜨리기 위해서일까? 질문에 곤란해하는 학생들을 보며 자신의 지적 권위를 누리기 위해서일까? 아니면 철학이라는 것은 끊임없는 질문 던지기라는 것을 보여주기 위해서인가? 그것도 아니면 철학에 대한 오해와 편견을 흔들기 위한 변증법적 대화법일까? 확실한 것은 변증법적 대화법은 아니라는 것이다. 대화는 질문과 응답의 놀이인데 여기에는 응답이 없으니 독백에 가깝다. 변증법적이지도 않다. 질문과 대답을 통해 상호작용과 영향관계가 발생하지 않기 때문이다. 일단 왜 젊은 철학자가 그러한 질문을 던지는가에 대한 대답은 유보하도록 하자. 유보도 문제 해결의 전략적 선택이라는 점을 기억하면서.

처음으로 돌아와서 젊은 철학자가 묻는 것은 철학의 정체에 대한 질문이다. 이 질문은 "너 누구니? 나? 나 현빈이야" 같은 대답이다. 그렇다고 철학이 무엇이냐는 질문에 "어…… 철학은 현빈이에요"라고 말할 수는 없다. 대답을 찾기 위해 우회로를 거쳐보자. 우회로란 철학에 대한 우리의 이미지를 확인해보는 것이다. 다음의 질문에 대답해보자.

- ◐ 철학을 색으로 표현한다면 무슨 색일까?
- ◐ 철학을 맛으로 표현한다면 무슨 맛일까?
- ◐ 철학을 만화, 애니메이션, 영화, 드라마에서 등장하는 캐릭터로 표현한다면 어떤 캐릭터일까?

철학을 공부하는 사람들의 특징이나 공동의 인상착의라는 것이 있을까? 있다면 어떤 것일까?

이 우회로에서 만나는 질문들은 이미 철학에 대한 여러분의 생각을 표현하고 있다. 그것이 철학에 대한 정당한 이해이든, 오해에 근거한 관념이든 상관없이 철학에 대한 생각을 표현한 것이다. 그럼 이제 우리는 '철학이란 무엇인가?'에 대하여 대답할 수 있을까? 사실 이 질문만큼 대답하기 어려운 것도 없을 것이다. 누구나 공감하는 확실한 정답이 있다면 더 이상 철학에 대한 질문을 할 필요도 없지만, 우리는 이 질문에 대답하기 어렵다는 것을 알고 있다.

우리는 이러한 질문으로 매우 광범위한, 즉 일반적인 하나의 기본문제를 다루게 된다. 이 기본문제는 광범위하기 때문에 애매하게 해결되지 않은 채로 남아 있고, 애매하기 때문에 다양한 관점을 가지고 이 문제를 다룰 수 있다. 이때 언제나 어떤 정당한 것(etwas richtiges)과 마주치게 될 것이다. 그러나 이러한 광대한 기본문제를 다룸에 있어 가능한 것에 불과한 수많은 견해가 뒤섞이게 되어 토론은 의미 있게 종결되지 않은 채 끝나버릴 위험에 빠진다.

위의 인용구는 하이데거의 《철학이란 무엇인가?》의 한 구절이다. 우리가 봉착한 어려움을 하이데거 역시 느끼고 있었던 것이다. 그러면 이 문제를 해결하는 방법은 무엇일까? 하이데거의 대답은 뜻밖에 간단하다. '철학이란 무엇인가?'에 대하여 묻지 않는 것이다. 그는 이러한 질문을 하지 않는 대신 '철학 하는 것(philosophieren)이란 무엇인가?'에 대하여 묻고 있다.

이 질문 속에 이미 철학적 사고활동이 시작되고 있다. 그러나 철학자들은 이 질문에 대답하기 어렵다는 것을 알면서도 철학을 정의하기도 한다. 철학자들이 생각하는 철학이란 무엇일까? 그들의 이야기를 들어보자.

3 철학자들이 말하는 철학의 정체

하이데거 | "아리스토텔레스 이후 철학은 다 죽었어."

이초인 | "왜요?"

하이데거 | "왜냐고? 존재 얘기를 하지 않거든."

이초인 | "그럼, 어떻게 해요?"

하이데거 | "어떻게 하긴. 내가 이제 새롭게 철학사를 쓸 거야, 제대로……."

이초인 | "제대로 쓰신다는 건……."

하이데거 | "음, 존재 얘기를 잔뜩 써야지. ㅋㅋㅋ"

이초인 | "마르크스 선생님, 요즘 철학은 어때요?"

마르크스 | "과거의 철학자들이나 요즘 철학자이나 다 맘에 안들어."

이초인 | "왜 맘에 안 드세요? 전 뭔가 심오하고 좋던데……."

마르크스 | "그거야 초인이의 지적 허영심을 채워주니까 그런 거 아니야? 난 말이야, 요즘 대세인 헤겔 씨도 그렇고…… 하나같이 세계에 대해 해석만 하려고 들어. 그것도 어려운 말들로 말이야……."

이초인 | "그럼, 해석 말고 뭐가 중요해요?"

▲ 파울 클레, 〈세네치오〉
1922년 / 캔버스에 유채 / 40.5×38cm / 클레재단 소장

마르크스 | "해석만 하면 뭐해? 세상이 좋아지도록 행동을 해야
지. 실천 말이야."

이초인 | "아, 그럼 해석도 하고, 실천도 잘하면 되잖아요."

마르크스 | "바로 그거야. 하지만 역시 실천이 더 중요해!!"

이초인과 철학자들의 가상대화에서 여러분은 무엇을 느꼈는가? 하이데거
와 마르크스는 자신만의 고유한 철학 개념을 가지고 있다는 생각이 드는가?
그러면서 다른 철학에 매우 비판적이고 심지어 부정한다는 느낌이 드는가?
이 대화 장면은 바로 그것을 보여주기 위한 것이다. 보통 사람들은 모든 철학
적인 질문에 정답이 있으며, 모든 철학자가 그것에 대해 합의할 것으로 생각
한다. 과연 그럴까? 대답은 '그렇지 않다'이다. 일단 철학적 질문에 대하여 답
을 찾으려는 습성과 학습 강박을 제거하는 것이 필요하다. 제기될 수 있는 모

든 철학적 문제들에 대한 철학자들의 대답은 제각각이다. 십인십색이라 할 수 있다.

그럼에도 개별 주장이나 주장의 체계들을 왜 하나의 철학이라고 할까? 그 이유는 '근거 있는 대답'을 하기 때문이다. 철학에서는 설득력 있고 논리 정합적인 근거 제시와 타당성 있는 주장이 중요하다. 개별 철학적인 문제를 가지고 철학자들은 다른 주장과 근거를 제시하고 그것으로 논쟁을 벌인다. 철학자들은 철학의 정의에서 시작하여 철학의 방법과 철학에서 중요하게 사용하는 개념들까지 모든 것에 대하여 서로 다른 견해를 갖게 된다. 호르크하이머는 다음과 같이 말한다.

철학의 일반적인 성격에 대해서만 견해 차이가 나타나는 것이 아니라 그 내용에서도 커다란 견해 차이를 나타낸다. …… 모든 사람이 다 알고 있는 바와 마찬가지로 (철학의) 연구 방법에서도 통일적인 견해는 전혀 찾아볼 수 없다.

그럼 철학자들은 왜 논쟁하는가? 호르크하이머의 말처럼 단순히 견해 차이 때문인가? 그것은 세계에 대한 더 나은 이해와 인간, 사회, 역사에 대한 더 나은 이해 때문이라고 할 수 있다. 마치 더 좋은 제품을 만들어 시장점유율을 높이려고 하는 기업이나 사업가들처럼 철학자들도 개념과 이론을 동원해 더 잘 설명하고 이해하려고 논쟁한다.

그렇다면 철학자들이 철학의 정의와 개념, 철학의 목적과 방법론에 대하여 합의하지 못하는 근본적인 이유는 무엇일까? 미국의 철학자 윌리엄 제임스는 철학에 대하여 제각기 다른 주장을 하는 이유는 '철학자들의 경험과 성격'에 달려 있다고 말한다. 이 주장을 좀 더 확대하여 해석하면 철학자들의 생애사적 경험과 지적·사회문화적 배경, 역사적 체험, 시대적 상황 등이 그의 철학관과 철학의 내용을 결정한다고 볼 수 있다.

아리스토텔레스가 아테네 시민이 아니라 노예노동을 하는 노예였다면

'관조적인 삶'을 인간이 행복에 도달하는 최고의 방법으로 생각하지 않았을 것이다. 중세에 종교권력이 세습권력을 압도하지 않았다면 개인주의 사상과 휴머니즘은 더 일찍 발생했을 것이다. 근대의 자연과학 혁명이 없었다면 근대인들의 유토피아적 사고나 진보에 대한 신념 역시 발생하지 않았을 것이다. 과학, 문명, 제도의 발전이 불평등과 구조적 착취를 야기하지 않았다면 마르크스의 《공산당 선언》은 쉽게 등장하지 못했을 것이다. 나치즘이 역사에 등장하지 않았다면 호르크하이머나 아도르노의 《계몽의 변증법》이나 한나 아른트의 《전체주의의 기원》 등은 나오지 않았을 책이다.

이제 철학의 성격을 가장 잘 드러내면서 철학을 적절하게 정의한 한 철학자를 살펴보도록 하자. 그는 키가 작고 얼굴이 갸름하고 성격은 내성적이다. 사는 곳은 쾨니히스베르크이며 산책을 좋아하고 카드놀이와 당구가 특기인 독신남이다. 그는 바로 칸트이다.

칸트는 "배울 수 있는 철학은 없다. 단지 철학 하는 것만 배울 수 있다"고 말한다. 철학 함이란 다른 것이 아니라 '스스로 생각하기'와 '스스로 행위 하는 것'이다. 주체적인 사고와 자율적인 행위를 실천하는 것이 바로 철학 함이라는 것이다. 일단 철학 함은 명사가 아닌 동사이다. 주체적으로 사유하고 사유에 따라 행위 하는 것이다. 그것이 철학 하기이다.

그런데 문제는 주체적으로 사고하고 행동하기가 쉽지 않다는 것이다. '엄마가 그렇게 하라고 해서', '선생님의 그것이 맞다고 해서', '신문에서는', '유행에 따라서', '남들도 다 하는데' 등등 우리는 수많은 권위와 사회적 관습, 의례에 따라 사고하고 행동한다. 사고와 행위의 원인이 이

▲ 임마누엘 칸트

와 같은 것들이라면 우리는 다른 사람의 생각과 사회적 관례에 따라 살아가는 비주체적이고도 비철학적인 삶을 사는 것이다. 칸트는 이런 삶을 '미성숙한 삶'이라고 보았다. 성숙하다는 것은 몸의 성숙을 말하는 생물학적 연령 개념이 아니다. 칸트의 '성숙' 개념을 알아보자.

계몽이란 우리가 마땅히 스스로 책임져야 할 미성숙 상태에서 벗어나는 것이다. 미성숙이란 다른 사람이 이끌어주지 않으면 자신의 지성을 사용할 수 없는 상태를 말한다. 이 미성숙한 책임은 지성의 결핍에 있는 것이 아니라 용기의 부족에 있다. 그러므로 과감히 알려고 하라. 너 자신의 지성을 사용할 용기를 갖는 것이 계몽의 표현이다.

여러분은 어떤가? 칸트는 미성숙한 상태에서 벗어나 자신의 발로 뚜벅뚜벅 걸어가기를 요구한다. 칸트에게 철학 함이란 결국 주체적인 사고와 행위를 하는 성숙함을 말하는 것이다.

4 철학 vs 과학

● ● ●

철학의 성격과 정체를 더욱 깊이 이해하는 데는 과학과의 비교가 필요하다. 첫째, 과학은 특정한 연구대상과 연구방법에서 과학자 집단 내에 일정한 합의가 존재한다. 연구대상에 적합한 연구방법론, 연구방법 적용의 과학성, 연구결과 평가의 정확성과 신뢰성, 연구결과의 검증 가능성과 연구재현 가능성에 대한 일정 기준과 합의에 도달하지 않으면 연구 성과를 인정받지 못한다.

이에 반해서 철학은 연구 분야와 연구방법론에서 완전히 개별 철학자가 마음대로 상정한 기준에 따르며 특정한 철학적 연구 성과를 객관적으로 평가하는 연구자 집단의 절대적 기준이나 합의가 존재하지 않는다. 좀 더 정확히 말하면 그러한 기준 자체를 비판한다. 이 문제와 관련해 철학의 한 분파인 실증주의나 분석철학의 몇몇 철학자는 철학이 과학적이지 못하고 애매모호하다고 비판한다. 그들은 철학의 비과학성, 비엄밀성을 비난하며 모든 철학은 과학성에 입각해야 한다고 주장해왔다. 소위 철학적 방법론의 통일을 주장한 것이다. 그러나 이러한 철학적 입장은 진리 독점적이고 독단적인 철학관에 불과하며, 철학에 대한 그릇된 오해에서 비롯된 것이라는 비판을 받기도 한다. 과학적인 철학 방법론을 주장하는 철학자들이 받는 비판은 과학과 과학성은 허구이며, 과학은 하나의 가설에 불과하다는 점, 과학에 절대적 객관성을 부여할 수 없다는 또 다른 비판에 직면한다.

둘째, 철학과 과학은 활동 범위에 커다란 차이를 보인다. 과학은 과학 분과에 따라 연구대상과 목적에 따라 고유한 문제영역과 이론 활동의 고유성이 있다. 이에 반해서 철학은 활동 영역의 범위가 따로 없으며 모든 영역과 문제에 대하여 관여하고 견해를 밝히는 경향이 있다. 소크라테스, 플라톤, 아리스토텔레스의 철학이론들을 보면 그 영역이 가히 모든 학문 분야를 포괄하고 있음을 알 수 있다. 학문의 분화가 본격적으로 이루어진 근현대에도 사정은 크게 다르지 않다.

철학은 특정 학문이 발달한다고 해서 그 문제에서 손을 떼지 않는다. 인공지능이 발달하거나 유전공학이 발달하고, 인터넷, 소셜 네트워크 서비스(SNS)의 등장과 영향력이 강화될 때에도 철학은 그것이 갖는 윤리적 문제, 인간성의 자기실현 관점, 그러한 학문의 방법론을 철학적으로 반성한다. 그렇다면 철학은 왜 이렇게 활동범위의 경계가 불분명한 것일까? 그것은 철학이 갖는 내적 속성 때문이다. 철학적 사유의 범위는 특정 철학이론이나 학파의 차이를 불문하고 인간이 사고할 수 있는 전 영역을 포괄한다. 따라서 개별 철학분과는 다른 주제 영역에 관해서도 다른 학파가 주장하는 철학적 입장에 대한 자신들의 주장과 반론을 제기한다. 철학의 활동 분야가 광범위한 또 다른 이유는 철학이 과학과 달리 자신의 모든 이론적 활동 영역을 스스로 규정하고 그 규정의 의미를 스스로 문제 삼는 자기 준거적 이론 활동을 하기 때문이다. 따라서 철학은 연구 활동 영역의 경계 설정 자체가 커다란 의미를 갖지 않는다.

셋째, 사실과 가치의 관계에 관련하여 철학과 과학은 차이가 분명히 드러난다. 철학은 사실과 가치를 엄격히 구분한다. 물리적 사실(fact), 심리적 사실, 사회적 사실, 역사적 사실 등의 사실 개념과 상관없이 철학은 사실이 곧 진리이거나 가치를 결정한다고 보지 않는다. 그러나 과학은 사실과 가치를 같은 것으로 간주한다고 볼 수 있다. 철학의 입장에서 보면 과학은 사실 환원론, 사실 절대주의라고 볼 수 있다. 철학은 사실의 배경과 사실을 결정하는 관계의 역사적이며 사회문화적 맥락을 들추어내는 데 관심이 있다. 또한 그러한 사실이 인간의 삶에 어떤 영향을 미치는가에 관심을 둔다. 과학에서 중요시하는 과학적 사실의 발견이 아니라 그러한 발견이 갖는 의미에 집중한다. 철학에서 중요한 것은 과학에서 문제 삼는 사실의 중요성에 대한 '가치판단'인 셈이다.

넷째, 사회발전과 사회 기여라는 관점에서 철학과 과학은 차이가 선명하게 드러난다. 과학이 사회발전에 중요한 역할을 한다는 것은 의심하기 어렵다. 항법술의 발견, 기계와 산업로봇의 발명은 고된 노동이 가져다주는 고통을 상당 부분 해방했다. 항법술과 항공기, 고속전철의 발전은 인간의 활동공간을 전 지구적 차원으로 넓히는 데 일조했다. 인터넷과 통신수단의 발달은 지구촌화를 앞당기는 주요 동력임이 틀림없다. 의학의 발달은 생명연장과 수명연장뿐만 아니라 각종 전염병으로부터 인간을 자유롭게 만들었다. 이 모든 것이 과학의 발전을 바탕으로 한 것이며 과학이 사회발전과 인간해방에 기여한 점이다. 과학의 사회기여도와 더 나은 삶을 위한 토대를 제공했다는 관점에서 볼 때 철학과는 비교할 수 없을 정도이다.

그런데 철학은 과학과 다른 방식으로 사회와 인간에 이바지해왔다. 어디에 고속전철을 건설할 것인지, 정보 소외 계층을 위해 통신시설을 어떻게 건설하고 운영할지의 문제는 단순히 교통공학과 정보통신 정책, 경제성 분석만으로 이루어진다고 할 수 없다. 그 이면에는 그것을 가능하게 하는 이론적 원리와 원칙들이 있고, 그 외에 사회정치적인 요소들과 정책철학적인 요소들, 인간의 복지에 관한 다양한 이론적 입장들, 평등과 불평등 및 사회정의와 관련된 복잡한 사유체계들이 뒤엉켜 있다. 바로 그러한 복잡한 관계망의 저변에 철학이 깔려 있다. 이처럼 철학은 과학처럼 하드웨어의 토대를 제공하는 원리가 아니라 하드웨어를 운용하는 소프트웨어의 원리와 원칙, 운용의 방향과 규칙에 관계함으로써 사회에 이바지하고 있다.

철학은 과학이 이룬 성과를 바탕으로 사회의 운영방향과 운영원칙을 비판적으로 성찰하고 수정함으로써 더 이성적이고 더 인간적인 사회가 되는 방향으로 과학을 견제한다. 이것이 바로 철학의 사회적 기여라고 할 수 있다. 또한 철학은 과학적 원리에 의존하는 과학적 유토피아에 의한 사회건설을 비판함으로써 사회의 건강성과 사회적 휴머니즘을 촉진하는 역할을 한다. 철학적 비판의 방식은 과학에 의존하는 삶의 긍정성과 부정성을 동시에 다 드러내는 방식을 통해 이루어진다.

다섯째, 사회와의 관계에서 철학과 과학은 대조를 이룬다. 과학은 철학과 달리 사회와 대립하는 경우가 많지 않다. 과학은 사회적 요구를 대부분 수용한다. 각종 과학진흥정책에 의해 추진되는 과학연구나 기업의 이익추구를 목적으로 이루어지는 과학 활동 역시 사회적 요구의 반영이라고 할 수 있다. 과학이 사회와 대립하는 경우는 극히 이례적인 경우로, 특정한 학설이 그 시대의 지배적인 세계관과 대립하는 경우이다. 과학적 사실이 특정 사회의 종교나 도덕규범을 송두리째 흔들어서 사회구성원들에게 심리적 공황이나 위기의식을 증폭시키는 경우이다. 예를 들면 갈릴레이의 '그래도 지구는 돈다'와 같은 일화를 들 수 있다. 오늘날 사회에서는 그 같은 실례를 거의 찾아보기 어렵다고 볼 수 있다. 미국의 특정한 주에서 과학교과서에 진화론을 싣지 못하는 것이 하나의 사례라고 할 수 있다.

이에 반해 철학과 사회의 관계는 본질적으로 긴장과 갈등의 관계이다. 철학은 항상 '이상적인 사회'의 방향을 제시하고 그 원리를 천명한다. 이러한 철학의 태도는 사회현실에 대해 비판을 멈추지 않게 한다. 철학은 이상과 현실의 부조화를 인식하면서도 조화를 위한 대안적 사회비판을 수행한다. 사회해방과 인간해방을 위해 철학은 사회에 대하여 끊임없이 그 사회의 부정성을 비판하는 것이다. 비판의 대상은 사회에서 이루어지는 모든 것이다. 사회적 불평등, 사회적 악습과 관례, 사회적 규범과 제도, 도덕과 윤리 등 실로 광범위하다. 철학은 그 본성상 현실과의 긴장관계를 끊임없이 유지하려는 철학적 태도를 보이고 있다.

물론 모든 철학이 사회와 긴장이나 대립관계에 있는 것은 아니다. 어떤 철학은 사회긍정의 철학, 사회옹호의 철학이기도 하다. 여기서 중요한 것은 철학 내적 성격에서 기인하는 사회와의 대립과 개별 철학자들이 권력자와 손잡고 권력을 위한 철학이론을 만드는 경우를 구분해야 한다는 것이다. 수많은 나쁜 철학자들이 독재자와 부당한 사회체제를 옹호하는 이데올로기와 변호하는 이론을 만들어낸 것을 부정할 수는 없다. 그럼에도 나치를 옹호하는 철학과 반대하는 철학, 박정희 군사독재를 변호하는 철학과 거부하는 철학은 늘 있었고 그러한 철학자들의 이론 활동 역시 늘 존재해왔다.

5 철학의 기능과 역할에 관한 오해와 진실

● ● ● ●

개인에게 철학적 사고는 사고의 명료화, 사건, 사태 분석능력, 문제 해결 및 대안제시 능력, 전체적인 조망능력, 전략적 사고 능력, 지적 즐거움 등을 준다고 할 수 있다. 지나치게 철학적 능력을 발휘하면 종종 주변 사람들로부터 '따분하다', '재미없다', '현학적이다', '잘난 체한다', '말꼬리 잡는다', '4차원이다' 등의 소리를 듣기도 한다.

개인적 차원이 아니라 사회적 차원에서 철학은 어떤 사회적 기능과 역할을 할까? 여기서 철학은 단순히 분과학문으로서가 아니라 포괄적인 의미의 비판적 사고활동 전체를 말한다. 철학이 도대체 사회에 어떤 기여를 할 수 있다고 생각하는가? 흔히 사람들은 "철학은 아무 쓸모가 없다"고 말한다. 철학의 유용성 논거를 통해 철학의 쓸모없음을 말한다. 아이러니하게도 철학자들도 그런 부분을 인정한다.

호르크하이머는 "철학은 불편한 친구이다. 완고하고 직접적인 유용성도 없다. 따라서 현실적으로 성가실 뿐이다"라고 말했다. 여기서 중요한 것은 '직접적인 유용성'이다. 이 직접적인 유용성, 다시 말해 경제적 가치창출이 어렵다는 이유로 철학도에게 '철학 해서 뭐 먹고살래?'라고 걱정스러운 냉소를 보낸다. 공적 영역의 차원, 특히 대학에서는 철학과가 구조조정의 0순위이다. 실제로 전국 대학의 10여 개가 넘는 철학과들이 '학교재정에 도움이 안 된다'는 이유로 폐과되었다. 직접적인 유용성의 논리이자 철학과의 폐과 논리가 된 것은 바로 경제성의 원칙이다.

그런데 철학과의 폐과 현상에 반하는 흥미로운 사회현상이 있다. 이상한 점은 CEO를 대상으로 하는 철학 강좌나 인문학 강좌는 항상 만원을 기록한다는 것이다. 게다가 철학·인문학 강좌를 수강한 CEO 중에는 기업 내 사내교육 기관을 통해 철학·인문학 강좌를 직접 개설하는 사람도 있다. 이외에 시민을 대상으로 한 각종 철학·인문학 강좌가 성황을 이루고 있고 최근 몇 년 전부터는 취약계층, 노숙자, 수감자, 새터민을 대상으로 한 각종 철학·인문학 강좌가 개설되고 있다. 요즘에는 구청 등의 지자체에서도 철학·인문학 강좌가 개설되고 있다.

그러면 왜 이런 현상이 발생하는 것일까? 유용성의 논거로는 설명하기 어려운 현상이라고 할 수 있다. 직접적인 유용성을 따진다면 이러한 강좌들은 성공하기 어렵다. 그렇다면 이것은 철학이 개인의 삶에 간접적인 유용성을 가지며, 미래의 유용성에 대한 새로운 이해에서 비롯된 것이 아닐까? 이들 강좌 참여자들은 대부분 자발적 참여자이다. 이들 자발적 강좌 참여자들이 이해하는 간접적이고 미래적인 유용성의 성격은 무엇일까? 그것은 철학이 직접적인 재화가치를 창출하지는 않지만 삶의 의미와 가치의 창출에 도움이 된다는 것을 직접 자각하고 있다는 의미의 유용성일 것이다. 실제로 철학·인문학 강좌를 수강한 노숙자가 일반 노숙자 지원 프로그램으로 지원을 받은 노숙자보다 새로운 인생을 설계하는 경우가 높다는 경험적 연구가 존재한다.

이와 같은 사례들을 통해 우리는 유용성 논거가 지나치게 편협한 논점에 근거해 있다는 것을 알 수 있다. 우리는 유용성의 다양한 의미들을 왜곡하고 있으며 삶의 굴레와 사회적 스트레스 속에서 인간은 형이상학적 욕구를 재발견할 수 있다는 점, 철학이 삶의 의미를 상실하거나 자존감이 약한 사람, 사회적 성공 경험이 부족한 사람, 사회의 리딩 그룹, 조직의 수장들에게도 새로운 의미창출과 성찰적 자기 치료, 삶에 대한 총체적 반성과 재설계, 미래설계를 위한 지적 상상력과 창의적 사고력을 촉진하는 주요한 기능과 역할을 하고 있다는 것을 알 수 있다.

이와 관련해 철학의 사회적 기능과 역할 중에서 가장 중요한 것은 사회에 관한 존재판단을 수행한다는 점이다. 다시 말해서 현재 사회의 상태와 사회 속에 사는 개인의 상태에서 비판적 철학 활동을 시작한다는 것이다. 인간성을 실현하는 사회, 사회적 불평등이 해소되는 사회, 자유로운 개인들의 공동체로서 자유와 행복이 구현되는 사회, 성차, 인종 차이, 문화 차이, 지위 차이, 능력 차이 등의 차별을 비판하고 사회의 미래를 전망하는 역할이야말로 철학의 진정한 사회적 기능과 역할이라고 할 수 있다. 이럴 때 철학은 보이는 억압과 보이지 않는 각종 억압을 인식하고 의식화하면서 '역사의 교정자', '인류의 양심', '사회의 좌표'가 될 수 있다.

철학은 이와 같은 역할을 실제로 수행해왔다. 예를 들어 플라톤의 《국가론》은 과두정치와 민주주의 정치체제와 현실을 비판하면서 이상적인 그리스 사회의 건설을 위한 설계도라고 할 수 있다. 루소의 《인간 불평등 기원론》은 인간 불평등의 사회적·제도적 원인을 해명하기 위해 기획되었고, 《사회계약론》과 《에밀》을 통해 그 해결책을 제시했다. 칸트는 《영구평화론》을 통해 국가 간의 평화를 어떻게 영구히 구축할 수 있는가를 보여주고자 하였다. 롤즈는 《사회정의론》을 통해 분배적 정의 원칙의 실현이 곧 사회정의의 실현임을 규명하고자 하였다.

이처럼 철학이 사회비판을 중단한다는 것은 '철학의 죽음'을 의미한다. 그때 철학은 학문제도의 특정 분과학문으로 전락하고 만다. 철학이 분과학문으로 머무는 이상 철학은 철학자들만의 리그에 머무는 특수한 언어게임일 뿐이며 철학의 사회 영향력은 사라지게 될 것이다. 철학은 '나'의 현재 삶과 현 사회의 상태를 비판하여 더 나은 가능성을 찾아가는 것이며 이것이 철학의 과제이자 철학의 사회적 역할이다.

성찰 & 생각 키우기

1. 자신의 유년기에 가장 궁금했던 일, 가장 많이 했던 질문은 무엇이었는가?

2. 세계에 대한 나의 질문은 생애 주기에 따라 어떻게 변화했는가?

3. 유아기, 아동기의 사물과 세계에 대한 질문과 철학적 질문의 차이는 무엇이라고 생각하는가?

4. 철학의 시작, 앎의 욕구에 관한 아리스토텔레스의 주장에 동의하는가? 동의하지 않는다면 그 근거는 무엇인가?

5. 어떤 판단을 내릴 때 가장 큰 영향을 미치는 요소는 무엇인가?

6. 규범, 권위로부터 주체적으로 사고하고 행동해왔는가?

7. 가장 중요하게 생각하는 가치와 삶의 태도는 무엇인지 검토하고, 왜 그러한 가치와 태도를 보이게 되었는지에 대해 토론하자. 나의 철학을 옹호할 철학자는 누구인가?

8. 칸트의 철학 함과 성숙의 논리에 대하여 동의하는가?

9. 현재 철학이 일반인들에 의해 오해되거나 쓸모없는 것으로 취급되는 이유는 무엇인가? 철학자와 철학교육의 문제는 무엇이라고 생각하는가?

10. 현재 한국사회에서 철학 학문 집단이 사회적 역할을 제대로 수행하고 있다고 평가하는가? 오늘날의 철학은 나와 한국사회에 어떻게 이바지할 수 있는가?

2

나, 주체로 산다는 것의 어려움

풍란

1 주체로 산다는 것의 어려움

●●●

삶을 살아가는 데 가장 중요한 것은 무엇인가? 친구, 부모님, 돈, 사랑과 같은 개별요소를 배제하고 삶의 태도나 가치와 관련해서 답한다면 "나에게 정말 중요한 것은 무엇인가?"일 것이다. 아마도 자신이 추구하는 삶의 가치에 따라 라이프스타일을 실현하며 사는 것이 아닐까? 결국 '자기 자신으로 사는 것'이 삶에서 가장 중요한 첫 번째 가치일 것이다. 자기 자신으로 산다는 것은 한 독립적인 인격체로서 주체적으로 산다는 것을 말하며, 그것은 '나 자신으로, 나답게 사는 것'의 다른 표현이다. 우리에게 잘 알려진 법정 스님의 글을 보자.

나는 내 삶을 그 누구의 간섭도 받지 않고, 그 누구도 닮지 않으면서 내 식대로 살고 싶다. 자기 식대로 살려면 투철한 개인의 질서가 있어야 한다. 그 질서에는 이웃에게 해를 끼치지 않음도 포함된다. 그리고 때로는 높이 솟아오르고, 때로는 깊이깊이 잠기는 삶의 리듬도 뒤따라야 한다. 사람이 무엇 때문에 사는지, 무엇을 위해 살아야 하는지, 그리고 순간순간을 어떻게 살아야 할 것인지는 저마다 자신이 선택해야 할 삶의 과제다. 우리가 명심해야 할 것은 우리 각자가 이 세상에서 단 하나밖에 없는 독창적인 존재라는 사실이다. 단 하나뿐인 존재이기 때문에 어떤 상황에 놓여 있을지라도 자기답게 사는 일이 긴요하다.

법정 스님이 말하는 '주체적'으로 산다는 것은 무엇인가? 그것은 '독창적인 존재'라는 사실의 자각에서 시작된다. 이러한 자각은 '그 누구도 닮지 않으면서' 사는 삶, 다시 말해 고유한 자신의 사유와 태도를 갖고 살면서 삶의 연속적인 흐름의 '순간순간'에 '선택'을 하면서 자기 자신이 되어가는 것이다.

그런데 '자기 자신으로 산다는 것'이 얼마나 어려운 일인가? 삶이 끝나는 순간까지 계속되는 지난한 싸움이자 어쩌면 가장 힘든 싸움이 아닌가? 외부적인 위험과 도전보다도 어려운 싸움이 '자기 자신으로 사는 것'이 아닌가? 다음 사례 1과 2에서 '자기 자신'의 모습은 어떤 것인가를 생각해보자.

집안의 엄격한 분위기 때문에 항상 내 감정을 제대로 표현하고 산 적이 없습니다. 아무리 슬퍼도 소리 내어 울어본 적도, 기뻐도 기쁜 표정 한 번 제대로 표현한 적 없습니다. 감정을 억제하며 살다 보니 늘 무표정하게 살아온 거죠. 초등학교 때나 중고등학교 시절에는 늘 부모님이 시키는 대로 할 수 없었습니다. 반항이란 꿈도 꾸기 어려웠죠. 귀가 시간부터 생활습관까지 모든 것이 부모님의 생활방식에 맞추어져 있었지요. 성인이 되어 결혼해서는 남편에게 맞추고 아이들이 성장하면서는 아이들 시계에 맞추고…… 내 인생에서 나로 산 적이 없었던 것 같습니다. 이제라도 내 인생을 살고 싶은데 어떻게 살아야 할지……, 내가 무엇을 좋아하고 무엇을 하고 싶어 하는지도 모르겠습니다.

나는 사람들이 흔히 말하는 '범생이'입니다. 부모님 말씀 잘 듣고 학교에서도 늘 공부 잘한다는 소리를 들었습니다. 어디서나 칭찬을 받고 자랐기 때문에 자신감을 잃어본 적이 없습니다. 친구들의 시기와 질투도 애써 무시하며 '이 길이 내 길이다' 생각하고 최선을 다했습니다. 원하는 대학에 들어왔고 원하는 특수대학원 준비를 하고 있습니다. 그런데 교양철학 과목에서 인생에서 일찍이 경험해보지 못한 '굴욕'을 당하니 어찌할 바를 모르겠고 창피해서 저 자신을 용서할 수 없습니다. 지금까지 모든 시험에서 만점이나 한두 문제 틀렸고, 대학에서도 A 이외에는 받아본 기억이 없는데…… 교양철학에서 B+를 받으니 죽어버리고 싶었습니다. 나의 존재를 무시당한 듯한 기분……. 성적 이의 제기도 해보았지만 소용없었습니다. 분노와 좌절감에 잠도 못 자고 얼마 전부터는 우울증에 빠져서 치료를 받아야 하는 것이 아닌가 하는 생각마저 들었습니다.

사례 1은 '주체 망각'의 삶에서 '주체 인식'의 과도기를 보여주는 사례라고 할 수 있다. 사례 2는 객관적 성과와 주체를 동일시했던 사람이 자신의 주체적 삶에 위협을 느끼며 괴로워하는 경우이다. 주체로 살아간다는 것, 자기 자신으로 산다는 것은 정말 어렵다. 단지 의지 부족이거나, 생각이 없거나, 주변 환경이 따라주지 않아서, 원하는 삶을 추구하는 데 필요한 물적 토대가 아니라서, 새로운 개그 정신을 보여주는 강 모 국회의원의 말처럼 '부모를 잘못 만나서'도 아니다. 그렇다면 자기 자신으로 살아가기 어려운 근본적인 이유는 무엇인가?

2 주체로 살기 어렵게 만드는 것들

■ 가족이라는 이름의 감옥

누구나 행복하고 따뜻한 가족을 꿈꾼다. 누구나 가족은 그래야 한다고 믿는다. 그런데 오늘날 많은 가족은 위기 속에 있다. 이 위기의 실체는 무엇인가? 우리는 자신의 느낌과 생각을 가족과 얼마나 나누고 있는가? 추억이라고 말하는 공동의 경험이 얼마나 있는가? 대부분 가족과의 소통 시간이 많이 부족하다. 부모와 자식 사이에 생활리듬이 다르고, 사고방식이 다르고, 같이할 시간이 부족하다. 식사할 때 주고받는 몇 마디와 TV 앞에서의 몇 마디가 대부분인 경우가 많다. 소통의 부재가 가족 사이의 정서적 거리를 만든다. 가족 사이의 생각의 코드와 행동 패턴이 다르다. 다른 세대를 살고, 다른 사회문화적 환경을 경험하고, 다른 직업세계에 살다 보니 다른 생각의 코드와 다른 행동 패턴을 보인다. '혈연'이라는 접점을 찾는 데 어려움을 느낀다. 다음 사례를 보자.

 1

대학원생 H는 아버지와 모처럼 함께 TV를 본다. 채널권은 항상 아버지 몫이었기 때문에 일찍이 포기했다. 아버지가 채널을 여기저기 돌리다가 뉴스방송을 보게 되었다. 문제는 여기서부터 시작되었다. 정치사건 뉴스를 보면서 H의 아버지는 극우적인 발언을 계속해 나갔다. H는 특별한 생각 없이 자신의 생각을 말했다. 그것이 발단이 되었다. 아버지는 심하게 화를 냈고 욕설을 퍼부었다. 결국 H는 아버지와의 평화를 유지하는 방법은 영원히 정치 이야기를 하지 않는 것임을 깨달았다. 그 후로는 아버지와 TV를 보지 않게 되었다. 그것보다는 인터넷에서 내려 받아 혼자 보는 것이 편했고 그것이 일상이 되었다.

위의 사건은 위기의 한 단면에 불과하다. 감옥이라고 말할 수 없다. 그럼 다음 사례를 보자.

2

C의 아버지는 성실하고 평소에 사람 좋다는 말을 많이 듣는다. 하지만 가족 앞에서는 권위적이며 폭력적인 가장이다. 집안의 모든 의사결정은 아버지의 허락과 동의가 있어야 한다. 제왕적 아버지 앞에서 C는 그저 착한 양으로 살았다. 아버지의 기대와 희망을 위해 사는 것이 편하다고 생각했다. 아버지가 원하는 대학에 들어가기 위해 노력했고 결국 원하는 대학에 입학했다. 문제는 여자 친구를 사귀면서 발생했다. 아버지는 자신의 맘에 들지 않는다고 사귀던 여자 친구와 헤어지도록 강요했다. 결국 두 번이나 여자 친구와 헤어졌다. 아버지는 조건이 좋다며 친구 딸과 결혼해 살라고 강요한다. 그 여자는 C가 가장 싫어하는 타입이었다. 이제 아버지는 대학 졸업 후 C의 인생설계를 다 마치고 그렇게 하기를 강요한다. C의 심리적인 저항은 매번 폭력으로 제압당했다. 너를 위해서라고, 사랑이라고 말하며 아버지는 강요한다. 아버지에게 경제적으로 의존하고 있는 C는 방법을 찾지 못하고 있다.

사례 2는 가치관의 갈등을 넘어 아버지의 감옥 속에서 자신의 삶을 살지 못하는 대학생 C의 이야기이다. 장기간 권위적인 분위기에 순응하며 살았기 때문에 '아버지의 감옥'에 심리적인 저항이 있어도 행동으로 반항하지 못한다. 민주적인 친구들의 아버지를 보았을 때 아버지의 감옥을 의식하지만 아버지의 행동은 자신을 위한 것이라고 위로한다. 아버지와 어머니의 '사랑'이라는 이름으로 행해지는 폭력과 보이지 않는 감옥의 규칙들이 '나'를 자각하지 못하게 하고 '아버지와 어머니의 아들과 딸'로 살게 하는 것, 그것이 가정이라는 감옥이다.

② 편견이라는 감옥

H 여고에 다니는 학생들은 학생주임 교사를 싫어한다. 이유는 생활지도라는 명목으로 항상 "여자는 이러이러해야 한다."는 말을 달고 살기 때문이다. 학생주임 교사는 매번 "여자가 옷을 그렇게 입으면 되느냐?", "여자가 머리가 그게 뭐냐?", "여자가 조신하게 똑바로 앉아야지", "너 그래서 시집갈 수 있겠냐?" 등등 '여자가'라는 말을 셀 수 없이 많이 사용한다. 그러나 좋은 점도 있다. H 여고는 두발 단속을 하는 다른 학교와는 달리 두발 자유화를 하고 있기 때문이다. 그래서 학생들은 머리를 허리까지 늘어뜨리고 다닌다. 이것이 가능한 것은 모두 학생주임 교사 때문이다. 이유는 "여자는 머리가 길어야 예쁘지"라는 그의 편견 덕분이다.

위의 사례는 남성사회에서 교육을 통해서 여성성이 어떻게 재생산되는가를 보여준다. 문제는 이러한 여성성의 편견은 여성에게는 감옥이며 고통을 준다는 것이다. 남성사회에 의해 길든 여성성은 여성 자신으로 하여금 '자기 검열'의 방식을 통해 고통을 재생산한다. 이와 같은 편견이라는 감옥은 여성 스스로 성공을 위해 '중성화', '남성화'를 요구하거나 '극단적인 여성성 개발'로 남성사회의 폭력적인 편견을 극복하려고 한다.

여성을 한 '주체'로서 살지 못하게 하는 편견들이다. 인종주의와 같은 극단의 편견 이외에 우리 사회에 얼마나 뿌리 깊은 편견들이 존재하는가? 종교적 편견, 문화적 편견, 지역에 대한 편견, 학력에 대한 편견, 성적 소수자에 대한 편견, 미혼모에 대한 편견 등 편견은 보이지 않는 감옥을 만들며 그 감옥 속에 타자를 가둠으로써 타자의 주체적 삶에 부정적인 영향을 미친다. 편견이라는 감옥을 허무는 사람들에게 사회에서 '훈장'을 달아주는 것은 한편으로는 그 편견의 실재성을 인정하는 것이다.

❸ 관례와 관행이라는 감옥

우리의 정치현실에서는 '잘못된 정치적 관행이나 관례'가 수도 없이 많다. 공천헌금 상납, 정당 선거 시 돈 봉투 돌리기, 선거인 매수행위, 지자체 단체장의 소속 정당 국회의원 선거를 돕는 행위 등은 타파해야 할 정치적 관행과 관습이다. '스폰서 검사'나 '스폰서 판사', '전관예우' 등은 법조계의 잘못된 관행이다. 교수사회에서의 논문 중복 게재나 대학원생의 논문 갈취, 연구인건비 비리사건이 발생할 때마다 듣는 말은 관행과 관례였다는 말이다. 부동산 계약 시 다운 계약서 작성이나 권리금 요구, 촌지나 선물 등이 오랜 관행처럼 굳어져 있다. 각 조직이나 기관에서 부당하게 요구하는 신고식 등 생활세계에서 잘못된 관행과 관습은 헤아릴 수 없을 정도로 많다.

❹ 도덕과 규범이라는 감옥

도덕과 규범이 왜 감옥인가? 전통적으로 도덕이나 사회규범은 인간됨의 원리나 인간의 사회화를 위해 필수적인 것으로 이해되었으며 보편타당한 것으로 인식되었다. 그러나 니체는 이러한 전통적인 도덕과 사회규범에 관한 생각을 전복시켰다. 니체는 《도덕의 계보》에서 도덕의 보편성을 부정한다. 그에 따르면 도덕이란 나약한 자들이 강한 자들에게 정신적인 대항을 위해 만든 개념이라는 것이다. 귀족들의 가치판단 방식은 좋다/나쁘다의 방식인데 나약한 자들이 이것을 선/악과 같은 노예적 가치판단으로 개념으로 대체시켰다고 주장한다. 니체의 도덕비판은 도덕이 인간을 고양하기보다 인간을 도덕이라는 감옥에 가두고 인간의 삶과 자연스러운 욕망을 억압하며 인간에게 부정적인 영향을 가한다고 말한다. 니체 사유에 영향 받은 아도르노는 도덕과 사회규범이 개인에게 가하는 폭력이라고 말한다.

이 폭력의 성격은 가치와 행위를 규제하고 제약하는 강제력을 발휘한다는 데 있다. 그 역시 도덕과 사회규범의 폭력이 인간의 충동과 욕구를 억압하고 인간이 가지고 있는 '자연성'을 왜곡한다는 것이다. 도덕과 사회규범이 인간에게 가하는 폭력의 양상은 사회의 발전에 따라 다양한 형태로 변화해왔으며 도덕은 사회적 삶의 산물이라고 강조한다. 역사적으로 볼 때 노동윤리가 가장 강조되었던 시기는 자본주의로의 이행이 이루어지는 근대이다. 정보윤리나 인터넷윤리가 등장한 것은 정보화 사회 도래 이후이다. 이 점에서 도덕과 규범은 사회적 산물이라고 볼 수 있다.

니체나 아도르노의 시각을 언급하지 않더라도 인간이 도덕과 사회규범의 감옥 속에 갇혀 신음하는 경우는 얼마든지 있다. 중세시대에 30~900만 명으로 추산되는 잔혹한 마녀사냥은 기독교의 잘못된 도덕과 규범의 적용 산물이다. 기독교의 규범은 과학자의 학문적 양심도 억압했다는 사실을 갈릴레오의 '그래도 지구는 돈다'는 일화를 통해 확인할 수 있다. 성리학의 도덕과 규범은 수많은 여성을 열녀로 만들며 그들의 희생을 강요했다. 전통적 성윤리가 얼마나 많은 동성애자를 희생시키고 억압했는가? 정숙과 순결의 상징으로 간주되는 이슬람의 여성 할례의 성도덕으로 인해 수많은 어린 여아들이 시술 도

중 사망한다. 4~8세에 이르는 300만 가까이 되는 여아들이 외부 생식기를 절단당하고 있다. 여성 할례는 잔혹한 폭력으로 변한 성도덕이다. 도덕과 규범이 나를 나대로 살게 하지 못하게 하고 나를 어떻게 억압하는지 생각해봐야 한다.

5 미디어라는 감옥

우리는 인터넷과 TV, 스마트폰, 각종 소셜 미디어라는 감옥 속에 갇혀 산다. 우리의 생각과 우리의 정서에 따라 그것을 통제 가능한 범위에 두고 신축적이고 생산적으로 사용하지 못한다. 미디어는 우리의 욕구를 생산하고, 조종하고, 훈련한다.

홈쇼핑 쇼 호스트들의 수사들을 살펴보자. "이번밖에 기회가 없습니다", "다른 홈쇼핑 방송과 비교해보면 가격 면에서나 품질 면에서 최고라는 것을 아실 겁니다", "자, 다시 한 번 말씀 드립니다. 특별 기획 상품! 오직 저희 방송에서 단 한 번만 이루어집니다." 이런 멘트를 듣다 보면 마치 사지 않으면 손해를 볼 듯한 느낌이 들게 되며 구매충동을 느끼게 된다. 단지 홈쇼핑 방송만이 아니라 미디어 광고 때문에 우리의 욕구가 생산되고 조종되고 훈련된다는 것이다. 자발적이고 독립적인 선택이 아니라 광고에 지속적으로 노출됨으로써 무의식적인 욕구들이 만들어진다. 광고방송뿐만 아니라 '잘 먹고 잘살기', '맛집 기행', 각종 인테리어를 소개하는 방송, 패션 관련 방송, 심지어 음악방송까지도 우리의 욕구를 생산하고 조종하고 훈련한다.

케이팝(K-Pop)의 멜로디, 리듬, 춤동작은 철저하게 생산자의 관점에서 소위 중독성을 자극하는 방식으로 만들어진다. 음악에 대한 다양한 욕구를 표현하기 이전에 이미 초등학교부터 중고등학교까지 주류 미디어에서 듣던 음악에 우리의 귀와 음악적 취향이 상당 부분 길든 것이다. 실제로 나의 취향에 맞는 음악을 찾아간다고 하지만, 그 음악이라는 것도 대중음악의 장르와 그 장르 속의 한 패턴이다. 다양한 것 같지만 실제로는 다양하지 않은 것, 새롭게 느껴지게 포장하는 것이 대중음악이다. 드라마의 경우를 보자. 한국 드라마의 스토리 전개는 항상 같다. 패턴화된 공식이 있다. 가령 출생의 비밀, 알고 봤더니 배다른 형제나 자매, 숨겨놓은 자식, 갑작스러운 교통사고나 불치병 등이다.

그러나 항상 주인공이 다르고 무대와 음악이 다르다 보니 드라마 마니아들에게는 새로운 이야기이다. 드라마에 중독되어 소위 '폐인'이 되는 경우에 그는 드라마의 감옥에 있는 것이다. 매일같이 연예인 뉴스를 추적하고 미디어 스타의 사생활에 관심을 갖는 수많은 대중은 TV 앞에서 연예인 이야기를 경청하고 연예인을 동경하며 다른 사람과 만나서는 연예인 얘기에 시간 가는 줄 모른다. 누구누구 연예인을 따라 하기에 바쁘다. 이렇게 미디어 감옥에 갇혀 사는 사람들은 '주체'로서 살기 어렵다. 미디어를 다 거부할 수는 없다. 미디어와 함께 살지만, 미디어는 나의 삶의 손님이지 주인이 될 수는 없다.

⑥ '나'라는 감옥

주체로서 나를 나답게 살지 못하게 하는 가장 무서운 감옥은 아마도 자기자신일 것이다. 자신의 근거 없는 신념과 집착, 아집이 자신을 힘들게 한다. 더나아가 주위 사람들마저 힘들게 하는 경우를 종종 볼 수 있다. 외모 지상주의라는 말이 한국인의 일상적 삶이 된 오늘날 외모에 대한 과도한 집착으로 인해 대인공포증과 우울증에 걸린 사례를 보자.

고등학교에 들어가자 아이들이 저의 쌍꺼풀 없는 눈을 놀리기 시작했어요. 찢어진 눈이라는 이상한 별명을 지어 불렀습니다. 저는 그것이 콤플렉스가 되어서 방학 때 쌍꺼풀 수술을 하게 되었습니다. 그 뒤로는 입이 튀어나왔다는 얘기를 듣고 사람들 앞에서 절대 웃지 않았습니다. 그렇게 3년 정도 생활하다 보니 완전히 무표정이 되어서 사람들이 포커페이스라고 할 정도였어요. 지금 생각하면 참 어리석다고 느끼지만, 그땐 너무나 민감했어요. 그렇게 지내다 보니 대인공포증이 찾아왔습니다. 그땐 제가 대인공포증이란 것도 몰랐죠. 그냥 '난 왜 이럴까?'만 생각하며 8년의 세월을 우울증으로 보냈습니다.

과도한 성형 집착의 후유증으로 자살에 이르는 경우도 종종 있다. 다음 사례를 보자.

N은 넉넉한 집안이 아니었기 때문에 근검절약이 몸에 뱄다. 남자지만 고등학교 때부터 틈틈이 아르바이트하면서 가계부를 쓰기 시작했다. 대학도 자기 힘으로 졸업했다. 졸업과 함께 취직해서 6년간 급여의 80%를 저축하고 주말에는 과외를 해 돈을 모을 수 있었다. 그래서 서울에 20평짜리 아파트를 구입하였다. N은 자신의 성실함을 좋아하는 여성과 결혼했다. N은 자금관리를 독점하였고 아내와 아이들은 지출 명세서를 보고해야 돈을 타낼 수 있었다. 인색하고 정이 없다고 친구들마저 떠났지만 N은 별로 중요하다고 생각하지 않았다. N은 아내와 아이들을 위해서 자린고비로 살아야 한다는 생각으로 10년을 버텼다. 45평으로 집을 넓혀 이사를 한 다음부터 아내와 아이들이 더 이상 이렇게 살 수 없다며 반기를 들었다. 잦은 싸움과 갈등 끝에 N은 아내와 헤어졌다.

N의 경우는 어떠한가? 자신의 세계 속에서만 산 사람이다. 자신의 삶의 가치와 삶의 방식에 집착하고 그것이 다 옳다고 생각한 N의 결과는 가족으로부터의 버림받음이다. 문제는 자신의 신념이라는 이름으로 살아왔다는 것. 그러한 신념이 일정한 성과를 거두었을 때 그 신념을 진리로 생각하여 모든 판단의 기준으로 삼는 것이 문제이다. 나의 신념의 감옥에 갇혀서 본인 스스로에게도 자유와 여유의 공간을 주지 않은 N은 아내와 자신의 자녀에게도 '삶의 여유'라는 것을 허용할 줄 몰랐던 것이다.

우리의 수많은 집착과 아집, 좁은 삶의 경험에서 굳어진 자기 삶의 가치에 대한 확신은 자신을 자유롭게 하지 못하게 할 뿐만 아니라 자신을 사랑하지 못하게 만든다. 우리는 우리 자신이 N처럼 단순히 생활하는 주체가 아니라 생각하는 주체, 욕망하는 주체, 느끼는 주체, 누리는 주체, 생산하는 주체, 관계하는 주체, 음미하는 주체 등 다양한 주체들의 연합임을 받아들여야 한다. 삶의 국면과 생애사적 단계와 주어진 주·객관적 조건에 따라 특정한 주체가 드러나고 신비로운 연합이라는 '나'라는 주체가 등장하는 것이다. 자신의 신념과 가치도 중립적으로 관찰할 수 있는 자만이 자유로운 나로 살 수 있다.

이제 위에서 제시한 감옥으로부터 탈출에 성공하는 방법, 즉 주체로서 살아가는 방법에 대해 알아보자. 여기에서는 하이데거 모델과 사르트르 모델을 살펴볼 것이다.

3 '주체로서 살아가기'의 모델들

❶ 하이데거 모델

하이데거(Heidegger)는 인간을 사물과 같은 대상적 존재와 구분해 '현존재'(dasein)로 칭한다. 인간인 현존재는 '내던져진 존재'이다. 내던져진 존재로서 현존재는 태어남부터 무력한 존재이며 죽을 수밖에 없는 존재이다. 그러나 삶이라는 길 위에서 자신의 존재 가능성을 스스로 떠맡을 수밖에 없는 존재이다. 현존재는 자살과 같은 인위적인 죽음을 선택하지 않는 한 '왜'와 '어떻게'라는 질문을 던지며 자신의 삶에 대한 의미를 스스로 근거 지우며 살아가는 존재이다.

그런데 과연 우리는 현존재로서 살아가는가? 그렇지 않다. 우리는 일상 속에서 '아무 생각 없이' 살아가기도 하고, '즉물적 욕망'에 따라 살아가기도 하며, '돈의 노예, 명예의 노예'로 살아가기도 한다. 하이데거는 현존재로서 실존적 의식을 가지지 못하고 살아가는 사람을 '일상인'(das man)으로 통칭한다. 하이데거의 분석에 따르면 비본래적 존재방식으로서 일상인의 존재양식은 호기심(neugier), 잡담(gerede), 애매함(zweideutigkeit)이라는 세 가지 특성이 있다.

호기심은 '눈'과 관련이 있다. 우리는 끊임없이 새로운 것을 보려고 하는 욕망이 있다. 여행을 가도 천천히 음미하며 새로운 여행지를 내면에 받아들이

▲ 르네 마그리트, 〈순례자〉
1966년 / 캔버스에 유채 / 81×65cm / Mr. and Mrs. Wilbur Ross 소장

는 것이 아니라 더 많은 곳을 보는 것에 몰두하며 다른 여행 장소로 이동한다. 끊임없이 새로운 것을 보려는 태도가 바로 호기심이다. 그래서 호기심은 '낯선 세계에서의 새로운 사건이나 사태에 대한 진정한 이해'를 추구하지도 않고 어느 한 군데에 '머무는 여가'도 없이 항상 새로운 것을 찾아가는 '동요와 흥분' 속에 있다.

우리는 항상 새로운 물건, 새로운 영화, 새로운 옷, 새로운 여행, 새로운 만남을 꿈꾼다. 이것이 평균적인 일상인의 모습이다.

일상인의 두 번째 특징은 잡담이다. TV를 켜면 리얼 다큐멘터리 프로그램에서는 '사람 사는 이야기'가 돌아가고, 리모컨을 돌리면 연예인들이 나와 과거 이야기, 연애 이야기, 가족 이야기를 끊임없이 한다. 동네에서는 옆집 아주머니와 수다 떨기 바쁘고 그 속에서 삶의 스트레스를 해소하려 한다. 지하철에서는 스마트폰으로 드라마에서 하는 얘기를 듣고 즐기며 카카오톡으로는 잡담을 통해 누군가와 연결되어 있음을 끊임없이 확인한다. '잡담하며 울고 웃으며' 존재하는 나는 도대체 혼자 있지 않으며, 자신과 만날 시간이 없다.

세 번째 일상인의 평균성은 애매함이다. 일상적 존재양식으로서 애매함은 서로 함께 있는 존재양식에서 기인한다. 일상인은 다른 사람과 늘 같이 있다. 그런데 항상 자기 자신의 모습 그대로 자신을 드러내지 않는다. 하이데거에 따르면 "긴장 속에 애매하게 서로를 살피며 몰래 서로 엿듣는다. 서로 위한다는 가면 아래 서로 적대하는 연출을 진행하고 있다." 우리는 매일같이 누구를 만나면서 말투, 제스처, 의상, 액세서리 등을 통해 자신을 포장하고 자신을 드러내지 않는다.

경우에 따라서는 과장되게 말하고 짐짓 있어 보이려 하며 강한 모습을 연출하려 한다. 어떤 경우는 자신의 약점이 될 듯한 것을 강점으로 보이려 하고 감추기도 한다. 현존재의 진실을 드러내지 않게 가면 놀이 하듯이 서로 은폐하고 그 은폐 속에서 함께 살아가는 일상적 현존재의 존재양식 자체가 애매함이라고 하이데거는 말한다. 이와 같은 비본래적 존재양식은 현존재에게 안정감과 편안함을 준다. 그러한 이유로 일상인은 자신의 존재양식으로부터 특별한 계기가 생기지 않는 한 거기에 안주하며 산다. 다음 사례를 보자. J는 본래적 존재양식의 삶을 살고 있다고 말할 수 있는가?

J는 하루에 대략 20명 내외의 사람들과 통화나 메신저를 한다. 매일같이 약속이 1~2개 잡혀 있다. 잠시라도 누군가와 연결되어 있지 않다는 느낌을 받아들이기가 몹시 어렵다. J는 사람들과의 관계 속에서 삶의 기쁨과 슬픔을 경험하며 자신의 성공 요인이 인맥관리라고 믿고 있다. 그런데 정작 자신의 속마음을 털어놓는 사람은 없다.

J는 단지 사람들 사이에서 사는 전형적인 일상적 존재이다. J는 자기 자신과 만나지 않는다. 자신으로 산다는 것에 대한 실존적 의식이 없다. 그래서 그는 평균적 일상인이다. 인맥관리에서 오는 고단함과 피로감에 잠시 '사는 게 뭔지' 하며 자신에게 물을 때도 있지만 그것 역시 바람처럼 스쳐 지나가는 질문일 뿐 곧 잊어버린다.

그렇다면 일상인으로서 비본래적 존재양식으로부터 빠져나오는 길은 무엇인가? 그것은 바로 '실존적 결단'이 전제되어야 한다. 그러나 이 실존적 결단은 쉽지 않다. 일상성의 비본래적 존재양식에서 오는 안정감과 편안함을 벗어나 결단하고자 할 때 현존재는 불안(angst)을 느낀다. 이 불안은 특정한 대상이 있거나 심리적인 상태를 표현하는 것이 아니다. 본래적인 자기의 삶을 살고자 할 때, 현존재는 항상 불안이라는 근본 감정에 놓여 있다. 불안은 사라지거나 없어지는 것이 아니라 현존재에 항상 따라붙어 있는 실존적 정서이다.

본래적인 자기는 불안을 두려워하여 그것에서 도피해 일상성으로 빠져들지 않는다. 불안 자체를 받아들이면서 자신의 존재 가능성으로 나아간다. 실존적 결단의 계기를 제공하는 것은 죽음을 앞질러 인식하는 데서 시작한다. 죽을 수밖에 없는 유한한 존재라는 사실을 받아들이고 자각할 때 비로소 자기 자신의 실존적 삶을 살 것을 결단하게 된다. 가족의 죽음이나 친척의 죽음을 단지 하나의 사건으로 인식하는 데 그치지 않고 죽음으로 향하는 존재로서의 자기 자신을 자각하는 것, 이러한 방식으로 죽음을 자신의 실존적 지평 위에서 이해할 때, 본래적 자기 자신으로 살려고 결단하게 된다는 것이다. 사례는 죽음이라는 사건을 지켜본 두 인물이 아버지의 죽음을 이해하는 방식이다. 하이데거가 말하는 죽음과 실존적 결단의 연관성을 보여주는 죽음 인식은 어느 인물에서 발견할 수 있는가?

돌아가시기 전에 사업을 하셨던 A의 아버지는 젊었을 때 번 돈으로 평생을 편안하게 사신 분이다. 돈은 많았지만 A와 A의 동생에게는 인색했다. 자식에게 인색했던 A의 아버지는 돌아가시기 몇 년 전에 알게 된 여자 친구에게는 모든 것을 다 해줬다. 유산은 아버지의 여자 친구가 받았고 A와 A의 동생은 살고 있는 집이 전부였다. A의 동생은 죽은 아버지에게 분노를 느껴 제사도 거부했다. A는 아버지의 삶과 그의 유산처분에 대해 여러 번 생각하면서 자신이 앞으로 어떻게 살아야 하는가에 대한 생각을 확실하게 하게 되었다.

‘죽음을 향해 앞서 달려가 본 결단성’을 통해 본래적인 자신으로 살려고 하는 것이 바로 기획투사(entwurf) 행위이다. 현존재로서의 삶을 기획하고 자신의 가능성을 열어놓으며 살아가려는 실존적 태도를 갖게 된다. 이것이 실존성의 기본정서인 ‘염려’(sorge)이다. 본래적인 자기로 살려고 하는 것은 삶을 염려하는 것이다. 스마트폰이나 명품 같은 대상의 세계에 빠져 살거나 인간관계 문제로 매 순간 고민하거나 일중독에 빠져 살지 않으려는 실존적 삶의 태도가 자신의 존재로 나아가는 길이며 자기의 존재방식을 만들어가는 방식이다.

❷ 사르트르 모델

실존주의 철학을 가장 대중화시킨 인물은 사르트르(Sartre)라고 할 수 있다. 그의 책 《실존주의는 휴머니즘이다》는 실존주의의 정신을 쉽고 간명하게 잘 표현하고 있다. 사르트르는 이 저작에서 "실존이 본질에 앞선다"라고 주장한다. 실존은 자기의식을 가진 존재, 다시 말해 실존적 의식을 가진 인간을 말

▲ 카스파르 다비드 프리드리히, 〈안개 바다 위의 방랑자〉
1818년 / 캔버스에 유채 / 94.5×74.8cm / 함부르크미술관 소장

한다. 본질이라는 것은 일반적으로 '어떤 실체'이거나 '초월적인 어떤 것' 혹은 '신'이라고 볼 수 있다. 여기서 사르트르가 본질로 지칭하는 것은 인간의 본래성 혹은 인간이 마땅히 따라야 할 본성과 같은 것은 없다는 것을 의미한다. 사르트르의 '실존이 본질에 앞선다'는 주장은 인간 이외에 인간 자신이 따라야 할 그 무엇도 존재하지 않는다는 것, 신이나 또 다른 어떤 절대적인 것이 존재하지 않으며 오직 인간 그 자체, 즉 실존이 중요하다는 것을 말한다. 신이 부정되며 신의 부재가 실존으로 대체된다. 인간 자신에 대한 문제는 오직 인간 스스로, 나의 문제는 나의 실존 스스로에게 달려 있음을 위의 테제는 말한다.

그렇다면 실존의 존재양식은 무엇인가? 먼저 실존은 철저하게 우연적 존재이다. 사르트르는 《존재와 무》에서 "나는 우연히 이 세상에 나타났고, 돌멩이, 풀, 미생물처럼 살았다"라고 말한다. 인간의 존재가 우연성의 산물임을 말하고 있다. 나의 존재가 나의 계획 속에서 누구의 아들과 딸로 태어난 것은 분명히 아니다. 나는 우연히 20세기 말 한국에서 누구의 유전자를 받고 태어난 우연적인 존재임이 틀림없다. 이러한 우연적인 존재로서 실존은 결핍의 존재, 무의 존재이다. 이러한 실존의 특성은 자신의 결핍을 채워 나가야 한다.

그런데 우연적 존재이며 결핍의 존재인 인간이 '자기 자신을 만들어가는 과정'은 '완전한 자유'에서 시작된다. 왜 그런가? 인간 본성과 신을 부정한 인간 그 자체가 곧 자유이다. 사르트르에게 '인간은 자유 그 자체'이기 때문에 인간 존재와 인간의 자유 사이에는 차이가 없다. 실존이란 바로 '완전한 절대 자유 속에서 자기 자신을 만들어가는 과정이자 활동'이며 그것을 하는 인간 자신을 말한다. 이런 맥락에서 실존은 '자기 자신을 스스로 만들려는 자기초월적 현실성'이라고 표현한다. 사르트르의 관점에서 아래 사례를 평가해보자.

K는 열심히 살았다. 그 자신만이 아니라 주위 사람들도 늘 성실하다고 그를 칭찬한다. 그런데 K는 원하던 대기업에 취업하지 못했다. 운이 따르지 않았다고 생각하며 K는 중소기업에 취업했다. K는 최단기 과장 승진을 했다. 모두가 축하해줄 때 K는 "여러분 덕분이며 운이 좋았을 뿐"이라고 말했다. 그런데 K는 부장 승진에 실패했다. K는 사장의 친인척 때문이라 생각하고 '팔자'를 긍정적으로 받아들이겠다고 생각했다. K는 세상사는 데 노력해서 되는 것이 있고 안 되는 것이 있으니 모든 걸 운명으로 받아들이고 낙천적으로 살자는 인생철학의 소유자이다.

주체로서 자기 자신으로 살고자 하는 실존의 관점에서 K는 운명론자이자 주체이기를 포기하는 '겁쟁이'일 뿐이다. 사르트르는 K의 낙천주의가 겁쟁이 K의 자기변호에 지나지 않는다고 말할 것이다. 사르트르의 '주체로서 살기'는 다음과 같은 말을 중단하는 데서 시작한다.

"어쩔 수 없었어."

"상황이 그랬잖아."

"때가 안 좋아서……."

"다른 선택의 여지가 없잖아."

"난 그냥 따라 할게."

"네가 하라면 할게."

"부모님께서 하라는데 어떡해."

"남들 하는 거 봐서 하지 뭐."

"네가 다 알아서 골라, 대충."

절대 자유를 의식한 실존에 그림자처럼 따라다니는 것이 고독과 불안이다. 절대적인 자유가 불안을 일으키는 원인은 무엇인가? 절대 자유는 자기 자신을 만들어가는 과정에서 끊임없는 선택의 상황에 봉착한다. 바로 이 '선택'의 자유가 불안과 고독을 낳는다.

불안은 공포처럼 외부적 대상에 대한 두려움이 아니라 바로 자기 자신에게서 오는 두려움의 상태를 말한다. 선택으로서의 자유는 선택에 대한 '책임'을 스스로 짊어지는 것이기 때문에 불안하다. 실존이란 결국 자유와 불안을 동시에 의식하면서 '자신의 선택 자유'를 행사하면서 자기 자신을 만드는 것이다. 그런데 이 무한한 선택의 자유 앞에서 "자유를 의식하는 것은 고통스러우며 우리는 그것을 피하려 한다." 사르트르는 자유로부터 회피하려는 인간의 성향을 잘 지적하고 있다.

이 회피는 선택의 불안과 책임지고 싶지 않은 마음의 표현이며 주체로서 살려는 실존 의식의 빈곤에서 온다. 자유를 회피하는 전형적인 방식은 절대적인 선택의 자유 앞에서 '자유롭지 않았다', '자유롭지 않다'고 자기 자신을 속이는 것이다. 자기기만을 통해 자유를 선택하지 않거나 위임함으로써 불안에서 벗어나려는 인간의 성향이 우리로 하여금 주체로 살기 어렵게 만든다. 사르트르는 우리에게 우연적 존재로서 주체로서 살아갈 수 있다는 것을 의식하

▲ 르네 마그리트, 〈개인적 가치〉
1952년 / 캔버스에 유채 / 80×100cm / 샌프란시스코박물관 소장

고 선택하고 행동하며 앙가주망(engagement)을 통해 자신의 삶을 창조하라고
요구한다.

　　인간은 자신의 상황을 스스로 짊어져야 하며, 그렇게 할 수 있는 유일한 길은
행동으로 참여함으로써 상황을 지양하는 것이다.

4 다시 주체의 해방을 꿈꾸며

주체로 산다는 것은 얼마나 아름다운가? 매일같이 친구 이야기나 하고 드라마의 지겨운 사랑 이야기에 취해 살며, 오늘도 아이돌 그룹의 노래에 몸을 흔들며 살기엔 내 청춘이 아파하지 않을까? 나는 희망한다, '내 몸속의 나와 친해지기를'. 친구를 염려하고 엄마를 사랑하고 취업을 염려하지만 정작 나는 나를 모른다, 나를 사랑하는 법을.

문득 거울을 쳐다보며 거울 속에 비친 낯선 얼굴, 그 낯섦이 겸연쩍어 가끔 그 얼굴 앞에서 살짝 웃는 것은 아닐까? 그래서 나는 더욱 친해지고 나와 만나 씨름하고 차를 마시며 '모질게' 붙어 있어야 하지 않을까?'

주체로 살기는 정말 어렵다. 나를 대면하기는 때론 추한 나, 혐오스러운 오물단지인 나를 보는 것만큼이나 피하고 싶은 것이다. 회피함으로써 자신을 불편하게 하지 않는 법을 터득한 것을 '어른이 되어 가는 과정'이라고 위로하며 자신을 황금빛 융단으로 감싸고 있는 것은 아닐까. 혐오스러운 나의 삶을 '이기적 자기애'로 가득 채우며 자신을 마취시키며 '살아가는 기계'가 되어가는 것은 아닌가?

진화를 거부하는 순간, 지금의 나와 섣부른 화해를 하는 순간, 나는 나로부터 멀리 달아나는 것이 아닐까? 주체로 산다는 것은 부정의 연속이다. 다람쥐 쳇바퀴와 같이 원형의 연속이 아니라 직선적 부정의 연속이다. '지금'의 나의 부정, 지금의 실존적 사태에 처한 나의 부정, 나의 부정을 통해서만이 나는 나를 지금으로부터 밀어내며 나의 대지를 가꾸고 나의 별에 가까이 가게 될 것이다. 나를 부정하며 나를 하나의 주체로 세우기 위해서는 용기가 필요하다. 나의 용기는 나로 하여금 '나의 사태를 받아들이고 나의 불안을 응시하며 나의 미래를 데리고 와 나를 내 앞에 세우게 될 것이다'. 하이데거의 모델은 하이데거에게, 사르트르의 모델은 사르트르에게 가장 잘 맞는 실존의 방식이 아닐까? 나는 나의 모델이 필요하다.

나의 모델을 만들어 나가기 위해서 바로 지금 나를 호출해야 한다. 생의 마지막 순간까지 나를 나답게, 한 주체로 살기 위해 나는 항상 '지금, 여기'에 살아야 한다. 어렵고 힘든, 그러나 스스로 짊어지고 가야 하는 십자가이다. 나는 삼겹살을 좋아하지만 나 스스로 돼지가 될 수는 없지 않은가. 그래서 다시 나는 꿈꾼다, 주체의 해방을.

성찰&생각 키우기

1. 나는 나를 아는가? 나를 알고 나의 정보를 수집하고 나의 그림을 그려보라.

2. 도대체 사람들은 왜 자신을 사랑하라고 외치는가? 자신을 사랑한다는 것은 구체적으로 무엇인가?

3. 나는 무엇을 원하는가? 원하는 바를 모두 적어보라. 그리고 우선순위를 정해보자.

4. 나는 어떤 사람이 되려 하는가? 어떤 인격체가 되고 싶은가?

5. 나의 사고 습관, 행동 패턴을 관찰해보았는가? 특징을 찾아보고 왜 그런 특징이 만들어졌는지 생각해보라.

6. 나를 지나치게 강조함으로써 자신이 괴로웠던 경우와 타자가 괴로웠던 경우를 말해 보라.

7. 항상 사르트르 모델로 살 수 있는가? 사르트르 모델로 삶을 산다면 나는 자유인으로 서 나답게 살 수 있는가? 어떠한 어려움을 예상할 수 있는가?

8. 나는 하이데거의 평균적 일상인 개념에서 보면 어떻게 평가할 수 있는가? '평균성의 늪'에서 빠져나올 생각이 있는가? 아니면 '일상의 행복'을 적극 옹호하고 싶은가?

9. 나의 인생에서 가장 중요한 결단의 순간들은 언제였는가? 나의 실존적 결단이 나를 어떻게 변화시켰는가?

10. 주체로 산다는 것은 끝없는 나와의 싸움, 나와 타자, 나와 사회와의 싸움이다. 이 싸움을 포기하고 싶을 때, 이 싸움이 위기에 봉착할 때 어떻게 극복할 것인가?

3

사랑, 신비와 비극의 노래

아가판투스

1 사랑, 신비와 비극의 노래

●●●●

김동률과 이소은의 듀엣곡 〈기적〉을 감상해보자. 사랑의 우연성, 사랑의 기적과 신비감, 사랑의 맹세들이 듣는 사람마저도 행복하게 하지 않는가?

그대의 눈을 바라보면 모든 게 꿈인 것 같아요.
이 세상 많은 사람 중에 어쩌면 우리 둘이었는지
기적이었는지도 몰라요.

그대의 품에 안길 때면 새로운 나를 깨달아요.
그대를 알기 전에 내가 어떻게 살았는지 몰라요.
죽어 있었는지도 몰라요.
어쩌다 이렇게도 엇갈려왔는지 우린 너무 가까이 있었는데
서로 사랑해야 할 시간도 너무 모자라요.

나를 믿어요, 믿을게요.
세상 끝까지 함께할게요.
얼마나 나를 찾았나요, 헤매었나요.
나의 기도를 들었나요, 내 기도에 귀 기울였나요.
이 세상 살아가는 동안 단 한 번 스쳐 지나갈 때……
한눈에 서로 알아볼 수 있게 되길…… 이렇게.

▲ 마르크 샤갈, 〈푸른 연인들〉
1914년 / 캔버스에 유채 / 49×44cm / 개인 소장

　이 사랑의 놀라운 신비는 '내가 어떻게 살아왔는지도 모르고, 죽음과 같았던 과거의 삶'에 생명을 만드는 기적이며 신비 그 자체임을 알 수 있다. 사랑이 아무리 진부한 사건이 되고 사랑산업에 의해 질식당하며 '단순히 짝짓기'라고 폄하되어도 인간은 사랑 없이는 살 수 없다. 생물학적인 삶의 문제가 아니라 존재로 사는 삶의 빈곤은 사랑 없이는 극복할 수 없다는 것이다.

　그러나 사랑은 또 얼마나 많은 비극을 불러오는가? 사랑은 나에게 눈물과 한숨으로 혹은 잔혹한 배신으로 찾아온다. 괴테의 《젊은 베르테르의 슬픔》을 언급하지 않아도 우리 주변에 사랑으로 죽어가는 이들이 얼마나 많은가? 진정 사랑의 열병에 빠진다면 김현식의 노래처럼 "누구나 한 번쯤 사랑에 울고, 누구나 한 번쯤 사랑에 웃고, 그것이 사랑 사랑이야"라고 감정을 객관화시킬 수 있을까? 나는 지금 누구를 사랑하고 있는가? 그 사랑은 이기적 사랑인가? 격정적이고 자기상실의 위험까지도 수반하는 사랑인가? 쾌락적이고 소비적인 사랑인가? 시장의 논리에 내맡겨진 사랑인가? 잠시 거쳐 가는 피난처로 생각하는 사랑인가? 나의 에너지와 영혼을 다 주는 사랑인가? 나의 사랑에는 목적지가 있는가? 지금 내 사랑의 현주소는 어디인가?

사랑은 비단 일상의 사건만이 아니라 사회학, 진화생물학, 뇌 과학, 가족학, 철학의 영원한 주제이다. 이 장에서 우리는 과연 사랑을 정의할 수 있을까? 철학자들은 사랑을 어떻게 이해해왔을까? 진정한 사랑을 위해 필요한 것이 무엇인가에 대하여 함께 생각하고 이를 토대로 내 사랑의 그림을 그려보도록 하자.

2 사랑의 정의 혹은 색

드라마 〈겨울연가〉에서 주인공 준상은 유진에게 "사랑은 말로 표현할 수 없는 것"이라고 말한다. 아마도 유진이 답을 했다면 "세상에 있는 어떤 언어로도 표현할 수 없는 당신을 향한 내 마음을 전합니다"라고 말하지 않았을까? 혹자는 과거 회귀적 사랑이라고 그들의 사랑을 비난할지 몰라도 적어도 준상과 유진의 사랑은 '말로 표현할 수 없는 사랑'이다. 그런데 정말 사랑은 이들의 주장처럼 말로 표현될 수 없는가? 이 질문을 철학적인 언어로 환원하면 '사랑은 정의될 수 없는가?'의 문제이다. 정의될 수 있다면 사랑은 어떻게 정의될 수 있는가? 사랑이 개별적인 사건과 관련된 애착적인 감정의 상태에 관계된 것이라면 그러한 사랑으로부터 하나의 정의를 도출해 내는 것은 타당한가? 보편타당한 사랑의 정의는 가능한가?

먼저 사랑에 대한 다양한 정의를 살펴보자. 소크라테스에게 사랑은 어떤 가치 있는 대상을 소유하는 것이다. 어떤 가치 있는 것은 사라지지 않는 '영구 불멸의 어떤 것', '선한 것'을 의미한다. 소크라테스에게 사랑은 '불멸을 위해서 있는 것'이다. 소크라테스는 이것을 사랑과 욕구의 원인을 해명함으로써 밝히고자 한다. 인간에게 사랑은 유한자로서 불멸성과 영원성을 실현하고자 하는 본성적 욕구에서 비롯된다.

그에게 육체나 영혼 심지어 지식마저도 신과 같은 자기동일성을 유지하는 것은 없으며 그저 끊임없는 생성과 사멸 속에 존재할 뿐이다. 육체적 사랑인 성애에 기반을 둔 사랑은 단순한 성적 욕구가 아니라 신과 다른 방식으로 생식과 양육을 통해 자기동일성의 흔적을 남기려는 '불멸의 욕구'인 것이다. 소크라테스는 성애에 기반을 둔 사랑은 죽지 않으려는 욕구의 표현이지만, 그것 자체로 의미 있는 것은 아니라고 본다. 불멸에 참여하는 더 좋은 방법은 단순한 생식능력이 아니라 선(good)한 욕구를 가진 채로 정신적인 잉태를 하는 것이다. 소크라테스는 사랑의 본성을 단순한 성애적 차원에서 고찰하지 않고 정신적인 측면과 함께 고찰함으로써 사랑을 통해 신적 동일성과 진리에 가까이 가는 길을 탐색했다. 다음 사례를 소크라테스의 관점에서 분석해보라.

1

> 지적인 여성 L은 최근 남자친구와 헤어졌다. 대학 졸업 후 2년을 사귀며 결혼을 약속했지만 더 이상 안 되겠다고 생각했다. 남자친구는 늘 친절하고 배려심이 있으며 잠자리 문제도 별다른 갈등이 없다. 하지만 언제부터인가 대화가 안 된다는 생각을 하게 되었다. L은 자신의 지적·문화적 갈등을 풀어주고 같이 대화할 남자가 필요하다는 것을 깨달았다. L은 남자친구에게 미안하지만 어쩔 수 없다고 말했다.

L은 형이하학적 욕구와 형이상학적 욕구가 잘 조합되어 있는 사랑을 추구하는 여성이라고 평가할 수 있다.

아리스토텔레스는 플라톤의 성애로서의 에로스 개념과 구별되는 일반적인 사랑의 개념인 필리아(philia)를 말하고 있다. 친구, 부모-자식 관계, 형제, 국가, 동료 사이의 애정을 포함하는 일반적 사랑으로서 필리아는 육체적 쾌락을 추구하는 성애가 아니라 덕(tugend)을 수반하는 현상을 말한다. 따라서 필리아는 성애처럼 감정에 기초하는 것이 아니라 '지속적인 상태'를 의미한다. 필리아가 가능해지려면 자신의 존재를 인정하고 가치 있게 여기는 자기애가 전제되어야 한다. 필리아의 대상은 '사랑할 만한 것'이어야 한다. 좋은 것, 즐거운 것, 유용한 것만이 사랑할 만한 것이다. 유용성을 사랑의 대상으로 삼는 경우는 그것으로 취할 이익이 있기 때문에 하는 사랑이다.

아리스토텔레스에 따르면 이것은 노인들에게서 주로 발견된다. 즐거운 것을 사랑의 대상으로 삼는 경우는 주로 젊은이들에게 나타난다. 이것이 가능한 것은 직접적이고 감각적인 즐거움을 추구하는 젊은이들의 일반적인 특성 때문이다. 좋은 것의 대상은 좋음, 유용성, 즐거움이다. 아리스토텔레스가 보기에 좋은 사랑은 찾아보기 쉽지 않기 때문이다. 사랑은 악한 것이 아닌 선한 것을 원하고, 상호작용적이며 상호 인지되어야 한다.

아리스토텔레스에게 완전한 사랑은 '선하고 덕이 있는 서로 닮은 사람들의 사랑'이다. 성애에서 출발해 보다 높은 선의 차원으로 사랑의 위상을 파악한 소크라테스나 플라톤과 달리 아리스토텔레스는 성애에 대해 금욕적인 입장을 피력한다. 성애와 같은 육체적 쾌락은 절제할 수 없는 방종한 사람들과 고통에 대한 치유책을 찾는 사람들, 육체적 쾌락 이외에는 다른 좋은 쾌락을 맛보지 못한 사람들이 추구하는 것이다. 이러한 성애적 쾌락은 더 많은 쾌락을 추구하게 하고 합리적인 사고를 하지 못하게 한다. 이 같은 아리스토텔레스의 생각에 얼마나 동의할 수 있는가? 성애적 사랑을 완전히 배제한 사랑이 가능한가? 다음은 한 부부클리닉 TV 프로그램 중 〈그 여자 그 남자〉 편에 소개된 사례이다.

스킨십이 전혀 없이 각자의 방에서 살아가는 부부. 아내 J는 여자로서의 행복을 포기하며 산다고 울면서 괴로워한다. J는 남편의 사랑을 느끼지 못하기 때문에 사랑을 원하면서도 스킨십을 하기 어렵다고 말한다. 남편 K는 사랑과 성애는 같이 가는 것으로 생각하는데 J가 번번이 거부하는 게 이해가 안 되고 이젠 남처럼 느껴진다는 것이다. J와 K가 치료과정에서 공통으로 말하는 것은 스킨십을 하지 않게 되면서 마음이 더 멀어지고 싸움만 반복되었다는 것이다.

J와 K의 경우는 부부간의 성적 친밀성, 성애적 사랑이 담보되지 않을 때 위기에 처할 수 있다는 것을 말해준다. 이 경우는 성애가 배제된 남녀나 부부의 사랑이 성립되기 어렵다는 점을 시사한다. 물론 아리스토텔레스는 성애를 완전히 배제하는 것을 말하는 것이 아니라 절제된 성애를 말하는 것이다.

　한 여자가 한 남자에게 다음과 같이 말한다. "나를 여자로만 보지 말고 한 사람으로 사랑해주시면 안 되나요?" 이 말이 의미하는 바는 무엇인가? 헤겔의 사랑 개념은 바로 이와 같은 내용을 담고 있다. 그는 사랑을 주관이 느끼는 일종의 독특한 감정이며 동시에 개별적 감정 그 이상의 것이라고 이해한다. 이것이 무슨 뜻인가? 《법철학》에서 그는 사랑을 자연적 감정으로서의 사랑과 인륜적 감정으로서의 사랑의 하나 됨으로 규정한다. 사랑은 성적결합과 같은 자연적인 욕구의 형식을 갖지만, 단순한 자연적 통일이 아닌 독자적인 인격을 상호 포기하는 희생을 통해 사랑하는 사람들 사이의 상호교차적인 통일의식을 갖는 것이다. 이것이 인륜적 감정으로서의 사랑이다. 헤겔에게 '결혼'이란 자연적 감정에 의한 육체적 통일과 인륜적 감정에 의한 정신적 통일의 결과물이다.

　헤겔이 말하는 진정한 사랑이란 결국 정서적인 통일, 육체적인 통일, 인격적인 통일이 일어나는 남녀의 관계를 말하는 것이다. 그런데 진정한 사랑이라고 해서 반드시 결혼의 형식을 가져야 하는가? 많은 여성주의자나 독신론자들은 헤겔이 말한 진정한 사랑의 결실로서 결혼 개념을 거부할 것이다. 거부의 논리는 무엇인가? '결혼은 여자의 무덤'이기 때문인가?

　자의식이 강한 여성 중 일부는 "진정으로 사랑하는 사람과는 결혼하면 안 된다"라고 말한다. 사랑하는 여성에게 몸과 영혼을 바치겠다고 고백하는 남성이 이런 말을 듣는다면 그 심정은 얼마나 참담하겠는가? 그런데 우리가 주목해야 할 것은 여성들이 하는 그런 주장의 내용이 아니다. '여성들이 왜 그러한 주장을 하는가?'이다. 그 이면에는 상호 간의 완전한 희생과 완벽한 인격적인 통일이 이루어질 것인가에 대한 불안감과 회의가 존재하기 때문일 것이다. 여성들의 주장은 남성사회에서 가질 수 있는 자기보호 본능의 발로가 아닌가? '가부장적 질서가 결혼 생활을 지배하지 않을까?' 하는 두려움을 부정할 수는 없을 것이다. 여성들은 사회적이고 역사적인 경험으로 축적된 결혼의 관점을 갖게 된다. 그것이 바로 "남자, 결혼하니까 확 달라지더라"로 표현되는 것이다. 여성들이 헤겔식 결혼 개념에 반기를 드는 이유는 남성 중심 사회의 결혼 생활에서 축적된 경험과 남성적 질서에 대한 피해의식 때문일 것이다. 헤겔과 동시대의 인물이면서 프로이트의 먼 조상이라고 할 만한 쇼펜하우어의 사랑관을 보자.

 1

한 터프가이 P가 있다. 그는 운동과 술 그리고 친구가 자신의 인생에서 가장 중요하다고 생각한다. 그런데 어느 봄날, P의 정신을 쏙 빼놓을 만한 여성을 만나게 되었다. P는 사랑을 쟁취하기 위해 외모관리에 들어갔다. 그리고 그녀의 주변정보를 수집했다. 그런데 그녀의 취미는 P와 정반대. P는 자신을 그녀에게 맞추었다. 꽃을 사랑하는 남자로, 연극을 사랑하는 남자로 변신한다. 만난 지 한 달 후 P는 그녀에게 장미꽃 서른 송이를 선물했다.

쇼펜하우어의 질문은 간단하다. 왜 P는 그 여성에게 '장미를 주었는가?'이다. 그는 《사랑의 형이상학》에서 남녀 사이의 사랑의 본질이 "성욕이라는 본능을 근저에 두고 있으며, 이 본능이 특수화되고 개체화된 것에 지나지 않는다"고 말한다. 사랑에 대하여 여러 가지 미사여구를 동원에 찬미하더라도 성애의 궁극적 목적은 2세의 생산이다. 개개인의 사랑은 '개체의식이 착각을 일으켜 상대에 대한 찬미라는 베일로 교묘히 자신을 은폐'하는 것이며, 이것은 자연이 뜻을 이루기 위한 '자연의 전략'(strategem der natur)에 지나지 않는다.

자연의 전략은 종족 유지를 위한 2세의 생산을 의미한다. 쇼펜하우어는

▲ 구스타프 클림트, 〈키스〉
1907∼1908년 / 캔버스에 유채 / 180×180cm / 오스트리아미술관 소장

'사랑의 정열=종족 유지의 의지', '연애=번식 본능의 표현'이라는 도식을 사용한다. 결국 성애는 자연의 '살려는 의지'의 실행일 뿐이다. 이런 의미에서 쇼펜하우어는 "사랑 자체가 두 사람이 앞으로 탄생시키려는 새로운 개체의 살려는 의지이다"라고 말한다. 그렇다면 쇼펜하우어의 관점에서 동성애나 대리모, 미혼모의 문제는 어떻게 볼 것인가? 그의 관점에서는 '살려는 의지'의 또 다른 표현이라고 할 수 있다.

　사랑의 본질을 성적 결합에서 찾은 쇼펜하우어의 입장을 심리학적 차원에서 체계화한 인물이 프로이트다. 프로이트는 모든 사랑과 관련된 행위는 성적 결합을 목적으로 한다고 보았다. 채워지지 않은 성적 불만족을 해소하려는 리비도가 드러나는 것이 사랑이라는 것이다. 프로이트에 따르면 사랑은 항상 증오를 수반한다. 사랑과 증오는 동전의 양면과 같아서 사랑의 욕구가 해결되지 않으면 증오로 변질한다. '사랑은 애증'이라고 생각하는 프로이트의 사랑관은 일상적 연애사건, 결혼생활, 이별 후에도 체험적으로 공감할 수 있다. 이는 드라마에서도, 신문의 각종 연예 관련 범죄사건에서도 확인된다.

📖 2

N은 남편을 몹시 미워했다. 남편이 자신을 아껴주지만, 평생 술과 함께 살았기 때문이다. 매일같이 술을 마시고 취한 상태였다. 그녀는 그런 남편을 평생 포기하고 살았다. 그런데 N은 남편이 암 말기라는 소식을 들은 후 달라지기 시작했다. 한시도 남편 옆을 떠나지 않았다. 남편을 간호하는 과정에서 N은 남편에 대한 실망과 증오가 애정으로 바뀌는 것을 느꼈다. 그녀는 남편에게 더없이 헌신적인 아내가 되었다. 과거의 남편에 대한 증오가 있었지만 암 투병 중인 남편이 너무나 가엾다는 생각을 했다. 지극한 간호로 N의 남편은 3년을 투병하다 세상을 마감했다. 남편의 사후 2년이 지난 지금도 N은 남편의 유품을 보관하고 있다.

N의 사랑은 소위 '미운 정 고운 정'으로서의 사랑이다. 프로이트가 말하는 애증으로서의 사랑은 '다 줄 수 있는 사랑'과 '자기 사랑에 대한 응답의 결핍'에서 오는 양가적 감정의 상태이다.

지금까지 사랑에 관한 정의와 사랑을 보는 다양한 색에 대하여 살펴보았다. 그런데 우리는 사랑에 대한 다양한 정의와 색에 대한 다양한 이론적 입장이 과연 사랑을 논하는 데 얼마나 유의미한지 물을 것이다. 가브리엘 마르셀(G. Marcell)은 사랑의 속성에서 사랑의 정의 불가능성을 주장한다. 그에게 사랑은 신비함 그 자체로서 이해될 수 있거나 이론화할 수 없는 영역이라고 말한다. 러셀 바노이는 사랑의 객관적 논증의 어려움으로부터 정의 불가능성을 말한다. 그는 사랑의 정의 불가능성과 무의미성을 다음과 같이 단호하게 주장한다.

사랑의 본질 또는 사랑의 진정한 의미를 해명하려는 어떠한 의도도 거부하는 것이 옳을 것이다. 도무지 그러한 것은 존재하지 않는다. 사랑은 최근 유행하는 구절로 표현해본다면 열린 개념이라 할 수 있다. 만약 사랑에 대해 독특하고 보편적으로 적용할 수 있는 개념이라야 만족할 수 있다면 우리는 아예 그런 모험을 시작조차 하지 않는 것이 좋을 것이다. 사랑과 같이 흥미로운 말들은 보통 정확한 개념 규정을 허용하는 방식으로 활용되지 않는다.

바노이의 지적처럼 사랑에 대한 보편타당한 정의란 존재할 수 없다. 사랑에 대한 담론은 분명히 형이상학적 논변, 과학적 명제, 사회과학적 테제와는 구분된다. 사랑은 애착에 기반을 두는 나와 타자의 독특한 존재론적 관계, 지위 및 내용성을 가짐으로써 다른 이론적 논변에 적용되는 객관성과 보편타당성의 잣대를 사용할 수 없다. 이 점에서 모건(Morgan)의 사랑의 정의 불가능성 테제는 옳은 지적이다. 사랑은 나와 타자의 정서적 관계의 한 양태이기 때문에 그 내용성과 정의 가능성은 특정한 관계 자체에서만 그 고유성을 주장할 수 있다. 따라서 사랑의 정의에 관한 담론은 열려 있지만, 그 담론 자체가 사랑의 정의에 대한 '동의 가능성', '이해 가능성', '합의 가능성'을 목표하거나 전제하지는 않는다.

3 사랑의 판타지

● ● ● ●

멜로드라마에서는 흔히 사랑의 판타지가 등장한다. '가난한 달동네 여성과 대기업 회장 손자와의 사랑과 결혼', '이혼녀와 대기업 총각 사장과의 사랑', '전문직 여성과 착하고 터프한 연하남과의 사랑', '치매에 걸린 여성을 극진히 보살피고 사랑하는 능력남'. 사랑으로 신데렐라의 꿈이 실현된다. 멜로드라마가 여성의 사랑 판타지를 대리 충족하는 기능을 과도하게 수행하다 보니 '현실적이지 않은 사랑'을 만들어내며 사랑을 병적인 방식으로 이상화한다. 다음 E의 사례에서 문제가 무엇인지 생각해보자.

📖1

E는 고등학교 시절 순정만화를 참 많이 본 여성이다. 대학을 다니면서 E는 몇 명의 남자와 사귀었다. 그런데 항상 E가 생각하는 그런 사랑이 아니었다. E가 만난 남자는 각각 유형이 달랐지만 E가 찾는 남자는 여전히 그 순정만화 속의 남자였다. E는 만나는 남자에게 만족하지 못했으며 관계는 오래가지 않았다. 나이가 들어 E는 자신이 사랑에 대한 과도한 판타지를 가지고 있었다는 것을 알게 되었다. 그러나 현실적인 사랑과 사랑하면서 풀어 나아가야 할 문제들에 대해 E는 여전히 두렵다. E는 어느새 45세이다. 그러나 E는 여전히 사랑을 꿈꾼다.

E의 경우와는 다르지만 나와 타자의 관계분석에서 이상적인 사랑의 판타지를 전개한 인물이 바로 사르트르(Sartre)이다. 사르트르에게 사랑하는 나와 사랑받는 타자나 이것의 역설적 관계 이전에 타자는 지옥(enfer)과 다르지 않다. 타자가 지옥인 이유는 타자는 항상 나를 응시하고 나를 객체화시키는 존재로 나와의 투쟁과 갈등의 관계 속에 존재하기 때문이다. 나 또한 타자에게 자신을 객관화 · 노예화하는 지옥과 같은 존재이다. 사르트르는 인간이 자유를 추구하는 한 타자와의 투쟁적 관계는 불가피하다고 본다. 주체와 주체가 상호 인정하는 호혜적 관계는 나와 타자의 '객체화 메커니즘'으로 인해 성립할 수 없다. 그런데 사랑을 하는 경우에는 나-타자의 관계가 지양되고 새로운 차원의 관계로 진입하게 된다. 사르트르에게 사랑은 한 주체가 다른 주체에 의해 객관화되지 않고, 한 자유로운 주체가 다른 자유로운 주체의 자유를 제한하지 않는 독특한 방식의 관계이다.

사르트르에 따르면 사랑하는 사람은 상대를 사물로 취급하거나 그의 자유 자체를 제한하려고 하지 않는다. 나와 타자의 자유는 그 자유를 상대방에게 향하게 함으로써 상대방의 자유가 서로의 자유가 된다. 사르트르는 이러한 사랑의 관계를 '경이롭고 놀라운 것'으로 파악하며 사랑을 통해서 존재의 정당성과 필연성을 부여한다. 사랑은 또한 자기존재에 대한 우연성의 극복이기도 하다. 왜냐하면 서로 사랑받는 순간 객체화할 수 없는 서로에게 '절대 가치'와 '절대 목적'의 지위를 갖기 때문이다. 결국 사랑은 던져진 존재인 실존의 불안, 우연성, 타자와의 투쟁적 관계를 자유와 독립성, 자기초월성을 상호 승인하는 이상적인 열쇠이다. 이것이 사르트르가 말하는 이른바 '사랑의 기쁨'이며 이상적인 사랑이다.

그렇다면 타자와의 이상적인 사랑을 꿈꾸었던 사르트르의 현실적인 사랑은 어떠했는가? 사르트르는 파리 사범학교 동기생인 시몬 보부아르와의 계약결혼으로 세기의 주목을 받았다. 보부아르는 1949년에 젠더 개념을 제시한 여성해방의 텍스트인 《제2의 성》을 집필한 여성이다. 이들의 계약결혼 조건은 서로에게 비밀이 없을 것, 경제적인 독립 재산제, 두 사람의 관계를 유지하며 다른 사람과의 사랑을 허용하는 것이었다. 사르트르는 보부아르의 제자 올라 코나키에비치와 그녀의 동생 올라 완다와의 사랑을 포함해 10여 명의 여성과 연애를 즐겼다. 사르트르는 '제자 속옷 전문 연구자'라는 비아냥을 받기도 했던 인물이다. 보부아르 자신도 작가 아더 쾨슬틀러, 넬슨 앨그린과 열애를 즐겼다. 넬슨 앨그린에게 보부아르는 "오세요 내 사랑. 와서 저를 당신의 힘세고 부드러우며 탐욕스러운 두 손으로 안아줘요"라고 편지를 쓰기도 했으며, 자신을 여성으로 다시 태어나게 해준 "진정한 나의 남편"이라고도 표현했다. 보부아르는 동성애도 즐기다가 동성애 상대의 부모에게 제소 당해 대학 교수자격을 취소당하는 수모를 당하기도 했다.

사르트르와 보부아르는 '비밀이 없을 것'이라는 계약조건에 충실해 다른 상대와의 육체적 관계를 적나라하게 서로에게 이야기하고 자신들의 소설책에도 등장시켰다. 50년간이나 계속된 사르트르와 보부아르의 계약결혼을 어떻게 봐야 하는가? 사르트르 자신의 이상적 사랑의 판타지와 그의 현실적 사랑의 간극은 심연 그 자체인가? 사르트르와 보부아르의 계약사랑은 이상적 사랑이 아니라 '적과의 이상한 동거'가 아니었을까? 적과의 이상한 동거보다 적과의 사랑이 더 아름답지 않은가?

적이었지만 사랑이 된 경우는 단순히 문학이나 드라마에서만이 아니라 현실에서 종종 일어나기도 한다. 적과의 사랑은 단순히 드라마 〈스파이 명월〉에서만 가능한 것은 아니다. 다음 사례를 보자.

A는 중소기업 사장이며 독신이다. A의 사업 분야에서 대기업을 상대로 한 전체 시장규모는 2,000억 원이며 네 개 회사가 경쟁 중이다. A 회사의 시장점유율은 18%다. 대기업 로비와 경쟁기업 정보수집이 중요한 일과 중 하나이다. A는 시장점유

율을 높이기 위해 로비 강화 이외에 경쟁기업에 스파이를 심을 것을 결심한다. 공략대상은 경쟁기업 사장의 여비서이다. 작전은 성공했다. A의 선물과 정성이 통한 것이다. A는 점유율 목표에 근접하는 성과를 얻었다. 그런데 뜻하지 않게 경쟁업체 사장의 여비서가 자신을 진실로 사랑한다고 고백했다. 적장의 비서와 진짜 사랑에 빠져버린 것이다. 고심하던 A는 그녀와의 새로운 삶을 위해 업종 변경을 고민하고 있으며 그녀는 회사에서 사퇴했다.

불순한 동기에서 시작해 사랑으로 변하게 된 묘한 사랑을 하는 경우, 사랑의 묘약이 이런 것인가? 그런데 사르트르에게 한 번 물어봐야 한다. 어떻게 상대방을 객체화하지 않을 수 있는가? 소위 사랑의 호르몬이 유효한 100일간만 객체화하지 않고 그다음의 합리적 수준의 객체화는 무방한 것인가? 사랑하는 사람과의 관계에서 자유와 독립성은 어떻게 유지될 수 있는가? 우리는 정작 사랑에 빠지면 자유와 독립성을 포기하고 '아름다운 구속', '자발적 구속'을 원하지 않는가?

사르트르가 시도한 사랑의 이상화 방식은 오늘날 우리에게 얼마만큼 적용될 수 있는가? 사르트르 당대보다 오늘날은 사랑이 종교화된 사회라고 할 수 있다. 모든 사람이 소리 내어 사랑을 말하고 사랑을 찾고 사랑을 통해서 행복을 쟁취하려고 한다. 그러나 동시에 우리는 사랑하기 어려운 시대에 살고 있는 것이 아닌가? 시간이 없어서 사랑하지 못하고, 만날 기회가 없어서 사랑하지 못하고, 못생겨서 사랑하지 못하고, 돈이 없어서 사랑하지 못하고, 직업이 없어서 사랑하지 못하고……. 과연 그것이 전부인가?

4 왜 우리는 사랑하기 어려운가?

●●●●

아도르노는 자본주의 사회에서 사랑은 결핍되어 있으며 사람들은 더더욱 사랑하기 어렵게 되었다고 선언한다.

> 시민사회 시대에 사랑은 부분적으로나마 교환관계에 저항하였지만, 마침내 교환관계가 사랑을 완전히 빨아들이고 만다. 다시 말해 마지막 직접성이 사랑의 모든 당사자 간의 거리로 인해 희생된다. 사랑은 주체가 스스로 부여한 가치에서 차갑게 된다. 그에게 사랑은 잉여의 사랑으로 드러나고 더 많이 사랑한 사람은 부당한 사람이 된다. 연인을 의심하게 되고 그것이 자신에게 되돌아오게 된다. 그의 애정은 소유적 잔인함과 자기 파괴적 이미지로 병든다.

사랑 관계에서 교환 가치가 지배하고 있다는 아도르노의 분석은 교환 가치가 사랑이라는 지극히 사적인 관계에서 침윤되고 말았다는 사회비판이다. 소위 '사랑의 경제학'에 관한 비판이다. 교환 가치는 사회적 분업과정을 전제로 작동되는데 파편화된 분업체계에 고립된 인간은 '사회적 모나드의 차가움'을 체화한다. 교환체제하에서 차가운 모나드가 되어버린 인간은 사랑의 관계를 사회적인 교환 가치로 환치해버린다. 아도르노는 사랑의 관계가 교환 가치적 관계로 변화된 현실에 주목하면서 사랑의 결핍과 진정한 사랑하기의 어려움을 말하고 있는 것이다.

한국사회에서 사랑의 경제학은 '첫 만남에서 좋은 인상 남기는 법', '이성을 사로잡는 매혹의 4초 비법', '밀고 당기기 노하우', '남자 애태우기' 등과 같은 연애의 기술에 대한 수많은 책과 결혼 정보회사의 혼테크 강좌가 있다. 1,500여 개가 넘는 것으로 추정되는 결혼 중개 업체는 신청자들의 신분과 직업, 경제력, 미모 등을 위계화시켜놓고 교환으로서의 사랑의 문화를 사회적으로 확산시키고 있다. 은행 PB들이 상류층 간의 중매 서비스를 제공한다는 사실은 자원의 교환으로서 사랑의 폐쇄적 시장화의 대표적 사례이다.

한국식 교환으로서의 사랑이 가장 잘 드러나는 것은 이주결혼이다. 2009년 결혼 이주여성은 총 12만 5,087명이다. 국적별로 보면 중국, 필리핀, 베트남 순이다. 이들 이주결혼 여성은 천만 원에서 수천만 원에 이르는 결혼비용을 제공한 한국 남성들에 의해 이주결혼 상대자로 선택된 여성들이지만, 이주결혼은 실상 매매혼이나 다름없는 실정이다. 2009년 3월 캄보디아 정부가 불법 집단 맞선 행위를 적발한 뒤 한국인과의 이주결혼을 금지하는 사태까지 발생한 것은 사랑=돈=결혼=교환 가치라는 물화된 사랑의식이 어떻게 반인권적 매매혼으로 나타나는지를 잘 보여준다.

사랑의 경제학이 일상적 의식이 되어버린 듯하다. 미디어는 이를 촉진하는 주요 행위자이다. 공중파 드라마에서는 사랑이 아닌 출세를 위한 결혼, 신분상승을 위한 결혼, 권력획득을 위한 정략결혼, 경제적 풍요를 위한 결혼을 소재로 한 드라마가 주를 이룬다. 성공한 사랑과 결혼의 사례들이 지상파와 각종 매체의 메인을 장식한다. 김혜수-유해진 커플의 연애사건을 계기로 나타난 '유해진 다시보기' 열풍은 진정한 사랑의 가능성에 대한 지지의 성격보다는 추남과 최고미인, 평범한 조연급 배우와 최고 여성배우의 사랑, 탈관습적 사랑에 대한 '놀라움'의 사회적 표출이다.

자본주의적 삶의 방식이 사랑의 원리, 사랑의 힘과 공존할 수 없다는 것은 분명한 사실이다. 아도르노의 '사랑하기의 어려움'에 대한 호소는 순진하고 솔직한 목소리이다. 오늘의 사랑을 과장해서 말하면 '사랑을 쇼핑하는 시대'에 접어들었다. 사랑을 어떻게 쇼핑하는가? 페이스북과 소셜 네트워크 서비스

(SNS)의 보급 덕분에 미국인의 3분의 1이 온라인 데이팅을 한다. 온라인 데이팅은 제공된 프로필을 보고 선택해 오프라인에서 만나 데이트를 하는 것이다. 이 중에서 5분의 1이 결혼으로 이어진다고 한다. 이것은 마트에 진열된 인간상품의 품질과 가격을 비교하면서 나에게 맞는 인간상품을 쇼핑하는 것과 다르지 않다고 봐야 할 것이다. 문제는 이러한 상품 구매식 사랑쇼핑이 과연 내 사랑을 찾는 가장 좋은 방식인가에 대해 생각해봐야 할 것이다.

이제 우리 자신의 사랑에 대한 태도를 점검해보자. 다음은 인터넷 게시판에 올라온 '결혼은 사랑이 먼저인가, 조건이 중요한가?'에 대한 댓글들이다. 이에 관한 자신의 생각을 댓글로 올려보자.

<table>
<tr><td>↳ danbe***</td><td>대부분 여자들은 조건에 충족되지 않는 남자에게는 사랑의 감정을 못 느끼죠. 사랑의 전제조건이 조건입니다. 조건이 없으면 사랑도 없지요.ㅋㅋ</td></tr>
<tr><td>↳ kyi7***</td><td>사랑과 조건이 적절히 믹스되어야 합니다. 그러나 믹스 배율 중에 사랑이 60%는 넘어야 하죠.</td></tr>
<tr><td>↳ sjki***</td><td>근데 확실히 스스로 능력이 되는 게 좋긴 하더라고요. 사촌 형들 보니까 자기가 능력이 되니까 자기가 사랑하고 맘에 맞는 여자는 그 집 재산 같은 거 따질 필요도 없이 자기 능력으로 커버할 수 있으니 자신 있게 결혼하고 ㅎㅎ 참 멋져 보이는…….</td></tr>
<tr><td>↳ zoroko***</td><td>전 그 집의 재산보다 집안 분위기를 더 보게 되더군요. 시어머니 될 사람이나 시누이 등등. 집안 분위기 이상하면 결혼해서 정말 고생이에요. 특히 마마보이가 아닌지 확인해봐야죠. 결혼 조건에 꼭 포함해야 해요.</td></tr>
<tr><td>↳ pssg***</td><td>가장 중요한 건 결혼생활에 미래 비전이 있느냐죠. 사랑도 좋지만……. 결혼은 현실이잖아요. 현실을 무시할 수 없죠…….</td></tr>
<tr><td>↳ rayout***</td><td>돈 좀 있다고 결혼해서 맘 고생하시는 분들 많습니다. 좀 없다 해도 사랑하는 사람을 만나는 것도 쉬운 일이 아니고……. 요즘 조건만</td></tr>
</table>

보고 결혼해서 얼마 못살고 이혼하는 커플도 많잖아요. 없이 시작해도 사랑하는 사람과 맘 합해서 돈은 만들어 가면 되죠.

↳ j80*** 위에 댓글 쓰신 분……. 정말 순진한 소리 하시네요. 저도 순진해서 사랑 보고 선택했는데 결혼해서 고생한 것 생각하면 제 자식은 절대 그렇게 시키고 싶지 않아요. 조건은 정말 중요해요. 조건 보고 결혼한 친구들이 소리 없이 오히려 더 잘살더라고요.

5 그래도 나는 믿는다, 사랑의 힘을

●●●●

사랑은 신비와 비극의 노래이다. 사랑의 노래는 우리 생이 끝날 때까지 계속된다. 사랑을 멈추는 자는 곧 죽은 자 아닌가? 그러나 사랑의 색이 어디 하나뿐인가? 사랑의 색은 사랑하는 사람의 수만큼 다양하고 사랑의 성격 역시 수없이 다양하다. 사랑을 이상화, 윤리화하고 사랑하기의 어려움을 말하는 때에도 그 이면에는 사랑에서 포기될 수 없는 것에 대한 신뢰가 자리하고 있다. 그것은 바로 사랑의 힘, 사랑의 놀라운 능력이다. 진부하게 들리는 이 말이 정작 사랑을 하기 시작하면 직접성을 갖게 된다. 사랑의 힘이 작동하기 때문이다.

사랑을 쇼핑하는 시대에 살고 교환 가치적인 사랑을 추구하면서도 한편으로는 여전히 '낭만적 사랑'을 꿈꾸며 '이상화된 사랑'을 추구하는 이중적 현상이 오늘날의 사랑 현상이다. 울리히 벡(Ulrich Beck)은 오늘날 현대인들의 단절과 불안정성, 고향 상실의 실존적 체험을 통해 사랑 속에서 궁극적인 것을 소망하는 '종교적 정신 상태'를 보여준다고 말한다. "사랑이 궁극적인 대답을 가져다준다"는 믿음을 많은 사람이 갖는다는 것이다. 이것은 다름 아닌 사랑에 대한 유사 종교적 믿음이다. 벡이 말하는 오늘날 사람들이 취하는 사랑의 태도는 '사랑밖에 난 몰라요'와 같은 의존적인 사랑을 벗어나 적극적이며 파트너십에 근거한 정서공동체를 지향하는 경향이 있다. 실제로 현대인들은 사랑이라는 강력한 힘에 이끌려 그 속에서 삶의 기대, 불안, 행동 패턴을 새겨

넣고 결혼하고 이혼하고 재혼한다. 유사 종교화된 사랑은 사랑의 빈곤감과 사랑하고픈 욕구의 강력한 표현이다. 그래도 우리는 사랑의 원초적 힘을 믿는다. 진정한 사랑은 사랑 이외에 아무것도 생각하지 않는다. 그래서 '감각의 제국'을 세우는 것이 아니라 주체인 두 사람이 협력해 만드는 '무너지지 않는 영토'를 건설하는 것이다. 결국 자본주의 사회에서 사랑을 하고자 하는 자는 자본주의의 생리와 대결하려는 용기를 가진 자이다. 사랑의 전사가 되려는 사람은 다시 아도르노의 말을 주문처럼 외워야 한다.

사랑한다는 것은 경제와 같은 사방의 매개적 압력에 의해 사랑의 직접성이 위축당하지 않는 능력을 말하며, 그와 같은 신뢰 속에서 사랑은 그 자체로 매개되어 아주 강력한 대항의 힘이 된다.

성찰&생각 키우기

1. 나의 사랑의 역사를 기록해보자. 각각의 사랑은 어떤 종류의 사랑이었는가?

2. 대중가요 〈사랑 그 쓸쓸함에 대하여〉에서 말하는 사랑의 본질은 무엇인가?

3. 유아기, 아동기의 사물과 세계에 대한 질문과 철학적 질문의 차이는 무엇이라고 생각하는가?

4. 헤겔적인 사랑은 구체적으로 어떻게 가능하고 어떤 조건에서 실현될 수 있는가?

5. 사르트르의 계약결혼이 갖는 의미와 허구성은 어디에 있는가?

6. 10대, 20대, 30대, 40대의 사랑의 정서를 대표하는 노래를 각각 세 곡 선정하여 그
   차이와 특성을 비교하라.

7. 사랑의 사이클을 사랑의 설렘, 시작, 몰입, 정점, 갈등, 권태, 이별 예감, 이별, 후회의
   단계로 구분하고 각각의 단계를 대표하는 노래나 시를 찾아보라.

8. 한국 드라마의 사랑의 방정식을 유형화하고 현실적인 사랑의 방정식과 비교 · 검토
   하라.

9. 나는 사랑의 위기와 배신에 어떻게 대처할 것인가?

10. 이성 간의 사랑에서 '사랑'이라는 이름의 폭력 양상은 무엇이고 어떻게 대처할 것인
    지 생각해보자.

4

행복, 가까이 그리고 멀리 있는 그대

재스민

1 행복, 가까이 그리고 멀리 있는 그대

● ● ●

"당신은 지금 행복한가?"
"당신을 행복하게 하는 것이 무엇인가?"
"구체적으로 어떤 조건들이 당신을 행복하게 만드는가?"
"당신의 삶 속에서 가장 행복했던 기억 세 가지를 말해보라."

이런 질문 앞에서 당신은 어떤 대답을 할 수 있는가? 인간은 누구나 행복을 추구한다. 행복을 늘 가까이 두고 싶지만, 아득히 멀게 느껴지기도 한다. 어떤 사람은 '나는 행복해져야 해'라고 주문을 외우며 살기도 한다. 행복 안내서를 읽고 따라 하며, 행복하기 위한 다양한 시도를 해보기도 한다. 그런데 그는 행복감보다는 행복에 대한 스트레스에 시달린다. 어떤 사람들은 불행한 조건을 다 갖추었는데도 행복하다고 말하기도 한다. 왜 이런 것일까? 다음 사례들에서 행복의 기준은 무엇인지 찾아보도록 하자.

📖 1

미모와 지성에 빛나는 30대 여성 Y는 늘 공허하다. 그녀는 부잣집 남자, 사업가, 의사, 이름 있는 집필자 등과 교제해보았지만 만족하지 못했다. 그들은 늘 자기중심적이고 이기적이었다. 그녀는 이해받지 못한다는 생각을 해왔고 결국 매번 결별하였다. 그러다가 그녀는 가난한 한 청년을 만났다. 그녀는 그와 요리하고 산책하고 같이 책을 읽는다. 그녀는 결혼을 결심했다. 지금은 아이 없이 둘만의 행복을 만들어가고 싶어 한다.

2

철학과 대학원생 K씨는 아르바이트와 학업을 병행한다. 학부 때 사귀던 여학생이 대학원에 진학하면서 이별을 통보해왔다. 그는 스스로 자신의 직업적 전망이 불투명하다는 것을 잘 알고 있다. 그는 공부도 어렵고 생활에 별 도움도 되지 않는 철학공부를 하면서 가끔 행복한 웃음을 짓는다. 그는 자기가 하고 싶은 일을 하고 있어서 행복한 사람이라고 생각한다.

3

벤처기업인으로 성공한 L씨는 소년 가장으로 경제적인 어려움 속에서 성장했다. 수없이 자신을 다잡으며 성공신화를 위해 달려왔다. 오직 성공을 위해 모든 것을 희생했다. 그는 친구도 없고 마음을 나누는 사람도 없다. 여전히 사업 확장을 위해 달려야 한다는 일념뿐이다. 그는 벤처기업인으로 성공한 지금도 끊임없는 성공 강박에 시달리고 있다.

행복이란 무엇인가? 행복에 대해 정의할 수 있는가? 왜 사람마다 행복에 대한 정의가 모두 다른 것인가? 행복이란 만족감이나 충족감 같은 사적 감정인가? 아니면 어떤 상태를 의미하는가? 부와 재산, 명예, 건강, 젊음을 갖고 있다면 행복하다고 할 수 있는가? 행복은 노력하면 얻을 수 있는 것인가? 행운처럼 우연적이거나 단지 발견될 수 있는 것인가? 행복은 관계에서 오는 것인가? 아니면 사회적 관계없이 혼자서도 행복해질 수 있는가? 행복하기 위한 사

▲ 조르주 피에르 쇠라, 〈그랑드 자트 섬의 일요일 오후〉
1884~1886년 / 캔버스에 유채 / 207.5×308cm / 시카고 아트 인스티튜트 소장

회적 조건이 있는가? 가족이나 자신이 속한 집단의 구성원이 행복하지 않은
데도 혼자 행복할 수 있는가?

　이와 같은 질문에 대한 대답은 제각각이다. 실제로 행복에 대해 사람들이
잘못 이해하고 있다고 주장하는 저자들의 글을 봐도 자신들만의 고유한 행복
론을 전개할 뿐이다. 행복에 관한 한 절대적인 기준은 없다. 따라서 행복이란
주관적일 수밖에 없다. 특히 행복을 심리적 차원에서 접근한다면 더욱 그러하
다. 행복의 문제는 나의 행복 찾기에 있다. 나의 행복 찾기를 위해 행복에 관한
다양한 생각들을 만나보자. 그리고 나만의 행복이 아니라 가능한 한 다른 사
람과 같이 행복해질 수 있는 행복의 사회적 조건들에 대하여 생각해보자.

2 행복의 철학, 행복에 관한 생각들

① 행복 프로젝트 A: 지적 행복을 추구하라

철학자 아리스토텔레스는 "행복을 삶의 궁극적인 목적"이라고 말한다. 그의 생각에 우리는 쉽게 동의할 수 있다. 미국의 실용주의 철학자 윌리엄 제임스 역시 "행복이란 사람들이 하는 모든 일의 숨겨진 동기"라고 말한다. 티베트의 종교지도자 달라이 라마 역시 "행복이 삶의 목적"임을 주장한다. 아리스토텔레스는 행위에 목적이 있고 그 목적이 바라는 것을 '최상의 좋음'이라고 할 수 있다면 그것이 '행복'이라고 말한다. 그러면 행복이란 어떤 것일까? 행복은 '잘사는 것, 잘 행동하는 것'과 같은 것이 아닐까?

> "그 사람 어떻게 산다니?"
> "돈도 많이 벌었고 친구들도 많은가 봐."
> "어, 그래······? 그럼 뭐 잘사는 거네. 나도 그 사람처럼 행복하면 좋겠다."

우리는 종종 이와 같은 말을 하거나 들으며 산다. '잘산다는 것'이 행복한 것이라면 잘사는 것은 무엇일까? 위의 대화처럼 돈이나 친구관계의 만족도, 가족관계 만족도, 그 밖에 건강 등의 요소가 잘사는 것의 기준인가? 아리스토텔레스 역시 그렇게 생각했을까? 그의 대답은 좀 다르다. 아리스토텔레스가 말하는 '잘산다는 것'은 부, 명예, 권력과 관계가 없다. 잘산다는 것은 "완전한 덕을 표현하는 영혼의 활동"이다. 아리스토텔레스가 말하는 행복은 영혼의 활동, 다시 말해 정신적인 활동에서 오는 행복이다.

그렇다면 정신적인 관조 활동이나 지적인 활동을 통해서 오는 행복에는 무엇이 있는가? 독서를 하다가 공감하거나 자신이 느꼈던 경험을 섬세하게 묘사한 글을 대하면서 오는 지적 희열이 그 행복이다. 지적인 활동, 이성적인 삶의 태도를 가지고 사는 것, 숙고하고 명상하며 진지하게 의미를 물으면서 '탐구하는 활동'이 아리스토텔레스가 말하는 영혼의 탐구활동으로서 행복이다.

만약 컴퓨터 게임을 통해서 느끼는 행복, 보이스 피싱(전화 금융사기) 사기 수법을 연구해서 느끼는 행복, 남을 속여 본인이 원하는 것을 얻었을 때 느끼는 쾌감, 다른 사람들을 교묘하게 이용해서 이득을 취해 얻는 행복감도 '행복'이라고 할 수 있을까? 남의 불행을 통해 지위나 재물을 축적해서 얻은 행복이 좋은 행복이라고 할 수 있을까? 이런 종류의 행복은 '실리를 통해 얻게 되는 행복감'으로 잠시 행복에 젖을 수 있다고 해도 그것은 진정한 행복이 되지 못한다. 아리스토텔레스의 말을 빌리자면 행복은 덕의 완전한 표현이기 때문에 타자에게 피해를 주거나 나쁜 의도에서 얻어진 비도덕적인 행복은 진정한 행복이 될 수 없다.

아리스토텔레스의 행복 개념은 지적인 행복으로서 이성적인 활동 가운데서 생기는 행복이다. 아리스토텔레스와 같이 철학적 관조 활동을 통한 이성적인 사고와 생활이 행복이라는 생각은 다른 여러 사람에게서도 찾아볼 수 있다. 황제이자 스토아 철학자인 마르쿠스 아우렐리우스는 《명상록》에서 '인생의 안내자'는 '철학'뿐임을 강조하며 그럴 때만이 진정한 행복을 쟁취할 수 있다고 믿었다. 철학은 인간의 의지와 정욕을 관리하고 통제하기 때문에 균형 있는 삶을 살게 하고 그것이 곧 행복을 얻게 한다는 것이다. 로마의 철학자 키케로 역시 이성적 행복을 주장한 인물이다. 그는 "행복한 인간은 올바른 판단력을 가진 사람"이며, "행복한 사람이란 이성이 모든 상황을 증명하고 충고하는 사람"이라고 주장한다. 이성적이며 이성적인 활동에 행복이 있다는 것이다. 그렇다면 주로 지적인 삶과 활동을 하고 있는 사례들은 어떠할까?

대학교 4학년인 그는 인문사회과학 서적을 많이 읽는다. 그는 비판적인 의식의 소유자이다. 한국사회나 주변에서 발생하는 문제에 대해 비판하기를 좋아한다. 그래서인지 주위에 친구가 없다. 종종 4차원이라거나 지루하다거나 심지어 인격 장애라는 소리도 듣는다. 그는 자신의 성격을 바꾸어야 할지에 관해 고민에 빠졌다.

연구 활동을 왕성하게 하는 한 젊은 학자가 있다. 그는 학자로서 프로의식을 갖고 사생활과 연구 활동 관리를 철저히 한다. 그는 연구실에서 주로 지내며, 가족과 시간을 보내는 것보다 자신의 연구 활동에 대부분 시간을 보낸다. 그러던 그는 언제부터인가 연구 자체에 별다른 재미를 느끼지 못하게 되었다. 연구를 통한 행복을 더 이상 느끼지 못하게 된 것이다. 그래도 그는 습관처럼 연구한다.

아리스토텔레스나 아우렐리우스, 키케로의 관점을 위의 두 사례에 적용한다면 그 불행감은 자족하지 못해서 오는 불행의식이다. 그러나 두 경우에 경제적인 어려움마저 더해진다면 과연 자족할 수 있을까? 철학적 관조 활동이나 이성을 통해서만 행복에 도달할 수 있을까? '노동하는 삶'에는 그들이 말하는 행복은 존재할 수 없을까? 여기서 우리는 행복이 단순히 이성에 따른 지적인 행동, 금욕과 절제, 자족적 마음을 통해서만 얻어지지 않는다는 것을 알 수 있다. 그것들은 행복해지기 위한 여러 가지 방법 가운데 하나의 통로이다.

② 행복 프로젝트 B: 행복을 위해 물질과 부를 점령하라

　　행복의 개념이 이성과 지성적인 삶의 방식에 있다는 행복관은 고대 행복관의 주류를 이루었다. 중세시대에는 행복의 근원을 종교와 신에서 찾았다. 근대에 들어서 행복관의 주류를 형성하는 것에 '물질과 부'가 중심이 되었다. 그런데 이러한 물질주의적 행복관을 확산시키는 데 일조한 것이 아이러니하게도 청교도의 교리이다. 루터나 칼뱅의 직업 소명론은 직업적 성공과 부의 축적을 신의 은총을 확인하는 한 방법으로 이해하였다. 이러한 생각은 근대의 경제 발전과 맞물려 행복관의 주류로서 자리 잡게 되었다. 빈곤이나 가난을 신의 벌로 이해하는 사람들은 성실한 노동윤리를 추구하고 청빈한 삶의 지침을 실현하면서 부를 축적할 수 있었다. 근대 이후 자본주의가 급속히 발전하면서 물질과 부를 획득하는 것을 행복의 보증수표처럼 생각하게 되었다. 자본 소유의 여부가 자유의 척도가 되었다. 자본과 물질은 사회적 노동에서 벗어날 수 있는 조건이자, 노동 시간에서 벗어날 수 있는 조건이 되었다. 다음 사례를 보자.

나, 그 사람과 헤어졌어. 왜냐고? 너도 알다시피 그 사람은 참 좋은 사람이야. 나하고 생각도 같고 성격도 비슷하고 그림, 음악, 산책, 책 읽기 등 많은 것을 공유했지……. 하지만 그 사람은 돈이 별로 없어. 사랑하지만 결혼하면 고생할 것 같아. 난 돈 때문에 싸우고 싶지 않아. 누가 그러더라. 진짜 사랑하는 사람하고는 결혼하는 게 아니라고. 근데 내 이미지 관리도 해야 하고 주위 사람들에게 어떻게 얘기해야 할지 모르겠어? 뭐 좋은 생각 없니? …… 고민이야. 아름다운 이별 ㅋㅋㅋ

2

나, 베트남 간다. 그렇게라도 해야지. 요즘 여자들이 농촌총각, 도시빈민 좋아하지도 않고⋯⋯. 근데 한 2천만 원 든대⋯⋯. 사실 누구와 결혼할지 모르지만 그냥 결혼회사에서 주선한 여자를 현지에서 세 번 보고 데리고 오는 거지⋯⋯. 요즘 돈 좀 있는 남자들도 종종 동유럽 백인 여자들과 결혼한다. 예쁘고, 몸매 좋고, 무엇보다 한국처럼 처가에 돈 보낼 일도 없다고. 근데 이게 뭔가 하는 생각도 든다. 나도 불쌍하지만 그 여자도 불쌍하다는 생각이고⋯⋯. 돈이 있어야 결혼하고 애도 낳고⋯⋯. 그 여자들도 합법화된 인신매매 같기도 하고 참⋯⋯.

사례 1과 2는 서글픈 우리의 일상적 사건이다. 이런 경우는 결혼 이후에도 또 다른 문제를 야기한다. 저소득층의 이혼사유 중 가장 많은 부분을 차지하는 것이 돈 문제라는 것은 변하지 않는 사실이다. 경제성장 곡선과 이혼 곡선이 일치하는 현상은 자본주의 사회에서 통용되는 일반적 법칙이다. 이러한 일상적 경험의 축적이 돈=행복이라는 인식의 스키마를 만들어내고 사랑과 결혼, 인간관계를 분리하고 결합하는 가장 큰 원인이 되고 있다. 돈=행복이 아니라고 생각하는 사람들도 '남들 사는 만큼'을 기준으로 삼으며 그 기준이 평균임을 강조한다. 물질주의적 행복관을 극복한 듯이 보이는 사람들도 이미 그들이 인간적인 삶을 살 수 있는 물적 토대를 가진 사람들이기 때문에 그러한 선택이 가능하다고 주장하기도 한다.

그러나 행복의 조건으로서 충분한 물질을 가진 사람들이 우울과 권태 속에서 살며 자살하는 사람도 많다는 사실을 인식해야 한다. '과도한 소비'를 통해 행복을 추구하려던 많은 사람이 과연 늘 행복한지, 불행의 나락으로 빠지지 않는지 생각해볼 일이다. 행복의 조건으로서 물적 토대는 필요조건일 뿐이다. 가치공동체와 경제공동체, 정서공동체, 목적공동체로서의 균형이란 물질에 의존하여 행복을 연명하고 포장하는 허위의 삶에서 벗어나는 길이 아닐까?

③ 행복 프로젝트 C: 종교가 너희를 행복하게 할 것이다

종교를 통해 자신이 행복하다는 사람들의 사례를 들어보자.

1

C는 소위 말하는 사이비 종교의 신도다. C는 다니던 직장을 그만두고 가정도 버리고 선교사가 되기 위해 교육에 열심히 참여한다. 주중이나 주말에는 방문 선교나 지하철 선교활동(?)에도 열정적이다. 자신은 살아오면서 지금이 가장 행복하고 마음이 편하다고 생각한다. 그런데 예전에 알던 친구나 친인척들은 C가 정상이 아니라고 비난한다. 그래도 C는 행복하며 친구나 친인척들을 전도해 같이 행복해지고 싶은 꿈에 부풀어 있다.

2

직장인 I는 누구나 입사하고 싶은 대기업에 들어가 초고속 승진한 사람이다. 좋은 사람, 좋은 아들로서 인정도 받았다. 그런데 불행은 교통사고였다. 사고 후 하반신 마비로 장애인으로 살아가게 되었다. 좌절과 고통의 3년 세월을 보낸 후 그는 새롭게 시작했다. 장애인 휠체어 제작 사업에 뛰어들어 실패의 쓴잔을 마셨다. 모든 것을 포기하고 싶었을 때 친구의 소개로 종교를 접하게 되었다. 사고와 사업 실패이후 달라진 것은 하나도 없다. 여전히 현실은 암담하다. 그런데 그는 행복하다. 뭔지 모를 행복이 마음에 자리하고 있다. 이제 그는 늘 웃는 I로 통한다.

C와 I의 행복은 어떤 종류의 행복인가? 종교를 통한 행복이다. 종교의 성격과 무관하게 종교가 인간에게 행복감을 주는 경우이다. 물론 종교가 불행과 갈등의 씨앗이 되는 사례들도 수없이 찾을 수 있다. 그러나 종교의 기원과 기능 및 목표를 한마디로 요약하라면 그것은 행복이다. 행복도 일반적인 '~에

서의 행복'이나 '~하는 동안의 행복'이 아니라 영원한 행복이다. 지구상에 존재하는 수천 개의 제도화된 종교나 토속신앙들 역시 '인간의 영원한 행복'을 약속한다.

종교의 원리는 그 영원한 행복을 위해서 지상의 행복과 쾌락을 포기할 것을 권고한다. 영원한 행복의 염원이 종교를 통해서 과연 실현될 수 있을까? 여기에 수많은 종교철학자, 특히 기독교 철학자들은 확언해왔다. 파스칼은 "신의 존재와 관련된 내기를 통해 신이 존재하지 않는다는 것에 거는 것보다 신이 존재한다는 것에 내기를 거는 것이 영원한 행복을 얻는 데 비교할 수 없을 만큼 좋은 내기"라고 말한다. 파스칼의 내기는 내기에 이겼다고 해서 신이 영원한 행복을 보장할 것인가, 인간에 대한 신의 다른 요구 사항은 없는가와 같은 문제를 가지고 있다. 또한 휴머니스트들에게는 내기 자체가 성립되지 않는다. 현대의 유신론적 실존주의자로 알려진 키르케고르처럼 이 문제에 확신을 가진 철학자도 드물다. 그는 무한한 자유로부터 발생하는 인간의 원초적 불안을 극복하려면 신앙이 필요하며, 신앙은 이성의 정지로부터 시작됨을 강조한다.

신앙의 순간은 인간적으로 보면 최대 파멸의 순간이지만, 신앙적으로 보면 절망으로부터 소생하는 순간이다. 인간적으로 그것이 자신의 파멸이라는 것을 알면서도 그래도 가능성을 믿는 것. 이것이 신앙이다. 신앙은 이성을 잃을 때 나타난다. 믿는다는 것은 신을 얻기 위하여 이성을 잃는 것이다.

키르케고르는 인간의 삶을 크게 3단계로 구분한다. 첫 번째 단계인 심미적 단계는 본능적·감각적 욕망, 부와 명예추구를 추구하는 단계이다. 이 단계는 욕구 실현과 욕구 재생산의 반복에 대한 회의와 권태에 빠지며 절망에 이른다. 삶의 원초적 욕구에 충실한 삶의 결과로 자신의 삶을 부정하는 아이러니(irony)를 경험하게 된다. 두 번째 단계는 윤리적 단계로서 타자와의 관계-이웃관계를 중시하며 도덕과 양심에 따라 행동하려고 노력한다. 책임과 의무가 윤리적 삶의 중심을 이룬다. 그러나 윤리적 완전성의 실현에 대해 절망하며 초월적 신을 추구하는 단계로 이행한다. 세 번째 단계는 종교적 단계로서 신에 귀의하는 단계이다. 종교성은 신의 도움 없이 영원성을 이해하는 내재적 종교성 단계인 종교성 A에서 오직 신을 통해서 죄와 구원의 문제를 해결하는 종교성 B(초월적 종교성)로 이행해야 한다. 종교성 A가 기타 종교에 해당하며, 종교성 B는 기독교를 말한다. 키르케고르는 종교성 B를 통해 신 앞에 서는 사람을 '단독자'로 칭한다. 단독자는 '나의 사명을 이해하고 내가 무엇을 하기를 신이 원하고 있는지 아는 사람'이다. 단독자만이 죽음에 이르는 병인 원초적 불안을 치료하고 영원한 행복을 얻을 수 있다는 것이 키르케고르의 입장이다.

그런데 왜 기독교의 영원한 행복의 약속을 버리고 많은 사람이 떠나고 있는가? 기독교의 위기는 교인 수의 감소로 나타난다. 특히 선진국일수록 종교 일탈 현상이 심하다. 한국의 기독교에도 청·장년층 부족과 이탈 현상이 나타나고 있다. 이러한 현상의 근본적 원인은 종교와 종교생활이 인간의 행복감을 증진하는 데 충분한 역할을 하지 못하는 데 있다. 실제로 선진국의 경우 경제적으로 기독교인이나 타 종교인, 비종교인들 사이에 행복지수에 차이가 없다는 경험연구들이 많이 존재한다. 이러한 현상은 키르케고르가 말한 천상의 행복을 약속받은 사람들이 지상의 행복을 느끼지 못하는 역설적인 상황이라 할 수 있다. 천상의 영원한 행복만으로 부족한 것은 아닌가?

❹ 행복 프로젝트 D: 쾌락을 즐겨라, 그 속에 행복이 있다

에피쿠로스의 지적처럼 "쾌락은 행복한 삶을 형성하는 알파요, 오메가"인가? 쾌락의 성격이 어떠하든 이 말에 동의할 수 있는가? 사실 쾌락을 싫어하는 사람은 없다. 단지 쾌락이 주는 부정적 효과를 싫어하여 쾌락을 조절하거나 멀리하는 사람들이 있을 뿐이다. 종교적인 이유로 쾌락을 부정한다는 사람들도 음식물이나 스포츠 활동에 의한 육체적이고 감각적인 쾌락에서 오는 즐거움을 느끼며, 명상이나 수도, 고행을 통해 그들이 원하는 심리적 쾌락을 갖는다. 여기서 쾌락은 '좋은 기분이나 마음의 상태'를 야기하는 감정을 말한다.

인간이 느끼기 쉬운 쾌락은 감각적이고 육체적인 쾌락이다. 누구나 이것을 최대한 느끼고 싶어 한다. 고대 그리스 키레네 지방에서 쾌락을 삶의 목표와 행복의 근원으로 보았던 철학자들이 키레네학파이다. 아리스티포스(Aristippus)에 의해 시작된 쾌락주의(Hedonism)로 일컬어지는 키레네학파는 감각적인 쾌락을 최대화하는 것이 행복의 열쇠라고 보았다. 그는 고통을 피하고 쾌락을 추구하는 것이 인간의 본성이라고 보았다. 따라서 인간이 쾌락을 추구하는 것은 지극히 자연스러운 일이다. 그것도 '지금 이 순간'의 쾌락이 중요하다. 미래에 자산축적을 위해서 구두쇠로 살고, 미래에 좋은 직업을 얻기 위해 도서관에서만 사는 것은 아리스티포스에게는 의미 없는 고통을 감수하는 것이다. 그는 지성적인 생활이나 관조적인 삶을 위해 쾌락을 포기하는 것역시 무의미하다고 보았다. 최소 생계비를 벌지 못해 경제적인 고통에 시달리는 인문학 분야의 대학 강사의 삶은 아리스티포스가 볼 때 쾌락을 선택하지 않은 잘못된 선택으로 고통받는 경우이다. 그에게 중요한 것은 바로 지금 여기에서 느끼는 쾌락의 선택과 향유이다. 다음 사례를 보자.

회사원 H는 대학 때 학생식당을 전전했다. 그는 좋은 직장에 취업하면서 좋은 음식점을 찾아다니는 취미가 생겼다. H는 한정식에서부터 프랑스, 이탈리아, 일본식 고급식당에 이르기까지 가보지 않은 식당이 없었다. 이제는 집에서도 음식재료를 사 와서 직접 요리하기에 이르렀다. 문제는 늦게 발견한 자신의 식탐이 점점 미식의 추구로 바뀌면서 지출이 급증했다는 데 있다. 그는 수입의 70%를 고급식사와 요리에 쏟아 붓고 있었다. 이 때문에 그의 수입은 마이너스가 된 지 5년이 넘었다. 그럼에도 H는 미식의 욕구를 포기하지 못하고 있다. 맛있는 음식을 한 입 베어 물 때의 쾌락을……

지극정성을 쏟은 해바라기 사랑이 실패로 끝난 후 S는 몇 달간을 지옥에서 보냈
다. 그리고 "사람으로 인한 병은 사람으로 치유해야 한다."는 주위의 권고를 듣고
여러 여성을 만났다. 하나같이 속물로 보였다. '믿을 수 없는 동물이 여자'라는 생
각만 가득했다. 여성은 단지 따분함을 잊거나 성적 쾌락의 대상일 뿐이라는 생각
을 하게 되었다. 주중과 주말에 클럽에 가는 게 일상이 되었다. S는 너무나 쉽게
자신이 원하는 대상을 구했고, 욕정을 푸는 것으로 스트레스를 해소하게 되었다.
결국 S는 섹스중독이 되어버렸다.

위의 두 사례를 아리스티포스는 어떻게 평가할까? 그의 대답은 "쾌락의
노예가 아니라 쾌락의 주인이 되어라."였다. 그는 "최선의 것은 금욕과 절제
가 아니라 쾌락에 의해 꺾이지 않도록 쾌락을 지배할 것"을 강조한다. 인터넷
중독, 게임 중독, 복권 중독, 알코올 중독, 사행성 투기 중독 등 일상의 수많은
중독은 '쾌락의 노예'를 의미한다. 아리스티포스의 말처럼 쾌락을 지배한다고
해서 지금, 여기의 즉각적이고도 감각적 쾌락을 지속시킬 수 있는가? 미래의
더 큰 쾌락을 위해 현재의 찰나적 쾌락은 포기되어서는 안 되는가? 아리스티
포스의 쾌락의 지배 한계와 쾌락의 효용성에 대해 우리는 이러한 질문을 던져
야 한다.

만약 에피쿠로스처럼 쾌락의 개념을 '육체적인 고통과 마음의 근심이 없
는 상태', 즉 '평온함(ataraxia)의 상태'라고 폭넓게 규정한다면 쾌락만큼 좋은
것이 어디 있겠는가? 우리 모두가 쾌락주의자가 되지 않을 이유가 없다. 우리
는 늘 육체적 고통과 마음의 근심을 염려하고 있다. "욕망은 단지 죽음과 함께
사라질 뿐이다."라는 프로이트의 말처럼 육체적 고통과 마음의 근심은 '인생
의 그림자'이다. 그것은 고통의 근원이기도 하지만 자기발전과 성장의 자극제
이기도 하다. 행복을 위해 쾌락을 배치하고 강도를 조절하는 균형 있는 '쾌락

의 디자이너'가 될 때 삶의 디자이너로서 자신의 생기 있는 삶의 에너지를 강화시킬 수 있지 않을까?

⑤ 행복 프로젝트 E: 국민을 행복하게 하라

근대에 들어와 추상적인 개인주의가 아닌 실제적인 개인주의가 성장하고, 경제영역이 국가로부터 독립되면서 개인의 행복추구(pursuit of happiness)에 대한 인식이 새롭게 부각되었다. 행복의 문제가 개인적 차원의 문제뿐만 아니라 국가적 · 법률적 차원에서 제기되고 개인의 행복을 위한 사회적 정책이 필요하다는 국민 행복 프로젝트가 시작된 것이다.

로크는 《정부론》에서 "개인의 생명, 자유, 재산을 국가가 보호하고 보장해야 한다."고 주장했다. 행복추구권에 대한 개념은 미국의 버지니아 권리선언에 처음 등장하였으며, 제퍼슨이 이를 수정하여 작성한 1776년 미국 독립선언문에서 국민의 권리를 천명하였다.

모든 사람은 평등하게 태어났다. 창조주는 인류에게 몇 가지 양도할 수 없는 권리를 부여했다. 그 권리는 생명, 자유, 행복의 추구가 있다. 이러한 권리를 실현하기 위해 인류는 정부를 조직했다.

1789년, 프랑스의 '인간과 시민의 인권선언'에서도 '모든 사람의 행복을 위하여'가 목적임을 천명했다. 우리나라의 경우는 1980년 헌법 10조에 행복추구권을 명시하고 있다. 국민의 행복추구권을 국가가 간섭하지 않는다는 내용을 담은 행복추구권의 법제화는 왜 필요한 것일까? 그것은 행복을 추구하는 활동에서 행복에 영향을 미치는 사회적 · 문화적 · 정치적 · 경제적 · 종교적 차원의 권리문제가 상호 연관되어 있기 때문이다.

행복추구권을 보장한다면서 표현과 결사의 자유를 억압하는 것은 국가가 보장한 행복추구권을 국가 스스로 저버리는 것이기 때문이다. 이처럼 법률화된 행복추구권은 개인의 사적인 삶의 영역에서뿐만 아니라 공적 영역과도 깊은 관련이 있다. 공적 영역과 관련된 행복추구의 활동과 경험을 우리는 '공적 행복'이라고 할 수 있다. 공적 행복은 개인의 사회적 삶과 관련된 영역이다. 정치영역, 사회영역, 문화영역, 경제영역, 종교영역 등에서 공적인 행복을 실현할 수 있게 보장하고 있는가 하는 것이 공적 행복의 기준이 되어야 한다. 가령 정치지도자들의 실정과 부패로 인한 정치적 회의주의와 무관심, 지역감정과 세대갈등을 부추기는 정치적 행위, 소수자의 정치적 권리가 보호받지 못하는 상태로는 정치적 행복을 성취할 수 없다.

사회적·경제적 약자가 보호받지 못하고 양극화가 심화하는 사회에서 사회적 행복은 경험될 수 없다. 문화향유 기회와 권리가 실현되지 않고 문화적 편견과 소수자 문화를 인정하지 못하는 현실 속에서 문화적 행복을 느낄 수 없다. 종교정책에서도 편파적이거나 광적인 종교문화를 경험하는 사회에서는 종교적 행복보다는 종교적 스트레스만이 경험될 것이다. 대기업이 정부정책을 좌지우지하는 기형적인 경제 질서와 대기업과 중소기업, 영세상공인의 상생 경제 질서가 무너지고 경제윤리와 경제민주화가 요원한 상황에서 공적 행복으로서의 경제적 행복은 불가능하다. '국민을 행복하게 하라'는 근대적 행복 프로젝트가 오늘날 한국사회에 실현되기 위해서는 공적 행복을 가능하게 하는 사회구조가 선결되어야 할 것이다.

3 한국인의 행복관, 행복지수

● ● ●

오늘을 사는 한국인은 행복한가? 결론부터 말하면 한국인은 행복하지 않다. 실제로 2007년 취업 포털 잡코리아가 직장인을 대상으로 한 설문결과 '행복하다'고 응답한 직장인은 9.8%에 불과하며, '행복하지 않다'는 응답은 48.2%에 육박했다. 2011년 한국갤럽에서 조사한 결과를 보면 한국인의 40%가 '그저 그렇다'고 대답했다. 한국인이 행복하지 않다는 것은 다양한 방식으로 시행된 행복과 관련된 국가별 비교조사에서도 확인된다. 2009년, 영국 신경제재단이 조사한 국가별 행복지수(HPI)에서 한국은 전 세계 143개국(2009) 중 68위에 머문다. 세계경제개발기구(OECD)가 2011년에 발표한 국가별 '삶의 질' 순위를 보면 한국은 총 조사국 39개국 중 27위를 차지했다. 삶의 질 조사는 OECD와 유엔, 세계은행 등의 통계자료를 근거로 한 것이다. 한국은 수명(20위)에서만 중위권을 차지했을 뿐 복지와 관련된 사회지출(31위)과 경제적 안전(29위), 보건(28위) 등에서는 최하위권으로 나타났다.

왜 이런 결과가 나타나는가? 2009년, 신경제재단의 조사는 많은 것을 생각하게 한다. 조사 대상 국가 중 행복지수가 1위인 부탄은 1인당 국내총생산(GDP)이 2,000달러 미만으로 우리나라의 10분의 1 수준이다. 이 조사결과는 행복과 경제적 풍요의 상관관계가 적다는 점을 말해준다. 또한 한국인들과 비교하여 행복의 기준, 즉 행복에 대한 개념 자체가 다르다는 것을 말해준다. 부탄 국민은 물질의 풍요보다 정신의 풍요를 행복의 기준으로 삼고 있다고 할 수 있다. 그래서 그들 국민의 97%는 행복하다고 말하는 것이다. 개인적 행복지수의 총합 차원보다 좀 더 의미 있는 통계는 세계경제개발기구의 2011년 발표이다. 삶의 질에 관한 행복지수를 국가별로 조사한 결과가 말해주듯이 우리나라에서 삶의 질 개선은 필수적이다. 삶의 질은 개인의 행복감을 증진하는 객관적인 조건이기 때문이다. 이미 알려진 바와 같이 우리나라는 OECD 국가 중 사회복지 예산에서 최하위권이다. 경제적 안전성과 관련해볼 때 전체 노동인구의 절반이 비정규직 노동자임을 감안한다면 오히려 좋은 결과라고 볼 수 있다. 고용안정 없이 삶의 질을 근본적으로 개선하는 것은 불가능하다. 결국 이 통계 수치는 한국인이 행복하고자 한다면 '삶의 질을 개선하라'고 요구하고 있다. 그렇다면 삶의 질을 개선하는 방법은 무엇일까? 그것은 국가운영 철학의 전환과 사회적 자본의 재분배와 재구조화, 경제적 정의의 실현과 실질적 의료복지의 강화라고 단적으로 말할 수 있다.

그러면 구체적으로 한국인은 무엇을 할 때 가장 행복한지 주관적 행복의 지표들을 살펴보자. 구재선, 서은국 교수팀이 2011년에 조사한 〈한국인, 누가 언제 행복한가〉의 통계분석은 한국인의 행복에 대한 표준적인 기준을 제시하고 있다. 연구의 결과는 다음과 같다.

- ◐ 나이와 행복의 상관관계는 거의 없다.
- ◐ 성별과 행복의 상관관계도 거의 없다.
- ◐ 결혼 유무는 행복수준에 유의미한 영향을 미치지 않는다.
- ◐ 종교의 유무와 행복의 관계에 유의미한 관련성이 없다.
- ◐ 학력이 높을수록 소속집단에 대한 만족도가 높았으나 삶의 만족도와는 유의미한 관련성이 없다.
- ◐ 직업과 행복의 상관관계는 미약하다.
- ◐ 직장 내 지위와 행복수준에는 관련성이 없다.
- ◐ 수입과 행복의 관계에서는 수입이 높으면 삶의 만족감과 긍정적 정서가 상대적

으로 높지만 일상적 행복 경험과의 상관성은 없다.

● '언제 행복한가?'에서 직장인과 대학생은 평일 저녁과 주말에 행복하며, 주부는 평일과 주말 오후 시간이 행복한 것으로 나타났다. 노인의 행복은 시간대와 상관없다.

● '누구와 있을 때 행복한가?'에서 대학생은 가족이나 친구들과 함께 있을 때이며, 직장인은 친구나 동료와 있을 때 행복감이 가장 낮고, 가족과 있을 때 가장 행복하다고 나타났다.

● '무엇을 할 때 행복한가?'에서 먹거나 대화할 때가 가장 행복하고, 그다음은 적극적인 여가 활동을 할 때가 행복하다고 나타났다.

위의 연구결과에서 주목할 만한 특징은 한국인이 그토록 소중하게 생각하는 학벌과 직장 내 지위, 연봉과 같은 객관적 조건이 행복과 별다른 상관성이 없는 것으로 나타났다는 것이다. 이는 행복을 결정하는 요소가 '외형적이고 남들에게 보여주기'에 익숙한 기준들과 관련성이 거의 없다는 것을 말해준다. 행복을 결정하는 요소들은 다른 측면에 있다는 것이다. 이와 관련해 미국의 정치사회학자 로널드 잉글하트의 연구에 따르면 1인당 국민총생산이 1만 5,000달러가 넘는 국가들 사이에 국민의 행복지수는 차이가 없는 것으로 나타났다. 그렇다면 행복을 결정하는 요인, 진정한 행복은 어디에 있는 것인가?

4 진정한 행복은 어디에?

● ● ●

앞서 살펴보았던 경제적·물질적 욕구가 일정 정도 해결된 상태에서는 인간은 다른 행복을 추구한다. 그것은 다름 아니라 탈물질적 가치들이다. 심리학적 관점에서 행복을 연구하는 학자들은 의미감, 자율성, 내적 동기 등을 많이 지적한다. 그런데 이러한 요소들은 의미를 추구하는 존재로서 인간이 '자신의 삶'의 주체가 되고자 할 때 필요한 요소들이다. 공리주의자 밀(Mill)은 행복의 요소들로 ① 개별성, ② 지적 탐구, ③ 친밀한 인간관계, ④ 미적 감수성을 제시했다.

행복이라는 특정한 주관적 감정을 결정하는 요인들이 '질적인 측면', '내적 가치의 측면'에 많이 좌우된다는 것이다. 밀이 행복의 요소로 꼽은 개별성은 높은 자존감과 정신적인 독립, 사고와 표현의 자유, 억압받거나 간섭받지 않는 자율적인 개인을 말한다. 행복하기 위해 지적인 탐구정신이 필요한 이유는 정보나 지식의 폭발적인 생산과 유통 속에서 그것을 이해하고 비판적으로 수행하지 않는다면 자신의 내적 깊이를 만들어가는 데 한계가 있기 때문이다. 감각적 쾌락은 순간적이며, 반복적으로 경험하는 경우 신선함이란 없다. 감각적인 자극의 강도를 계속해서 높인다고 해도 쾌락은 지속할 수 없다. 음미할 수 있는 것, 여운이 있는 것은 내적 성장이며, 사회적 경쟁력을 유지하고 그로 인한 행복을 경험하기 위해서도 지식의 추구는 반드시 필요하다.

밀이 말하는 친밀한 인간관계는 적대적 인간관계가 아닌 호혜적인 인간관계를 말한다. 오늘날에는 가족관계 만족도, 친족관계 만족도, 직장 내 관계 만족도, 사회적 관계의 만족도 등으로 구분하여 평가할 수 있다. 특히 한국인들처럼 관계 지향적인 라이프스타일을 갖는 경우 행복의 결정요소에서 중요한 위치를 차지한다고 볼 수 있다.

행복의 요소로서 밀은 미적 감수성을 꼽고 있다. 행복하기 위해서 미적 감수성은 왜 중요할까? 미적 감수성은 단순히 '예술에 관한 감성'만을 의미하지 않는다. 라디오 음악 프로그램에서 우리는 종종 다음과 같은 멘트를 듣게 된다. "오늘 하늘을 한번 올려다보셨나요? 오늘 이 음악과 함께 코스모스 길을 따라 걷다가 하늘과 바람을 느껴보시는 건 어떨까요?" 이 멘트들은 '삶의 여유를 가져라, 창조적인 휴식을 취하라, 자연을 느껴라, 감성을 자극하면 행복해질 것이다' 등으로 다양하게 번역될 수 있다. 미적 감수성은 폭넓게 해석되어야 한다. 메마르지 않은 감수성은 행복감을 개발하는 데 중요하다.

만약 예술이 없는 삶을 한번 생각해보라. 세상에 음악이 없다면? 그림이 없다면? 연극이 없다면? 예술은 자유를 풀어놓는 공간이고 창조적인 상상력의 공간이다. 그런 예술에 대한 감수성은 삶을 풍려하게 만들고 아름다움에 대한 향유와 창조는 인간을 행복하게 만든다. 문제는 오늘날과 같은 한국인의 삶에서 어떻게 탈물질적인 내면적 행복을 실현할 수 있는가이다. 이것은 도전적인 문제이다. 개인적 차원의 행복 표상에 관한 성찰적 반성과 사회문화적 환경의 재설계를 위한 사회개혁 프로그램의 강력한 추진이 시너지 효과를 내지 못하는 이상 행복의 문제는 지금처럼 '온전히 개인의 문제'로 남게 될 것이다. 퇴행적이고 자기 파괴적이며 도피적인 행복추구의 방법이 진정으로 행복하고자 하는 개인을 끊임없이 유혹할 것이다. 사적 행복과 공적 행복이 유기적으로 결합할 때 개인도 행복하며 사회도 행복하다는 것을 잊지 말아야 한다.

성찰&생각 키우기

1. '세계 행복 데이터베이스(World Database of Happiness)', '행복지구지수(Happy Planet Index)의 국가별 행복지수 평가 결과를 검토하고 토론해보자.

2. 국민 총행복(GNH) 개념은 무엇이며, 평가항목은 무엇인가?

3. 행복지수 국가별 자료를 보면 부탄이나 쿠바 등 가난한 국가의 국민의 행복지수가 높다. 그 이유는 무엇이라고 생각하는가?

4. 살고 싶은 세계 10대 도시와 관련된 조사항목들을 검토하고 수정 보완하여 한국의 도시들과 비교 평가해보자.

5. 행복감을 증진하기 위해 삶의 질을 개선하려면 어떻게 해야 하는가? 삶의 질을 평가하는 기존 항목들을 조사하고 평가 및 보완해보자.

6. 나의 주관적 행복지수를 높일 수 있는 환경조성, 정서관리, 태도의 변화 등에 대해 생각해보고 구체적인 개선안을 제시하라.

7. 한국인의 공적 행복을 위해 가장 우선적으로 해야 할 과제 다섯 가지를 제시해보라.

8. 기업경영에서도 '행복지수'의 개념을 도입하여 사원의 근무만족도 향상과 이를 통한 노동 생산성의 향상을 꾀하고 있다. 구체적인 사례를 조사하고 유의미한 차이와 기여도를 평가하라.

9. 본문에 소개된 행복 프로젝트 중 본인이 가장 선호하는 프로젝트를 선정하고 구체적인 실천 방안을 제시하라.

10. 행복에 대한 수많은 격언이 있다. 이 격언들을 수집하고 다섯 가지 이상의 관점에 따라 분류하고 평가하라.

5

여행, 나는 떠나고 싶다

금잔화

1 여행, '나는 떠나고 싶다' 그 이상의 무엇

● ● ●

이와사키 게이이치(岩崎圭一)라는 일본의 '철인 여행자'를 아는가? 한때 노숙자였던 그는 단돈 160엔(약 2,000원)으로 여행을 시작해 지금까지 무려 12년에 걸쳐 전 세계를 여행했으며 아직도 여행 중이다. 게이이치처럼 무전여행 전문가들이 미디어를 통해 많이 소개되고 무전여행에 도전하는 사람들도 늘어나고 있다. 그런가 하면 여행을 하고, 여행기와 사진을 엮어 책을 내고, 그렇게 번 돈으로 다시 여행하는 여행 작가들도 늘어나고 있다. 가족끼리의 세계여행, 부부끼리의 세계여행, 전세금으로 세계 여행하기 등 일반인들의 여행 관련 책들도 수없이 많다.

여행자들과 여행 작가들이 과감히 일상에서 벗어나 세계 곳곳을 여행하는 것을 보면서 우리는 '낭만적 여행'에 대한 꿈을 꾼다. "언젠가 나도 떠나리, 그들처럼……" 하고 말이다. 그런가 하면 밤 도깨비 여행, 무박 여행, 주말여행을 즐기는 사람들도 많이 있다. 시간이 없어서, 돈이 없어서, 같이 갈 사람이 없어서 등 많은 이유로 여행을 가지 못하는 사람들도 '나는 떠나고 싶다'는 마음을 품고 살아간다. 다음 사례를 보자.

"내 나이 26세. 대학졸업을 앞두고 있다. 여행을 다닌 국가 수는 8개국이다. 내 꿈은 죽을 때까지 전 세계 국가를 여행해보는 것이다. 여행 그 자체가 좋다. 아르바이트하고 현지에서 여행비를 조달하면서 방학 때마다 여행을 다녔다. 친구들도 사귀고…… 그때 사귄 친구들과 메일이나 트위터로 여전히 연락을 주고받고 있다……."

사례의 경우가 아니더라도 오늘날에는 여행이 삶의 일부가 되었다는 것을 부정하기는 어렵다. 이제 여행은 더 이상 특수한 목적을 가진 특수집단의 전유물이거나 유한계급만이 누리는 대상이 아니다. 교통의 발달, 산업화, 경제성장, 사회 민주화, 생활수준의 향상, 주 5일 40시간 근무의 확산, 주 5일제 수업, 삶의 질에 대한 욕구, 웰빙에 대한 욕구, 문화 · 레저 · 관광산업의 발달은 산업사회에서 여가사회로의 패러다임 전환을 가능하게 했다. 여가사회의 출현과 함께 여행은 개인의 여가 생활을 구성하는 핵심적 요소 중 하나가 되었다. '1천만 명 해외여행자 시대'니 '추석 · 설 연휴 여행상품 조기 매진' 등은 먼 나라의 뉴스거리가 아니다. 휴가철 여행지 선정, 주말 여행지 선정을 놓고 가족끼리, 연인끼리 혹은 친구끼리 고민하고 다투고 누리는 체험 문화여행 시대에 살고 있다.

그러나 여행은 단순한 휴식이나 기분풀이, 여가 소비나 장소의 이동, 이국성의 향수 그 이상의 의미가 있다. 기원전 3천 년 전 남부 메소포타미아의 도시국가 왕인 우르(Uruk) 길가메시의 이야기를 다룬 인류 최초의 서사시인 《길가메시 서사시》(epic of Gilgamesh)는 여행의 중요한 모티프이다. 길가메시의 여행은 '죽지 않는 삶'에 대한 대답을 찾는 여행이었다. 길가메시의 여행기가 우리에게 보여주는 것은 여행의 문제는 궁극적으로 삶과 죽음의 문제와 맞닿아 있다는 사실이다.

▲ 폴 고갱, 〈이아 오라나 마리아〉

1891년 / 캔버스에 유채 / 87.7×113.7cm / 메트로폴리탄미술관 소장

호머의 서사시 《오디세이》 역시 이오니아 해 섬나라 출신인 이타카의 왕자 오디세우스가 전쟁에 참여해 귀환하는 여행을 다루고 있다. 주지하다시피 호르크하이머와 아도르노는 '오디세우스의 여행'에 대한 철학적 주석을 통해 '근대적 개인의 원형으로서 주체가 어떻게 형성되는가?'를 해명하였다.

철학사에 등장하는 최초의 여행하는 철학자는 서양철학의 조상인 탈레스, 플라톤, 아리스토텔레스이다. 탈레스가 주장하는 테제인 '만물의 근원은 물이다'는 고대 이집트의 우주창조 설화와 바빌로니아의 티아마트 신화에서 영향받은 흔적을 찾을 수 있다. 만약 이집트 교양여행이 없었다면 탈레스가 이러한 테제를 주장했을까? 그 뒤를 이은 플라톤과 아리스토텔레스 역시 이집트 여행자였으며 고대 근동의 설화, 문화 철학, 종교로부터 영향을 받았다.

"우리는 헬라스인들이 다른 이민족으로부터 넘겨받은 것이 무엇이든지 간에 결국에는 그것을 보다 나은 것으로 전환했다고 파악할 수 있다."는 플라톤의 고백은 여행과 여행을 통한 문화수용이 개인의 사상 형성과 한 문화공동체의 문화적 정체성 형성에 얼마만큼 영향을 미칠 수 있는지를 간접적으로 증언하고 있다. 아리스토텔레스가 철학의 출발을 노동으로부터 자유로운 이집트의 승려 계급으로 보았던 까닭도 이집트 여행을 통한 경험과 연관성이 있을 것이다. 긴 여장의 마차여행 시기에 스스로 독일, 이탈리아, 스위스, 네덜란드, 영국 등을 여행한 철학자인 몽테뉴와 베이컨, 로크 역시 여행이 한 인간의 성숙에 얼마나 큰 영향을 미치는지 누누이 강조하고 있다. '유럽의 여관 주인'을 자처했던 볼테르는 한 개인의 삶의 풍부함과 정체성 형성에 여행의 중요성을 누구보다 잘 인식하고 있었다.

이 장에서는 무엇 때문에 여행을 하는가? 여행에서 체험하는 탈일상적 경험의 성격은 무엇인가? 여행과 개인의 정체성 형성의 관계와 문화 간 소통의 통로로서 여행의 의미는 무엇인가? 등에 관해 함께 생각해보도록 하자.

2 삶과 여행 혹은 삶은 여행

●●●

음유시인이라고 일컬어지는 가수 이상은은 '삶은 여행'이라고
노래한다. 그녀의 노래를 들어보자.

의미를 모를 땐 하얀 태양 바라봐
얼었던 영혼이 녹으리.
드넓은 이 세상 어디든 평화로이 춤추듯 흘러가는 신비를

오늘은 너와 함께 걸어왔던 길도
하늘 유리 빛으로 반짝여
헤어지고 나 홀로 걷던 길은
인어의 걸음처럼 아렸지만

삶은 여행이니까 언젠가 끝나니까
소중한 너를 잃는 게 나는 두려웠지
하지만 이제 알아
우리는 자유로이 살아가기 위해서 태어난 걸……

삶은 계속되니까

> 수많은 풍경 속을 혼자 걸어가는 걸 두려워했을 뿐
> 하지만 이젠 알아
> 혼자 비바람 속을 걸어갈 수 있어야 했던 걸.

이상은의 노래처럼 삶은 혼자 걷기도 하고 둘이 걷기도 하고, 둘이 걷다가 혼자 걷기도 한다. 또 여럿이 걷다가 혼자 걷기도 하는 것이 바로 인생이다. 그야말로 '드넓은 이 세상'에서 '춤추듯 흘러가는 것' 그것이 삶이다. 이런 이유로 이상은은 '삶은 여행'이라는 메타포를 사용한다.

이상은의 메타포를 언급하지 않아도 '인생은 여행길이다', '다 나그네 인생이지'와 같이 삶을 여행에 비유하거나 '삶 그 자체가 여행이다'라는 테제를 말한다. 이것을 누가 거부하겠는가? 삶과 여행을 같은 의미로 파악하는 것을 우리는 수많은 시와 소설, 노래와 유행가에서 발견한다. 여행한다는 것은 '나는 누구이고, 삶은 무엇이며, 옳은 삶이란 무엇인지, 어떻게 살아야 하는지'의 물음을 가지고 떠나는 것이며, 그 대답을 찾는 여정이라는 면에서 삶과 여행은 같은 의미 층위를 공유한다. 삶이 예측 불가능하고 가변성을 지니고 있듯이 자유여행, 나 홀로 떠나는 여행에는 예상할 수 없고 어찌 될지 모르는 상황들이 늘 놓여 있다.

삶에 희로애락이 있듯이 여행에도 즐거움과 슬픔, 분노와 안타까움이 있게 마련이다. 삶과 여행은 그 여정이 끊임없이 이어진다는 점에서도 같은 의미 층위를 가진다. 삶의 여정이 죽음에 이르기 전까지 끊어지지 않듯이 의미가 있는 작업으로서의 여행은 끊임없이 이어진다. 여행길이나 인생길이나 길은 늘 거기 그 자리에 있고 인생과 여행자만 달라지는 것 아닌가! 삶 속에서, 인생길에서 수많은 사람과 관계하고 경험하듯이 여행 역시 그러하다. 고생스런 여행길에서 떠나온 집에 대한 깊고 진한 향수를 느끼듯이 인생에도 늘 하고 싶은 것, 실현하고 싶은 것, 꿈에 그리는 '아직 다가오지 않은 것'에 대한 설렘과 기원이 있다.

여행의 본질이 일상의 구속으로부터 자유로워지는 것이라면 인생을 살아가는 사람들은 생활의 굴레, 사회적 억압으로부터 자유를 갈구한다. 그저 자유로이 특별한 목적 없이 방랑하고 싶은 욕구가 삶의 나그네에게나 여행자에게 있다. 그래서 임어당은 자유로운 방랑으로서의 여행을 말한다.

여행은 방랑이다. 여행의 본질은 의무도 없고, 시간도 없다. 누구에게 소식도 전하지 않고, 환영회도 없고, 목적지도 없이 다니는 나그넷길이다. 좋은 나그네는 내일 어디로 갈 것인지를 모르는 사람이고 더 좋은 여행자는 자신이 어디서 왔는지조차 모르는 사람이다.

임어당의 지적처럼 여행의 본질은 자유를 포함한다. 그런데 우리는 왜 그 자유를 갈구하는가? 묻지 않을 수 없다. 그 대답이 삶과 여행의 목적이다. 삶에 궁극적인 목적이 있듯이 여행도 그 목적이 있다. 삶과 여행의 궁극적인 목적은 참 자신을 발견하고 그 자신의 인간성을 실현하는 것이다. 결국 여행과 삶은 하나이다.

3 왜 우리는 어디론가 떠나고 싶어 하는가?

■ 새로운 것에 대한 호기심과 탐구

베를린 여행기를 쓴 이상은은 여행을 '새로운 모든 것에 질문 던지기'라고 표현한다.

> 여행은 눈에 보이는 모든 것에,
> 귀에 들리는 모든 것에,
> 가슴으로 들리는 모든 것에,
> 손으로 만지는 모든 것에
> 발길이 닿는 모든 것에……
> 질문을 던진다.

여행과 관련하여 플리니우스는 인간을 '여행을 즐거워하고 새로운 것을 갈망'하는 존재로 규정한다. '어디론가 떠나가 싶다'는 심리상태는 다양한 원인을 가지고 있지만, 그중 하나는 늘 익숙하고 반복되는 일상, 더 이상 새로운 것이 없는 사물과 생활공간에서 벗어나고 싶은 충동이다. 이 충동은 새로운 것에 대한 호기심과 긴장이 불쑥 고개를 내미는 순간이다. 유명한 독일의 자연과학자이며 《신대륙의 적도 지역 여행》의 저자이자 탐험가로 알려진 알렉

산더 폰 훔볼트는 이렇게 회고했다. "나는 어렸을 때부터 유럽인들이 가보지 않은 먼 나라를 여행하고 싶은 충동을 느꼈다. 지도를 살피거나 여행서를 탐독할 때면 억누르기 어려운 은밀한 매혹을 느끼곤 했다." 훔볼트의 이러한 회고는 "따분한 일상에서 경이로운 세계로 옮겨가고자 하는 불확실한 갈망"에 기초한 것이다.

계산과 예측이 가능한 일상의 합리적인 삶의 공간은 감각의 규칙성과 기계적 반응의 경험범주를 넘어서지 못한다. 일상에서도 여행에서 할 수 있는 경험을 할 수 있지만 '새로운 것'으로서 인지되기 어려운 것은 양자의 질적 차이 때문이다. 여행에서의 경험이 새로운 것은 경험 방식의 차이 때문이다. 여행 경험의 방식이 파노라마식이라면 일상의 경험은 집중 관찰식이다. 경험의 범위에서 여행 경험이 예측할 수 없다면 일상 경험은 예측할 수 있다. 경험의 판단에서 여행 경험에는 해석학적 과정이 필요한 데 반해 일상 경험은 즉각적 판단이 가능하다. 경험의 법칙화 측면에서 여행 경험이 그 일회성 때문에 법칙화에 어려움이 있다면 일상 경험은 반복성, 유형화를 통해 법칙화하기 쉽다. 이것을 표로 나타내면 다음과 같다.

구 분	여행 경험	일상 경험
경험의 특징	파노라마	집중 관찰
경험의 주기(시간성)	일회성	반복성 · 규칙성
경험의 범위	넓음	좁음
경험의 예측	예측 불가능성	예측 가능성
경험의 판단	문화적 · 해석학적 판단	판단의 즉각성
경험의 법칙화	어렵다	법칙화 용이

여행의 모티프로 몽테뉴는 일상적 경험의 긍정적 차원과 탈일상적 경험으로서 여행의 긍정적 차원을 동시에 인정한다. 몽테뉴에게 여행은 일상에서 느끼는 즐거움과는 다른 즐거움을 준다. 일상의 즐거움이 반복되는 것의 즐거움

이라면 여행의 즐거움은 '새로운 사물을 탐색'하는 즐거움을 느끼게 한다. 몽테뉴의 지적처럼 일상의 즐거움이 왜 없겠는가? 하지만 일상의 즐거움과 여행의 즐거움은 그 성격과 질이 다르다. 몽테뉴의 비교는 지나치게 평면적이다.

❷ 일상으로부터의 탈출 혹은 자유정신

사례에 나오는 S는 단순한 일상의 권태나 무료함 때문에 충동적인 여행이나 기분전환을 위해 여행을 떠난 사람이 아니다. 그의 여행은 노동, 인간적인 삶, 자기 자신을 돌보는 삶의 욕구가 가득 묻어나는 여행이다.

S는 중소 IT업체에서 프로그램 기획제작 일을 맡고 있다. IT 기업이 대개 그렇듯이 S는 월화수목금금금 일에 치여 산다. 연장근무를 하는 것은 다반사고, 야근도 일주일에 2~3일이 기본이다. 3년이 지나고 나니 마음이 지친 것은 오래전이고 몸도 말이 아니다. 위장약을 달고 사는 신세가 되었다. 그래서 캐나다와 일본의 IT 기업으로 이직을 할까 고민하고 있다. 지난주에 S는 6개월 프로젝트를 3개월에 마치라는 사장의 말을 듣고 도저히 그 기간에는 해결할 수 없다고 말했다가 그러면 사표를 쓰라는 말을 들었다. 화가 난 S는 회사를 그만두고 며칠 후에 바로 호주로 여행을 떠났다. 따뜻한 곳에서 쉬면서 앞으로의 일을 생각할 작정이다. S는 일하는 기계로 살다가 죽느니 좀 더 인간적인 사회에서 살고 싶다는 생각이 간절하다.

위 사례에서 S의 여행은 기존 사회가 규정하는 규격화되고 획일화된 삶의 방식을 일시적으로 거부하는 '사회 저항적 성격'을 갖는 여행이다. 프랑스의 시인이자 자유로운 여행가인 폴 모랑(Paul Motand)은 여행을 "사회에 대한 소극적인 차원의 방어본능"이라고 표현한다.

　여행이란 개인의 방어본능에서 나온 반응으로서 반사회적 행위이다. 여행자란 굴복하기를 거부하는 사람이다. 국가나 가정, 결혼, 세금, 감독과 무차별 폭력, 벌금 그리고 국가적 타부로부터 도망가려는 것이 문제이다. 슬로건이 도피였던 위그너파의 반응과 유사한 것을 인정할 수 있다. 피난, 도망, 여행, 자유, 월경 등 이 모든 것은 서로 상통하는 데가 있다. 말하자면 자신이 있는 곳으로부터 멀리 떨어진.

　폴 모랑은 여행의 심리를 도피나 도망과 같은 부정적인 심리적 계기가 더 크게 작용하는 것으로 판단하고 있다. 보들레르의 〈여행에의 초대〉 중 다음과 같은 시구에서 도피로서의 여행심리가 잘 표현되어 있다.

　사랑하는 나의 연인아!
　우리 무인도로 가자!
　거기에는 일체의 근심이 없는 곳
　세월로 닦여진 가구에 둘러싸여
　내리쬐는 햇빛을 맞으며
　우리 날마다 춤을 추자꾸나!

　그런데 도피와 도망의 심리적 계기는 현실에 대한 부정성이 담겨 있다. 따라서 모랑이 표현한 '도망가려는 심리'로서의 여행은 단순한 도피로서 기존 사회에 대한 누적된 불만이 이국 취향으로만 나타나는 것을 함축한다고 볼 수 없다. 여행심리에는 도피와 저항이라는 두 계기성이 있다. 따라서 여행은 모랑의 이해처럼 단순한 반사회적 행위의 성격뿐만 아니라 적극적인 저항행위의 성격도 갖고 있다. 이 저항은 기존의 질서를 부정하고 '새로운 것'을 추구하는 저항이다.
　사회철학적 관점에서 여행과 여가의 문제를 연구한 아도르노는 여행에 내재한 사회 저항적 성격을 어떻게 보고 있는가? 이것에 대한 대답은 이중적이다.

첫째, 여행은 사회 저항적 행위가 될 수 없다. 왜냐하면 여행은 여가산업의 가지인 여행산업, 캠핑산업, 관광산업의 논리에 의해 작동되기 때문이다. 그들에 의해서 짜 맞추어진 일정과 그들에 의해서 선택된 이국 취향 등은 여행산업이 제공한 다양한 여행상품의 소비에 지나지 않으며 그 소비는 그들이 허용한 만큼의 소비이며 피동적일 수밖에 없기 때문이다.

둘째, 여행은 충분히 반사회적 행위일 수 있다. 통제된 사회에서 벗어나고자 하는 주체가 능동적인 여행계획을 짜는 행위는 이미 사회의 지배원리와 작동원리의 연장인 여행산업의 조직화한 통제에 대한 저항을 담고 있다. 자유여행은 합리성으로 대변되는 여행 산업에 대한 자유로운 주체 저항의 표현인 셈이다. 자유여행은 합리성에 대항하는 또 다른 합리적 정신이 합리성을 작동시키지 않는 부정적 방식을 통해 나의 정신을 자유롭게 하는 것이며, 여기에서 여행의 진정한 자유의 정신을 찾을 수 있다.

몽테뉴는 일찍이 사회적 저항행위로서 여행이 갖는 자유의 의미를 표현하였다. 그는 일종의 계획 없는 여행, 마음에 따라 자유롭게 움직이는 여행이야말로 진정한 여행의 정신이라고 말했다.

> 나는 오른쪽이 싫으면 왼쪽으로 향한다. 말을 타기가 거북하면 멈춘다. …… 내가 보아야 할 것을 뒤에 두고 왔다고 느끼면 돌아간다. 그것이 늘 나의 여정이다. 똑바로도 굽어지게도 아무런 확실한 선을 그어놓지 않는다. …… 내가 가본 곳에 사람들이 말해준 것이 없었다고 해서 헛수고했다고 불평하지도 않는다. 나는 다른 사람이 거기 있다고 말하는 것이 거기에 없음을 알게 된 것이다.

❸ 교양의 확대

비록 여행하려고 하는 지역의 현지어를 알지 못하고 역사, 예술, 자연, 인문지리에 대한 여행지의 간단한 사전 학습만 한 채로 떠나는 여행이라도 여행이 한 개인의 교양을 넓히고, 인식의 지평을 확장시킨다는 데 중요한 수단이 된다는 사실에 동의하지 않는 사람은 적을 것이다. 지식인층의 여행이 일반화되었던 계몽시대 이전에 베이컨은 이미 이러한 사실에 주목하였지만, 그는 여행의 교육적 기능에 좀 더 강조점을 두고 있다. 아래 J의 사례를 보자.

일반 직장인 J는 어렵게 시간을 내서 2주간 서유럽 패키지여행을 추진했다. 프랑스, 영국, 네덜란드, 스위스, 독일, 오스트리아, 이탈리아를 여행했다. 여행 출발 전에 나름대로 각 나라의 역사와 문화, 주요 공연장과 갤러리 장소도 알아보았다. 여행을 위해서 족히 두 달간은 관련된 공부를 했다. 모처럼 낸 시간에 관광이 아닌 교양여행을 해보자는 생각이었다. 그런데 그런 J의 기대는 산산이 깨지고 말았다. 현지 한국 가이드의 유적지 설명은 기대 이하였다. 사람들도 그저 사진 찍는 것밖에는 관심이 없었다. 남는 건 사진이라며……. 버스나 숙소에서도 그들이 나누는 얘기들은 죄다 한국 신문기사나 사는 얘기들뿐……. J는 자신이 여행상품을 잘못 선택했다고 생각했다. 왜 주요 유럽갤러리 문화관상 상품은 없는지……. J는 아쉬움을 달래며 여행사진을 찍었다.

J는 교양여행이나 문화 학습여행을 목적으로 한 경우였으나 전형적인 패키지 관광에 그치고 말았다. 과거와 비교해 오늘날 여행이 가지는 교양 혹은 교육의 기능은 많이 약화하였다 하더라도 교양의 확대라는 여행의 순기능은 여전하다. 베이컨은 "여행이 젊은이에게는 교육의 일부요, 나이 든 사람에게

▲ 영화 〈모터사이클 다이어리〉
2004년 개봉 / 드라마 / 124분 / 월터 셀러스 감독

는 경험의 일부다"라고 주장할 수 있었다. 학습으로서의 여행, 교육으로서의 여행을 강조했던 베이컨은 아주 구체적으로 여행의 교육적 효과를 증가시킬 수 있는 기술적 방법을 제안한다.

그는 먼저 여행을 위한 사전 준비로 여행지의 언어습득을 권한다. 교육으로서의 여행을 강조하는 베이컨의 입장에서 여행지의 언어학습은 '소경이 여행하는 것 같은 여행'을 피하기 위한 것이다. 또한 여행지의 지도와 여행지에 관련된 서적을 가져갈 것을 권고한다. 단순한 관광 여행이 아닌 여행지에 대한 깊이 있는 이해를 위해서는 당연한 조치라 하겠다. 그 밖에도 베이컨은 가정교사와 함께 여행할 것, 한 여행지에 너무 오래 머무르지 말 것, 여행지에서 저명한 인물들을 찾아가 배울 것, 여행하면서 기록하고 감상을 정리해둘 것, 여행 후 여행지에서 알게 된 사람들과 지속적으로 교류할 것, 여행담을 이야기할 때 조심스럽게 말할 것을 권한다.

근대 초기의 인물인 베이컨의 교육으로서의 여행 개념을 벗어나 넓은 의미의 교양으로서의 여행 개념이 등장하는 것은 계몽주의 시대라고 할 수 있다. 칸트는 〈계몽이란 무엇인가에 대한 답변〉에서 "과감히 알려고 하라(Sapere! aude). 너 자신의 지성을 사용할 용기를 가져라!"라는 표어를 내세운다. 여행의 역사에서 계몽기는 교양여행의 시기이며, 이 시기의 여행이야말로 칸트가 말하는 미성숙의 상태에서 벗어나 스스로 자신의 지성을 사용하고자 하는 계몽적 자기인식의 표현이라고 할 수 있다. 정작 칸트 자신은 쾨니히스베르크에 머물며 하루에 한 차례 산책하는 것이 고작이었지만 몽테뉴, 볼테르, 루소, 로크, 헤르더, 괴테, 횔덜린 등 유명한 철학자들은 파리와 이탈리아를 포함한 유럽을 여행하였다. 이 시대의 사상가들에게 여행은 새로운 세계에 대한 탐험이자 한 인간으로 성장하는 데 반드시 거쳐야 할 과정으로 이해되었다.

몽테뉴가 지적한 바와 같이 여행비용이 문제였지만, 여행할 수 있는 모든 곳을 여행하려는 태도 역시 시대적 분위기였다. 몽테뉴는 교양으로서의 여행 개념을 분명히 제시한다. 그에게 여행은 "이제껏 알지 못했던 새로운 사물에 주목"함으로써 경험의 영역을 확대하고 "다른 나라의 생활 형태나 사상과 풍습을 보아가며, 끊임없이 변해가는 인간 본성의 형태를 꾸준히 음미하는 것"이다. 여행은 한 개인의 자아 형성에 이바지하고 인간에 대한 성찰을 가능하게 하는 계기를 제공해준다. 이것이 몽테뉴와 스스로 여행했던 계몽주의 시대 철학자, 문학가, 예술가들의 여행 개념이었다.

교양으로서의 여행 개념은 비단 계몽시대의 여행 의미에 국한되지 않고 "오늘날 여행이 도대체 무슨 의미인가?"와 같은 질문에도 유의미한 답변을 준다. 누구나 가는 휴가철 바캉스 여행, 천편일률적인 일정의 패키지여행, 결혼했다는 사실을 확인하기 위해서 의무적으로 가는 신혼여행, 쇼핑을 위한 여행과 같이 관습적이고 경제적 동기만이 개입된 여행에서 도대체 어떤 종류의 '삶 돌아보기'로서의 여행, '휴식과 깨달음의 여행'이 있겠는가. 교양으로서의 여행은 궁극적으로 자신을 되돌아보고, 자신을 만들어가는 여정인 '자신으로 들어가는 여행'이다. 그것은 '나 홀로 가는 여행'이며 '느린 여행이며, 걸어가는 여행'이다.

④ 버림과 치유

교양여행, 탐구여행, 연구여행, 사업상 여행처럼 특정목적에 종속되지 않는 자유로운 여행, 특히 홀로 떠나는 여행에는 버림과 치유의 문법이 있다. 홀로 여행하는 사람들은 많은 경우 삶의 집착과 욕망을 버리고, 본인과 사회가 요구하는 성공 지향적 삶으로부터 벗어나고자 하는 동기에서 여행을 시작한다. 이런 이유에서 실제로 나 홀로 여행족이 점점 증가하고 있다. 다음 기사를 보자.

직장인 중 절반 이상은 혼자 여행을 떠나본 경험이 있는 것으로 나타났다. 취업·인사 포털 인크루트(www.incruit.com, 대표: 이광석)가 직장인 509명에게 '혼자 여행해본 경험이 있는가?'를 묻자, 56.0%가 '그렇다'고 답했다. 성별로 나눠보면 남성(65.4%)의 비율이 여성(38.4%)보다 높았다. 그렇다면 이들이 혼자 여행을 떠났던 이유는 무엇일까? 나 홀로 여행 경험이 있다고 답한 285명에게 그 이유를 물었는데, '혼자 생각할 시간이 필요해서'(49.5%)라는 답변이 압도적으로 높았다. 혼자만의 시간을 가지려고 여행을 떠나게 됐다는 것. 또한 '개인적 취향에 맞춰 여행을 즐기고 싶어서'(16.5%), '그냥 혼자 다니는 게 편해서'(14.4%) 등 '혼자 다니는 게 편하다'는 답변도 상당히 많았다. 이어서 '같이 갈 사람이 없어서'(10.5%), '같이 갈 사람과 일정을 맞추기 어려워서'(6.3%) 순이었다. '나 홀로 여행'은 충동적으로 이루어지는 경우가 많았다. '갑자기 충동적으로 훌쩍 떠났다'(67.7%)는 답변이 '미리 계획해서 다녀왔다'(32.3%)는 답변보다 두 배가량 높았다.

기사의 설문 결과를 통해 알 수 있듯이 직장생활을 하는 현대인들 상당수가 나 홀로 여행을 계획해본 적이 있거나 경험하고 있다는 것을 알 수 있다. 이러한 여행은 사회적인 스트레스에서 벗어나고 싶은 욕구, 복잡한 인간관계에서 벗어나고 싶은 욕구, 도피의 욕구, 자기 충전의 욕구, 내적 채움의 욕구 등에서 비롯된다.

영화 〈히말라야, 바람이 머무는 곳〉에 등장하는 최는 실직당한 중년 남성이다. 그는 동생의 공장에서 네팔 출신 이주노동자 도르지의 유골을 전하러 네팔에 간다. 영화는 현대화된 도시의 삶에 지쳐 있는 최의 모습과 네팔 부락민의 삶, 네팔의 거대한 자연과 바람을 대비시킨다. 최는 자연의 응시와 네팔인들의 삶의 모습을 통해 자기 성찰과 자기 치유에 이른다.

이들의 여행 동기는 삶의 평화, 공존과 연대, 참 자아를 찾고자 하는 삶에 대한 근본적인 성찰에서 출발한다. 여행하면서 이들은 '삶의 상념으로 가득 찬 사고를 멈추고 정지하는 경험'을 하게 된다. '상념'에서 '봄'으로 인식의 관점을 전환하게 된다.

이 '봄'은 욕망과 집착의 체계인 사회를 벗어나 그와 다른 유사한 또 다른 사회를 객관화하여 '봄'으로써 여행자 자신의 '이전의 행위'에 거리를 두면서 보게 한다. 봄으로의 인식전환은 여행하기 이전의 여행자 삶의 이면을 들추어내고 삶의 집착을 중화하는 과정이다. 시간의 측면에서 '버림'의 의미는 '오직 자신과 만나는 시간', '자신을 응시하는 시간'을 경험하는 데서 찾을 수 있다. 이 시간은 기존의 자신에 의한 규정, 타인에 의한 규정을 버리는 시간이다. 또한 버림의 체험은 상념과 집착의 차원뿐 아니라 구체적인 경험적 차원을 포함한다. 배낭이나 간단한 여행용 가방을 가지고 떠나는 여행에서 여행자는 단지 배낭 속에 든 간단한 몇 가지 물건으로 살아가는 체험을 한다.

이 체험은 기존의 소유와 소비의 삶에 대한 반성과 함께 '버림의 미학'을 체득하게 한다. 이를 통해 상품소비, 문화소비의 허위와 무의미성에 접근하고 '존재양식'으로서의 삶에 관한 관심을 전환한다. 홀로 떠나는 여행은 '버림'으로써 자신의 존재를 치유하고 자기 존재로 귀환하는 길인 셈이다. 중세의 순례여행이 종교적 차원의 버림과 치유의 조직화된 형태로 나타났다면 오늘날 나 홀로 떠나는 여행은 물신화된 자본주의 사회에 대한 개인적 저항을 훈련하는 장이 될 것이다.

4 문화 간 커뮤니케이션으로서의 여행

●●●●

여행은 타 문화에 대한 이해를 넓히고 자문화중심주의적 사고에서 벗어나게 하는 데 도움이 되는 것이 사실이다. 이런 점에서 여행은 '문화 간 의사소통의 중요한 매개'이자 '문화 간 이해교육의 수단'이기도 하다. 여행하면서 먼저 자문화중심주의적 사고, 달리 말해 문화적 편견에 대한 반성이 요구된다.

> 캐나다에서 여행 가이드를 하는 G는 한국인 여행자들이 추태 때문에 마음고생이 심하다. 한국인 여행자들에게 G가 가장 많이 듣는 말은 "한국은 안 그런데 여긴 왜 이래?", "얼마면 되냐?"이다. G는 돈이면 다인 줄 아는 한국인, 현지문화나 풍습에 관심도 없고 존중하지도 않는 한국인, 관광버스 안에서 노래자랑하면서 춤추는 한국인, 왜 안 되느냐고 억지 쓰는 한국인을 매번 보고 있다. G는 그런 한국인들이 보기 싫어서 직업을 바꿀 마음을 먹고 있다.

위의 사례는 자문화중심주의에 빠진 한국인 여행자들을 다루고 있다. 그런데 이러한 태도는 과거 프랑스인들한테도 나타났다. 몽테뉴는 《여행론》에서 여행자로서 프랑스인이 문명과 야만의 패러다임에 사로잡혀 여행지의 문화적 차이를 발견하지 못하고 있다고 비판한다.

나는 우리나라 사람들이 어리석은 습성에 빠져 자기 풍습과 반대되는 형식에 놀라는 꼴을 보면 낯이 뜨거워진다. 그들은 자기 마을 밖으로 나가면 그들의 본질에서 벗어나는 것 같이 보인다. 어디를 가든 그들의 방식을 고집하고, 색다른 방식을 아주 싫어한다. 어쩌다가 헝가리에서 고국 사람을 만나면 그것이 천재일우의 기회인 듯 서로 결탁하고 합심해서 그들이 본 수많은 풍속을 야만적이라 비난한다. 어째서 프랑스 풍속이라고 야만이 아닌가? 더욱이 그중에서도 가장 교양 있는 자들이 이런 문화적 차이를 들어 욕설을 일삼는다. 대개는 단지 돌아오려고 떠난다. 그들은 마차의 뚜껑을 덮고 좁게 앉아서 묵묵한 조바심으로 말도 하지 않고 알지 못하는 풍습에 전염될까 자기를 방비하며 여행한다.

몽테뉴가 지적하는 문화적 편견의 저변에 깔린 자문화중심주의와 문화우월주의는 서구인들의 식민지 건설을 위한 탐험 여행과 식민지 여행을 통해 강화되었으며, 그 위에서 문명과 야만이라는 문화제국주의의 이데올로기로 발전하였다. 서구중심주의의 비판자인 에드워드 사이드는 19세기 서구 제국주의의 문명과 야만 패러다임에는 "열등, 하위인종, 종속인민, 의존, 확장, 권위와 같은 말과 개념"으로 가득 차 있었으며, 칼라일, 존 스튜어트 밀, 발자크, 플로베르, 콘래드 러스킨, 버크 같은 인물들이 제국주의 문화의 우월성을 강조하는 데 이바지했다고 말한다. 20세기 들어와서도 줄 아르망처럼 문화적 우월성에 근거한 제국주의 논리는 끊이지 않고 있다.

그렇다면 원칙으로서, 또 출발점으로서 인종과 문명에는 우열이 있다는 사실, 그리고 우리는 우수한 인종과 문명에 속한다는 사실, 나아가 우수성에 의해 권리를 가짐과 동시에 그것은 반대로 엄격한 의무를 부과한다는 사실을 받아들일 필요가 있다. 원주민 정복을 합법화하는 기본은 우리의 기계, 경제, 군사가 우수하기 때문만이 아니라 정신적으로도 우수하다는 우리의 우수성에 대한 확신이다. 우리의 위엄은 바로 그 점에 있다. 그것이야말로 나머지 인류를 지도하는 우리의 권리에 의존한다. 물질적인 힘은 그 목적을 달성하기 위한 수단에 불과하다.

식민지 여행은 새로운 문화에 대한 '생소함'과 '낯섦'을 미개하고 야만적으로 간주하는 데 이바지했으며 타 문화의 자율성과 고유성을 배제하고 자문화에 의한 억압과 지배의 논리를 제공하는 서구적 경험을 제공하였다. 그러나 이러한 서구의 식민지 여행자들은 타 문화를 보는 그들의 근본적인 한계를 인식하지 못했다. 타 문화적 관점에서 자국의 문화가 어떻게 이해될 것인가에 대한 무반성적 문화인식 태도는 타 문화 관점에서 서구의 문화가 마찬가지로 비문명, 야만문화로 이해될 수 있다는 것을 간과하고 있다. 이것이 이른바 문화 영역에서 관점의 전환 문제이다. 관점의 전환이란 타 문화 시각에서 자문화를 관찰하거나 타 문화 시각에서 자문화를 관찰하는 것을 의미한다.

문화에서의 '관점의 전환'은 모든 인간이 자신의 문화로부터 타 문화와 외부문화 현상을 판단하고 평가하는 것을 상대화시키는 능력을 말한다. 화이트헤드의 용어로 '관점성'(perspectivity) 개념 역시 이와 관련이 있다. 다양한 삶의 상황에서 역할 담지(role-taking; 예컨대 여자/남자, 농촌/도시, 노동자/고용주, 학생/교사, 여행자/체류자, 아동/성인)를 통해 자기중심적 및 자기문화중심적 시각으로부터 거리 두기를 할 수 있다. 화이트헤드의 역할 담지는 낯선 것과 낯선 문화에 대한 경험과 소수자로서의 체험을 간접적으로 매개함으로써 타자의 관점을 이해하는 데 효과적이다. 문화의 관점 전환에 대해 철학자이자 인류학자인 레비스트로스는 다음과 같이 지적한다.

그들이 오직 우리와는 대칭적인 관습들을 지니고 있다는 이유만으로 우리가 그들을 야만적이라고 간주하듯이 우리 자신도 그들에게는 야만적으로 보이게 될 것이다.

여행에서 문화 간 커뮤니케이션의 '관점의 전환'과 더불어 또 다른 중요한 원리는 '대화'(dialog)이다. 대화는 타 문화에 접근하는 첫 계기이자 넓은 의미에서 문화 간 충돌을 극복하는 중요한 단서가 된다. 대화는 타 문화를 이해하는 접근 통로에 그치지 않고 '타 문화를 통해 자기 문화를 제대로 이해'하게 한다. 다시 말하면 대화의 구조는 자기/타자, 고유성/낯선 것을 드러내며 차이와 같음의 긴장 속에서 이해의 지평을 확장한다. 이해의 지평이란 타자와 낯선 것의 매력과 위협요소에 대한 정서적 반응이 아닌 합리적 인지 과정의 구조화를 의미한다.

여행을 통해 타 문화와 대화한다는 것은 결국 타 문화의 고유성과 자율성을 인정하고, 타 문화에 대한 해석자로서 내가 귀속된 문화공동체에 대한 객관적이고 자기반성적인 성찰을 가질 때 비로소 이루어지는 문화 간 소통을 의미한다. 레비 스트로스는 여행을 통한 문화 간 대화의 조건으로 ① 특정 문화와 동떨어진 생활방식과 관습들에 편견 없고 분별 있는 관점, ② 특정문화가 지니는 관습의 정당성이나 자연스러움을 당연한 것으로 간주하지 않는 태도를 말하고 있다. 인류학자의 민속지학에 근거한 레비 스트로스의 타 문화 이해의 관점은 문화 간 커뮤니케이션에 그대로 준용되며 타 문화 이해의 덕목으로 그가 강조하는 인내심, 상호관용 역시 현대의 문화 간 커뮤니케이션 논자들이 강조하고 있는 바이다.

5 여행과 정체성의 변화

중세의 순례여행 시기나 근대의 교양여행 시기에 여행은 자아의 형성, 정체성의 모색이라는 측면이 강했다. 교양여행 시기에 여행과 정체성의 관계는 여행이 단일문화 정체성에 어떻게 이바지했는가와 관련된 문제이다. 이 시기는 혼성 정체성, 복합 정체성이라는 개념을 적용할 만큼 여행이 일상적 삶의 부분이거나 여행자의 문화공동체 내에서 문화적 다양성과 문화적 층위가 존재하지 않았다.

오늘날과 같은 지구촌 시대에 이 문제에 대한 양상은 완전히 달라졌다. 지구촌 시대는 시공간의 압축현상을 생활 세계적 자아가 일상적으로 체험하는 시대이다. 지구촌 시대는 현실공간에서 경제, 문화, 노동에 관해 국가와 문화권의 경계를 넘는 자유로운 이동의 시대일 뿐 아니라 사이버 공간에서 클릭 한 번으로 세계를 체험하고 정보를 공유하며 커뮤니티를 형성한다. 지구촌 시대의 여행은 산업사회에서처럼 여가 향유계층이나 특별히 계획을 짜서 준비하는 여행이 아니다. 부담이 없는 여행, 즐거움을 위한 여행, 심지어 여행 그 자체를 위한 삶의 양상도 나타나고 있다. 지구촌 시대에 여행의 대중화, 개별화, 테마화, 다변화 양상은 타 문화에 대한 접촉기회의 확대와 빈도의 증가를 말해주며 이는 한 개인의 정체성 형성 요인들이 국적, 문화, 종교, 인종, 계급, 언어, 지역 등과 같은 단일한 요인에 의해 결정되지 않는다는 것을 의미한다.

이러한 측면에서 문화이론가인 스튜어트 홀은 정체성 형성에서 '탈중심화'를 지적한다. 홀은 "현대 민족은 모두 문화적 혼성체들이다"라고 하였다. 이것은 사회적 삶의 스타일이 국제 여행, 이미지나 장소의 시장화, 인터넷 통신망 등에 의해 연결될수록 문화적 정체성은 더욱 특정시간이나 장소, 역사 및 전통들로부터 떨어져나가고 있으며 모든 고유한 전통과 구별되는 정체성들이 혼합어로 번역될 수 있다고 보는 것이다. 홀의 논리는 자유여행 시대인 지구촌 시대에 개인의 정체성 형성의 요인분석에도 일정 부분 타당하다. 개인은 여행을 통해 처녀 여행지에서의 낯섦, 불안감, 위축감 같은 부정적 심리상태와 함께 긴장, 호기심, 흥분, 자유분방함, 새로운 사회관계와 같은 긍정적 심리상태를 갖는다. 여행에 관한 긍정적 · 부정적 심리 상태를 살펴보자.

긍정적 상태	부정적 상태
즐거움	고통
호기심	불만족, 이탈욕구
기대	동경
희망	낯섦
흥분	불안감
자유분방함	위축감

이러한 양가적 심리상태에서 여행자로서의 개인은 '낯선 공간의 지리적 위치 지움과 심리적 위치 지움, 사회적 위치 지움'을 경험함으로써 여행지에서의 이방인에서 단순 관찰자로, 단순 관찰자에서 여행지의 현지인과 같은 일반 행위자로서의 사회적 행위자로 변화된다.

이러한 여행자의 경험 확장은 여행을 가기 전의 지역성과 문화적 귀속성에서 벗어나 초지역성, 탈문화적 차원으로 경험을 확장한다. 단순히 말하면 여행자는 여행을 통해 물리적 활동공간과 일상적 생활공간을 확장한다. 양가적 심리상태는 자신감과 존재감의 확장을 체험하게 함으로써 어떤 여행지에서도 '주체'로서 활동할 수 있다는 확신에 도달하게 된다. '주체'로서 여행자의 존재 지위는 제1세계에서 제3세계로나 그 역의 경우, 한국인으로서 선진국이나 저개발 국가를 여행하는 경우, 여행자와 현지인의 인지적 측면과 교섭 양상의 차이에도 존재감의 상승과 함께 '자아 정체성'에 대한 자기 확장을 제공한다. 여행지에서의 다양한 경험은 여행자에게 의미부여의 형식으로 체화되고, 정체성에 대한 비교 문화적 반성을 통해 정체성의 변화에 이바지한다. 특히나 자유여행에서 볼 수 있는 '선택과 결정'은 '자신을 만들어가는 과정'으로서의 정체성 형성과정이다.

여행에 의한 타 문화 경험은 자아상, 사회문화적 관계, 타자 관계 등과 같이 자아 정체성의 중요한 요소이다. 여행은 여행자로 하여금 다른 문화와 다른 가치, 다른 종교를 경험·해석·적용하게 함으로써 가치체계와 세계관의 변화에 작용한다. 이런 관점에서 맥캐널은 여행을 "다른 경험을 통해서 개인의 전체성을 구성할 수 있도록 도와주는 사회현상"이라고 정의하였다. 아래 체 게바라의 사례는 여행이 한 개인의 정체성의 변화에 얼마만큼 큰 변화를 주는가를 웅변하고 있다.

영화 〈모터사이클 다이어리〉는 오늘날 진정한 혁명가로 추앙받는 체 게바라가 4개월의 여행을 통해서 그의 인생이 어떻게 바뀌게 되었는가를 다루고 있다. 23세의 의대생 에르네스토 체 게바라와 그의 사촌형인 생화학도 알베르토 그라나도는 긴 남미 여행을 하게 된다. 이 여행에서 체 게바라는 현실의 부조리와 모순을 절실하게 깨닫고, 이러한 현실을 타파하기 위해서 자신이 무엇인가를 해야 한다는 깊은 내면의 소리와 마주하게 된다. 결국 여행은 체 게바라의 인생을 바꾸어놓았다.

6 끝없는 여행을 위하여

●●●●

오늘날의 여행은 오락화, 스펙터클화, 관광화, 전문화, 테마화, 교육화되고 상위 코드화와 하위 코드화와 같은 양극화의 양상을 띠고 있다. 또 다른 측면에서 여행은 자유여행, 배낭여행, 오지여행, 걷는 여행 등 소위 여행의 개인화와 함께 자아탐구와 자기 모색을 위한 여행도 활발하게 전개되고 있다. 여행의 양상에 차이가 있지만, 우리는 길건 짧건 여행을 통해 경계를 넘는 경험, 자유의 경험, 실존적 존재 확장의 경험, 정체성 탐구의 경험, 자기회귀의 경험, 다른 것을 경험한다.

이런 점에서 여행은 존재의 충만함과 자아에 대한 존재론적 성찰과 실존적 의식을 촉진하는 초월적 욕구에 기초한 자기 수행적 의식(ritual)이다. 합리성이 삶의 전 영역에서 확장되고 이것이 전 지구적 차원에서 실현됨으로써 "오늘날의 여행자들이 인도에 가건 미국에 가건 그가 생각하는 것보다는 훨씬 익숙한 사물들을 발견"하게 됨에도 보들레르가 〈여행에의 초대〉에서 말하고 있는 '미지의 세계에 대한 열병'은 고대인이나 현대 여행자 모두에게 같은 열망이다. 이 열망은 자기 존재의 의미를 찾고, 자유를 추구하고, 인간성을 실현하고자 하는 욕망에 그 본질이 있다. 끊임없이 여행을 꿈꾸는 자는 바로 그 '존재에로의 욕망'을 버리지 않은 자이다. 여행하는 인간은 끝없는 여행을 꿈꾼다. 여행을 통해 그는 진정으로 존재하고자 한다.

성찰&생각 키우기

1. 지금까지 나는 어디를 여행했는가? 내가 여행하고 싶은 곳은 어디인가? 나에게 여행은 무엇인가?

2. '내 인생을 바꾼 여행'이 나에게 있었는가? 자신의 삶에 가장 영향을 준 여행은 어떤 여행이었는가?

3. 소위 '대안여행', '착한 여행', '공정여행'이 무엇이며, 어떤 대안여행을 하고 싶은가?

4. 1년이나 2년 후에 유럽이나 남미 배낭여행을 떠날 계획이다. 여행계획을 항목별로 구체적으로 작성하라.

5. 수많은 여행생활자가 있다. 대표적인 여행생활자들을 조사하고 그들의 삶을 자신의 관점에서 논해보라.

6. 본문에 소개된 몽테뉴의 《여행론》에 대해 평가하라.

7. 많은 여행문학이나 여행 후기 중 대표적으로 '버림의 미학'으로서의 여행, '삶의 성찰'로서 여행 사례를 찾아보고 논평해보라.

8. 한 여행 작가가 "여행을 통해서 많은 것을 배우면 훌륭한 사람이 될 줄 알았지만 환상이었다. 여행도 삶의 연장일 뿐이다"라고 말했다. 이것은 무슨 의미인가?

9. 여성 배낭여행자인 한비야의 여행 관련 책의 진실성 문제에 관한 논의가 있다. 그의 여행관과 여행 스타일을 어떻게 생각하는가?

10. 여행자로서 한국인들의 문제는 무엇인가? 어떻게 해야 한국인들의 여행문화를 개선할 수 있는가?

6

책 읽기, 그 괴로움과 희열

클레마티스

1 책 읽기, 괴로움과 희열 속의 자기 이해의 길

● ● ●

'앎'은 획득 방식에 따라 직관적 앎과 개념적 앎으로 구분할 수 있다. 직관적 앎은 직관에 의해, 개념적 앎은 개념에 의해 획득된다. 획득 과정에 따라 자연적 앎과 학습적 앎으로 구분할 수도 있다. 자연적 앎은 경험을 통해 얻은 경험지(知)를 총칭하며, 학습적 앎은 학습 과정을 통해 얻은 앎을 말한다. 앎을 확장하는 데 가장 적극적이고 효율적인 방식은 학교 교육이라고 할 수 있다. 제도화된 학교 교육에서는 건전한 시민으로 살아가는 데 필요한 지식과 기술, 사회윤리를 교육한다. 그런데 지난 세기 이후 전통적 학교 교육이 지식 전승과 규범교육의 틀을 벗어나서 '독서학습을 통한 인간 형성'에 이바지해야 한다는 인식이 확산되었다. 실제로 학교에서는 정규수업 외 독서교육이 부분적으로 이루어지고 있다. 프랑스에서는 초등학교 1학년부터 '독서학습'이 진행되어 독서의 중요성을 인식시키고 독서를 통한 자기 교육(self-education)의 길을 안내하고 있다. 독서는 단순히 유용한 지식 축적을 목적으로, 승진과 성공을 위한 목적으로, 평가를 위한 의무 차원으로, 지식을 자랑하기 위한 수단으로 활용되는 것 그 이상으로 인식되고 있다.

독서를 통해 우리는 기본적으로 앎과 인식의 확장을 이룬다. 독서를 통해서 역사, 사회, 문화, 지리, 풍습 등 세계에 관한 지식과 정보를 쌓는 것이다. 가령 인디언 부족의 전통음악에 관한 독서를 통해 우리는 인디언 세계에 대한 새로운 인식을 확장시킬 수 있다. 수메르 문화의 신화세계에 관한 독서를 통해 우리는 당대의 문명뿐만 아니라 인류문화에 커다란 영향을 준 수메르의 문명세계까지 인식 지평을 확장시킬 수 있다. 또한 우리는 메소포타미아의 점성술에 관한 책을 통해 점성술에 내재한 인간의 보편적 욕망과 점성술의 과학적 측면과 비과학적 측면을 이해할 수 있다. 이렇듯 독서를 통한 앎은 단순한 지식 획득과 축적을 넘어 세계의 이해를 확장시키게 된다. 만약 독서를 하지 않는다면 어떻게 될까? 우리는 생활세계의 좁은 언어와 협소한 화제의 범주를 벗어나지 못하고, 폐쇄된 세계에 갇혀 살게 될 것이다. 임어당은 이것을 다음과 같이 표현한다.

평소에 독서를 하지 않는 사람은 시간적 · 공간적으로 자기만의 세계에 감금되어 있다. 그의 생활은 상투적인 틀에 박혀버린다. 그 사람이 접촉하고 만나서 대화하는 것은 극소수의 친구나 자기뿐이며, 그 사람이 보고 듣는 것은 대부분 신변의 사소한 일일 따름이다. 그 감금에서 벗어날 길은 없다.

임어당의 말처럼 독서를 하지 않는 사람은 신변잡기적인 일상의 가십거리가 일상 언어의 전부일 것이다. 사실 문제는 거기에 그치지 않는다. 독서를 하지 않는 사람들은 협소한 자기 세계에 갇혀서 자기경험에 근거한 신념의 논리만을 주장하거나 자신의 좁은 인지적 세계의 논리에 따라 모든 것을 판단하고 평가하는 독단적인 태도를 보이기 십상이다. 유연하고 개방적이며 창의적인 인식 태도를 보이기 어렵다는 것이다.

우리에게 독서가 가장 중요한 이유는 자기 성찰, 자기 교육, 자기 이해에 도달하는 가장 효과적인 길이기 때문이다. 또한 우리는 독서를 통해서 감성을 개발한다. 독서를 통해 희로애락의 감정에 빠지고 감정을 폭발시키며 감정을 극도로 순화시키고 민감한 감수성을 기르게 된다. 독서를 통해 우리는 책 속의 참여자이자 책 밖의 관찰자, 비평자로서 세 가지 관점을 역동적으로 결합한다. 이러한 관점의 훈련을 통해 우리는 저자와 대화하며 그 대화를 통해 책

▲ 페르낭 레제, 〈독서〉
1924년 / 캔버스에 유채 / 113.5×146cm / 파리 퐁피두센터 소장

의 세계와 자기 세계를 비교, 분석하고 더 나은 자기 이해의 길로 나아가게 된다. 이러한 과정에서 자기 반성과 자기 성찰의 단계를 거치게 된다.

자기 성찰 방식은 책에 등장하는 사건의 행위자로서 '만약 내가 주인공이라면', '만약 내가 그와 같은 사건에 직면해 있다면'과 같은 방식으로 자신의 신념체계를 책 속에 투영시키며, 자신의 신념체계를 강화시키거나 약화시키고, 수정하는 방식으로 '저자와의 대화'를 진행한다. 저자와의 대화는 때론 감정이입을 통해서, 때론 감정이입을 배제한 논리적 가상대화와 비판적 거리 두기를 통해서 일어난다. 비판적 거리 두기는 책 속에서 말하는 메시지, 사건 전개, 논거 구성과는 다른 가능성과 메시지를 염두에 두며 독서를 함으로써 가능하다. 이와 같은 책 읽기 방식이 다름 아닌 자기 반성적 독서 혹은 자기 성찰적 독서이다. 따라서 독서는 궁극적으로 자기 이해를 촉진하는 역동적인 사유의 운동(movement)이자 활동이라고 할 수 있다.

2 사회와 역사를 변화시키는 독서

● ● ● ●

독서는 단순히 개인의 자기 성장과 지적 만족을 추구하는 차원에 머무르지 않는다. 독서는 사회변화의 중요한 촉매제로 작용한다. 프랑스의 경우를 예로 들어보자. 프랑스 혁명 이전과 그 이전의 독서 실태는 상당히 다르다. 17, 18세기 초반만 해도 독서 인구 층은 왕족, 귀족, 종교봉사자, 학자 등 일부의 사람들에 지나지 않았다. 그 당시 책은 귀하고 비쌌으며 공교육이 이루어지지 않아 문맹률도 높았다.

그러나 프랑스 혁명 이전에 새로운 시민계층인 부르주아가 등장하고 인쇄기술이 발달하면서 파리 전역 12개 도서관이 일반인에게 개방되었다. 이 때문에 수많은 책이 출간되었다. 새로운 신흥계층의 독서에 대한 욕구는 출판시장의 확장과 새로운 유통방식의 도입을 가져오게 되었다. 출판업자나 인쇄업자, 개인사업자들이 운영하는 독서방, 책 대여점 등이 운영되기 시작했다. 이로써 일반 평민들도 도서를 구입하거나 대여해 읽기 시작하였고 18세기 후반의 프랑스 사회는 수많은 정치클럽, 시민을 대상으로 하는 각종 강좌와 다양한 형식의 독서클럽이 운영되었다.

귀족 부인들을 중심으로 운영되던 많은 살롱은 소설 읽기부터 시작해 사상가와 철학자들을 초대하여 시대와 철학에 대해 논하고 예술과 정치 담론을 향유하는 공간으로 탈바꿈하게 된다. 한편 문맹의 일반 시민은 파리의 수많은 카페에서 유명한 소설 이야기와 관보, 시대 비판적 저술들을 구술로 전해 들었다. 그야말로 사회적 차원의 독서 열풍과 함께 근대적 의미의 독자 탄생이라고 할 수 있다.

우리는 당시 프랑스 사회를 바라보는 지식인 계층의 시각과 그들의 저서들, 새롭게 등장한 근대적 독자의 탄생에 주목해야 한다. 당대의 계몽주의 철학자인 볼테르, 루소, 디드로, 콩도르세, 엘베시우스 등 계몽주의 철학자들은 많은 책을 출판했다. 이들은 절대왕정에 대한 비판과 프랑스 사회체제 비판, 자유와 정치적 권리, 교육받을 권리를 주장하였다. 당대 왕권체제에 대한 비판을 담은 루소의 《인간 불평등 기원론》이나 《사회계약론》은 한때 금서로 지정된 책이었다. 공교육과 교육의 자율성을 주장한 엘베시우스의 《정신》 역시 금서화된 대표적인 저작이다. 프랑스 혁명기의 근대적 독자는 단순히 성, 사랑, 연애를 다룬 소설만 읽은 것이 아니라 새로운 시대에 대한 갈망과 시대를 비판한 책들을 읽었다. 이러한 근대적 독자층의 형성은 프랑스 혁명 전후에 프랑스 사회의 변화를 야기한 중요한 촉매제가 되었으며, 그 바탕에 그들의 독서가 있었다. 독서를 통해 그들은 정치의식과 사회의식, 평등권에 대한 인식을 형성할 수 있었다.

이러한 독서와 사회변동의 관계는 한국사회에서도 찾아볼 수 있다. 1987년 6·10 항쟁 전후로 대학생을 주축으로 하는 민주화 투쟁이 전국적으로 확산하였고, 사회 각층도 이 흐름에 동참하였다. 당시 운동을 주도하고 참여하던 학생들이 읽었던 책들은 주로 비판적 사회과학 서적들이었다. 그들은 독재체제하에서 정치개혁과 사회개혁을 논하는 비판적 사회과학 서적을 통해 군사정권에 대항하는 대항 이데올로기를 생산하고 보급하였으며, 다양한 사회개혁 프로그램을 소개하였다.

이처럼 독서는 개인적 차원의 긍정적 변화뿐만 아니라 사회변동의 중요한 계기가 됨을 알 수 있다. 이 때문에 폐쇄국가의 독서경향이나 지도층의 독서경향은 매우 중요하다. 제왕적 대통령제하에서 대통령과 그 자문그룹의 독서경향은 그들의 국가경영 마인드로 수렴된다. 민주주의 사회에서 공론을 주

도해 나아가는 소위 오피니언 리딩 그룹의 독서경향이 중요한 것도 바로 이
때문이다.

3 독서, 독서문화의 어두운 그림자

● ● ● ●

독서가 개인적 차원과 사회적 차원 모두에서 중요하다는 것은 누구나 공감하는 사실이다. 문제는 '국가와 민간단체 주도의 독서 관련 인프라의 구축과 실효성 있는 독서정책의 수립이나 실행이 만족할 만큼 이루어지고 있는가?'이다.

먼저 대학생들의 독서 실태를 살펴보자. 2011년 가을 알바몬의 조사에 따르면 '전혀 책을 읽지 않는다'고 응답한 남학생이 19%, 여학생이 16.2%로 나타났다. 스스로 '책을 전혀 읽지 않는다'고 응답한 대학생들은 그 이유로 '책을 읽는 습관이 들지 않아서(44.9%)'를 꼽았다. '책을 읽을 시간이 없어서'(16.7%), '책이 아니어도 인터넷 등 필요한 정보를 얻을 수 있는 다른 방법이 있어서'(15.4%), '독서보다 재미있는 일들이 더 많아서'(14.1%) 순이었다. 대학생들이 가장 선호하는 독서 장르에는 '시, 소설, 수필 등 순수문학'(20.5%), '인문, 사회, 교양'(15.2%), '처세, 성공하는 법 관련 서적'(13.7%), '전공 관련 서적'(13.2%), '여행, 요리 등의 취미/실용서'(10.4%), '외국어'(6.1%), '패션/잡지'(5.9%), '만화'(4.9%) 순으로 응답했다. 성별 선호 장르를 살펴보면 남학생의 경우 '처세술'(19.8%)을, 여학생의 경우 '순수문학'(25.7%)을 가장 선호하는 것으로 나타났다. 이 조사에 따르면 대학생들의 독서시간은 인터넷 이용시간의 3분의 1 정도이다.

〈국민 독서실태 조사 보고서〉에 따르면 1년에 단 한 번이라도 공공도서관을 이용하는 대학생은 10명 중 4명에 불과하고, 그나마 '학습'의 목적이 절반이 넘는다고 한다.

위의 자료들을 보면 대부분 대학생들이 독서를 하지 않으며, 하는 경우에도 그 시간이 매우 적다는 것을 알 수 있다. 독서 장르를 보아도 실용서와 취미서, 학습 관련 도서에 집중되어 있다. 독서의 질이나 양의 측면에서 문제가 있다는 것을 짐작할 수 있다. 특히 선진 외국대학의 학생들과 비교하면 그 격차는 실로 크다고 할 수 있다. 미국의 경우 많은 대학이 인문교양 고전 읽기 프로그램을 진행한 것은 이미 오래전의 일이다.

우리 대학생들에게 왜 이런 현상이 벌어지는 것일까? 취업 전쟁을 위한 성적과 스펙(어학, 컴퓨터, 경력) 3종 세트 때문일까? 시간이 있어도 인터넷 삼매경에 빠지는 시간을 고려한다면 단지 스펙 3종 세트 때문만은 아닐 것이다. 강의를 위한 도서 구입도 힘들어하거나 거부하는 일부 대학생들에게 독서는 무리한 요구일까? 아니면 대학생 독서교육과 독서지원 정책에 문제가 있는 것일까? 오늘날 많은 대학에서 고전교육이 이루어지고 독서클럽지원 프로그램이 운영됨에도 '책 읽지 않는 대학생'들이 사방에 존재하는 게 사실이다.

이 문제를 해결하기 위해서는 먼저 책을 읽는 습관을 갖지 못한 학생들을 대상으로 독서 교육 콘텐츠가 개발·실행되어야 한다. 원하는 독서를 마음껏 하도록 지원하는 대학 차원의 독서클럽의 재정적 지원이 이루어져야 한다. 독서졸업인증제까지는 도입하지 않는다 하더라도 인문고전 필독서 강좌를 일정 시간 이수하도록 하는 교과 과정의 재편을 고려해야 한다. 또한 정부의 〈독서문화 진흥 계획〉에서 배제된 대학생을 위한 독서문화 진흥을 위한 재정편성이 이루어져야 한다. 아울러 대학의 총예산에서 1%에 불과한 도서구입비를 상향조정할 필요가 있다. 대학은 다양한 서적을 읽을 권리와 편하게 독서를 할 학생들의 권리를 지켜줄 의무가 있다.

일반인들의 독서 실태와 독서문화 역시 대학생과 크게 다르지 않은 것이 현실이다. 성공학 관련, 취미 관련, 재테크 및 부동산 관련과 같이 실용서 중심의 독서와 베스트셀러 중심의 독서가 주류를 형성하고 있다. 심지어 독서마케팅을 위한 독서 관련 대중서들은 하나같이 '독서 = 성공'이라는 근거 없는 논리로 마케팅을 하고 있다. 독서 관련 대중서를 보면 나폴레옹, 에디슨, 세종대왕, 빌 게이츠, 안철수와 같이 '성공한 사람들은 독서가였다'거나, '훌륭한 책한 권이 내 인생을 바꿨다'거나, '꿈을 실현하는 나만의 독서법'과 같은 자극적인 수사들을 사용한다.

독서와 성공의 깊은 연관성을 내세우는 북 마케팅 기법은 책의 타이틀도 《위대한 독서광들의 성공 스토리》,《인생 역전 책 읽기 프로젝트》,《세계명문가의 독서교육》,《리딩으로 리드하라》 등 진정한 향유적 독서는 존재하지 않고 도구적 목적만이 강조되는 독서마케팅이 판을 치고 있다. 이것이 우리의 독서 현실이다. 그렇지만 이런 어두운 독서문화 속에서도 때로는 홀로 독서공동체를 형성해 책을 읽는 사람들이 어떻게 독서를 해야 하는지 독서의 철학과 방법론을 몽테뉴와 다산 정약용 선생의 사례를 통해 알아보도록 하자.

4 두 철학자의 독서 철학과 기술

❶ 몽테뉴의 독서법

프랑스의 철학자 몽테뉴는 그의 저서 《독서론》에서 독서법을 소개하고 있다. 그는 '모든 일에 대하여 좀 더 완전히 이해'하기 위해서 독서가 필수적이며, 자신의 '인생행로에서 최상의 재산'이 독서였음을 강조한다. 그럼, 그의 독서법을 살펴보자.

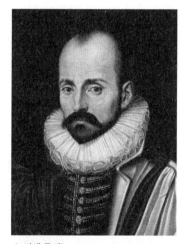

▲ 미셸 몽테뉴

① 고상한 재미를 위해 책을 읽어라

사람마다 취미와 흥미가 다르고 재미와 쾌락을 얻는 방법도 다양하다. 몽테뉴는 "고상한 재미를 위해서 독서가 필요하다"고 역설한다. 저차원의 즉물적인 재미는 소비적이고 비생산적이고 일시적일 뿐이다. 좀 더 의미 있고 지속적이며 풍려한 삶의 재미를 위해서 독서가 필요하다.

② 글을 읽다가 어려운 구절에 부딪히면 고민하지 말고 넘어가라

어떤 사람들은 모든 책의 내용을 다 읽어야 하고, 다 이해해야 한다는 강박에 시달린다. 그래서 책을 읽다가 이해되지 않는 문장이나 단락이 있으면 그것을 이해할 때까지 진도를 나가지 못한다. 몽테뉴는 이것을 시간 낭비라고 말한다. 공자는 "《주역》은 나이 50이 되어야 이해하기 쉽다"고 하였다. 이 점은 다양한 삶의 경험을 해본 나이인 50이 되어서야 《주역》의 원리를 이해할 수 있다는 말이다. 실제로 책은 나이와 지식의 정도, 삶의 경륜에 따라 이해의 깊이가 다를 수밖에 없다. 읽다가 이해가 안 되는 부분도 나중에 읽거나 책의 다른 부분을 읽다 보면 이해하게 되는 경우도 많이 있다. 이 점을 이해하는 것도 효과적인 독서 방법이다.

③ 독서 중에 책이 마음에 들지 않으면 다른 책을 선택하라

하루에도 수백 권의 책들이 출판되고 같은 분야에도 수백 권 아니 수천 권의 책들이 있다. 우리는 수많은 책 중 선택을 해야 한다. 독서 이력이 부족한 사람들은 좋은 책이나 자신에게 맞는 책을 찾는 데 절대 시간이 필요하다. 그렇지 않은 경우 자신에게 맞지 않는 책을 잘못 선택하여 독서의 즐거움과 목적을 달성하지 못한다. 본인의 가치와 세계관, 지식수준, 지적 취향에 맞지 않는 책이라면 과감히 다른 책을 선택해야 한다. 임어당은 몽테뉴의 관점을 좀 더 확대해 자신과 '정신적 친화관계'에 있는 저술가들의 책을 먼저 탐독하길 권하고 있다.

④ 한가하고 무료할 때 독서에 집중하라

오늘날 현대인들에게 '한가함'이란 특별한 경우에 해당한다. 짐멜의 말처

럼 대도시의 빠른 템포 속에 살아가는 현대인들은 '시간 경영'을 해야 하는 처지에 있다. 몽테뉴는 노동 외 시간이나 여가를 이용해 독서에 집중할 것을 권고한다. 무료할 때 시간을 헛되이 소비하지 말고 책을 읽을 것을 권한다. 현대의 젊은이들은 한가한 시간에는 오락을 하며 보내고, 무료한 시간을 죽이기 위해 게임을 하거나 TV 앞에서 시간을 보낸다. 인간은 창조적인 휴식을 위한 적절한 여가가 필요하며, 이 여가를 몽테뉴는 자기 계발과 자기 성찰을 위한 독서로 채우기를 요구한다.

⑤ 고전을 읽어라

경쟁에 시달리는 현대인 중 많은 사람의 독서내역을 조사하다 보면 주로 자기 계발서와 성공학 시리즈, 취미 관련 독서가 중심이 된다. 좀 더 확대한다고 해도 신변잡기식 에세이나 대중소설이 독서의 전부라고 생각하는 경향이 있다. 이는 현대인의 사회적 삶의 구조와 독서 취향의 하향화 경향이 결합한 현상이라고 할 수 있다. 몽테뉴는 가능한 한 신간을 읽기보다는 고전 읽기를 권고한다. 고전 읽기를 권고하는 것은 고전이 오랜 세월 동안 인간 정신생활의 풍려함을 유지하는 데 기여했기 때문이다. 몽테뉴의 이와 같은 권고는 사실 아리스토파네스가 그리스 청년들에게 했던 권고이기도 하다. 고전에 대한 요구는 시대를 초월하여 여전히 유효하다.

⑥ 독서를 하며 몽상하고 상상하고 음미하라

몽테뉴의 이와 같은 권고를 실천하기 위해서는 목적추구적인 독서습관을 버려야 한다. 이는 특정 의도에서 벗어나 자유로운 상태로 책을 읽는 것을 말한다. 이렇게 생각을 풀어놓을 때 우리는 생각에 깊이 잠길 수 있고, 자기 내면의 깊은 울림에 귀 기울일 수 있다. 따라서 정보수집과 지식축적을 위한 '정보

채집형 독서'나 '흥미 추구식 독서' 습관을 버려야 한다. 이것은 몽테뉴의 책 읽기에서 본질적인 주문이기도 하다. 임어당 역시 그의 책 《독서론》에서 '명상적 가치'가 있는 독서를 하라고 당부한다. 생각하고 상상하고 자신과 대화하는 독서를 요구한다는 점에서 몽테뉴와 임어당은 같은 주장을 하고 있다.

⑦ 독서를 하며 얻은 생각을 기록하라

독서를 하며 자신의 생각을 메모하는 습관은 아주 중요하다. 독서란 자신의 생각을 확장하고 깊이를 다지는 작업이기 때문에 메모는 자기 성장의 기록임과 동시에 저자와의 대화 녹취록이라고 할 수 있다. 뒤에서 소개할 다산 정약용 선생도 같은 주장을 했다.

⑧ 가능한 한 서재에서 많은 시간을 보내라

그가 주로 어디서 시간을 보내는가의 문제는 한 사람의 삶의 모습과 성격에 심대한 영향을 미친다. 만화방, 게임방, 경마장, 카페, 술집, 도서관, 개인 서재 등에서 주로 시간을 보내는 사람을 생각해보면 쉽게 이해할 수 있다. 몽테뉴는 서재에서 책을 펼쳐놓고 자유롭게 책 읽는 시간을 보내기를 권고한다. 여기서 중요한 것은 단순히 독서뿐만 아니라 혼자 있는 시간이나 사색하는 시간, 여유를 즐기는 시간을 가지라는 의미도 포함된다.

⑨ 책 읽는 것을 즐기고 항상 책과 함께하라

'책과 항상 함께하라'는 말은 좋은 말이다. 그러나 성공을 위한 책 읽기는 즐겁지 않다. 학습을 위한 책 읽기와 독서인증제에 따른 책 읽기 역시 독서에서 오는 근원적인 즐거움을 주지 못한다. 그러면 책 읽기가 즐거울 때는 언제인가? 그것은 책을 읽고 싶을 때 자신에게 맞는 책을 읽으며 정신적 위트와 쾌락을 맛보았을 때가 아닐까. 책 읽는 것을 즐기기 위해서는 '목적 없는 독서'를 강조할 수밖에 없다. 책 읽는 재미를 더하기 위해서는 다양한 형식의 '책 읽는 공동체'에 참여하는 것도 생각해볼 수 있다. 책-나-다른 독자의 삼각 대화를 즐기는 경험 역시 독서의 즐거움을 배가하는 방법이다. "평상시에도, 여행할 때도, 전쟁 시에도 책과 같이하라"고 몽테뉴는 권고한다.

② 정약용의 독서법

다산 정약용은 자신의 책《다산 문학 선집》,《여유당 전서》,《유배지에서 보낸 편지》에서 자신만의 독서법을 제시하고 있다. 그의 독서법은 독자의 관점에서 능동적인 독서를 강조하며, 어떻게 책의 내용을 정독하고 철저하게 자기 것으로 만들 수 있는가에 초점이 맞추어져 있다. 그의 독서법을 크게 여덟 가지 차원에서 정리하면 다음과 같다.

▲ 다산 정약용

① 눈으로 읽어라

흔히 조선 중기까지 독서는 소리 내서 읽는 음독(音讀)이었다. 다산 시대도 마찬가지이다. 다산은 정독을 위해 눈으로 책을 읽기를 권한다. 눈으로 읽는 독서는 음독보다 책을 음미하며 꼼꼼히 읽을 수 있는 장점이 있다. 음악을 들으며 책을 읽는 학생은 소리 없이 정독하며 책의 맛을 발견하기보다는 책의 정보를 체크하는 데 그칠 가능성이 많다. 책에 집중하고 책을 반추하는 독서를 하는 데는 집중이 필요하다. '눈으로 읽으라'는 그의 권고는 책에 집중하라는 의미로 이해할 수 있다.

② 행간을 읽어라

다산은 행간을 읽으라고 강력히 요청한다. 행간을 읽는다는 말은 문자적 의미만을 파악하는 것이 아니라 문자적 의미의 배경, 숨겨진 의미를 찾아내는 깊이 있는 독서를 하라는 의미이다. 행간 독서는 감추어진 숨은 의미를 발견해내는 창의적인 해석을 요구하는 독서이기도 하다. 이러한 행간 독서는 독자가 자신의 기존 지식과 입장을 활용해 찾아내는 발견적 독서라고 할 수 있다.

③ 근본 뿌리를 파헤쳐라

책을 읽다가 모르는 단어나 전문용어가 나왔을 때 자신이 알고 있는 의미로 읽어 전체 의미가 파악되지 않으면 학생들은 당황한다. 철학책을 처음 읽는 사람들은 책에 나오는 내용이 외계어에 가깝다고 하소연한다. 다산은 이런 경우에 단어 하나하나의 의미를 철저하게 파헤칠 것을 권한다. 그는 '책을 읽다가 모르는 단어가 나오는 경우 그 근본 뿌리를 파헤쳐 글 전체를 이해'하는 독서를 해야 한다고 한다. 이러한 독서방법은 한 가지 책을 읽으면서도 수백 가지의 책을 읽는 효과를 얻을 수 있다. 한 가지 단어는 학자와 학문에 따라 다르게 정의되고 사용되며 시대에 따라 의미가 변하기 때문에 다산이 말하는 바를 충분히 공감할 수 있다.

④ 메모하며 읽어라

책을 읽는데 왜 메모하는 습관과 기록하는 습관이 중요할까? 우리는 어떤 책을 읽다가 모르던 것을 깨닫게 되거나, 스스로 고민했던 문제를 푸는 아이디어를 얻을 수 있고, 이런 생각과 방법을 다른 문제에 적용할 수 있다. 다산은 책을 읽으며 얻은 생각은 기록해놓지 않으면 잊어버리기 때문에 항상 메모하며 책을 읽기를 권고한다. 책의 내용을 핵심적으로 요약하는 것보다 책을 읽을 때 떠오르는 생각들을 메모하는 습관이 자신을 형성하는 자기 교육의 독서법으로 더 나은 방법이다.

⑤ 의심하라

책의 권위에 눌려 책의 주장을 의심하지 않는 독자는 저자를 존중하는 것이 아니라 저자 생각의 단순한 추종자에 지나지 않는다. 공감하는 것과 권위에 눌린 추종자는 완전히 다르다. 다산은 성리학의 권위에 눌려 암송하는 독서태도를 비판하였다. 의심하는 독서는 더 나은 이해를 위한 독서와 더 명료한 이해를 위한 독서이다. 의심하는 독서는 '왜', '어떻게', '그래?', '그래서'를 저자의 주장과 근거를 찾아내며 읽어가는 것이다. 저자를 의심하고 저자에게 묻지 않는 맹목적 독서는 비생산적이며 소비적인 독서에 불과하다.

⑥ 입장과 관점을 정해 책을 읽어라

현대인들은 수많은 책을 읽어야 한다. 삶을 풍부하게 하기 위해서만이 아니라 경쟁에서 살아남기 위해서도 평생 독서를 해야 하는 시대이다. 그래서 속독과 다독을 강조하기도 하며 관련 기술을 교육하기도 한다. 다산 시대가 다독을 요구하거나 속독을 요구하는 시대는 아니었지만, 다산은 독서의 효율성을 배가하기 위해서 특정한 목적과 입장에 따라 중요한 부분만을 읽어야 한다고 말했다. 책의 모든 내용을 다 읽을 수 있는 충분한 시간이 부족할 때 필요한 방법이다. 각종 보고서를 쓰는 경우에 핵심 관련 도서 중 관련 주제만을 찾아서 정독하는 것과 같다.

⑦ 발췌하라

다산은 발췌의 중요성을 말한다. "남의 저서에서 필요한 부분을 찾아 추려내라"고 말한다. 다산은 내 생각이나 입장에 맞는지, 새로운 주장인지, 내 공부에 도움이 되는지를 발췌의 기준으로 보았다. 독서를 하다 보면 당장에 필요하지 않아도 나중에 필요할 것으로 보이는 부분들이 있다. 이런 부분을 독서 노트에 발췌해두는 것이 필요하다. 주제별 발췌 노트를 만드는 것도 효과적이다.

⑧ 체계적으로 정리하라

다산은 중국 촉나라의 구술 폐기 설화를 소개하면서 책의 내용을 체계적으로 정리할 것을 강조하였다. 책의 내용을 기억하기 위해서뿐만 아니라 습득된 지식을 효율적으로 활용하기 위해서도 독서 내용을 체계적으로 정리하는 것은 필수적이다. 정리가 없는 독서는 비생산적인 독서이다. 주제와 관점에 따라 책의 내용을 체계적으로 정리하는 것은 독자가 이미 책을 충분히 이해하고 있음과 동시에 비판적 리뷰 능력이 있음을 말한다. 체계적 정리과정은 지식을 분류하고 조직하는 지식 구성적 활동이다.

5 | 비판적 독서를 위한 전략

●●●○

앞서 우리는 몽테뉴와 다산의 독서 철학과 독서법을 살펴보았
다. 사실 두 철학자의 경우 독서의 일반적인 기술을 논하고 있지만, 텍스트의
구체적 분석과 비판적 독서에 대한 논의는 부족하다고 할 수 있다. 이 장에서
는 학술적인 텍스트의 비판적 독서를 어떻게 할 것인지에 관한 구체적인 전략
을 다루고자 한다.

비판적 독서란 무엇인가? 비판적 독서는 텍스트의 관점이 아니라 나의 관
점에서 텍스트를 읽어가는 독자 중심형 독서를 말한다. 비판적 독서는 텍스트
의 의의와 한계를 균형 있게 인식하고 자신의 관점에서 텍스트를 재구성하고
텍스트를 넘어서는 사유와 전략을 탐색하는 독서라고 할 수 있다. 비판적 독
서의 궁극적인 목적은 텍스트 이해와 텍스트의 현재화, 텍스트 넘어서기를 통
한 자기 이해와 세계 이해라고 할 수 있다. 그렇다면 비판적 독서는 어떻게 해
야 할까? 비판적 독서는 비판적 질문에서 시작된다. 이러한 비판적 질문은 독
서 전 단계, 독서 단계, 독서 후 단계로 구분할 수 있다. 다음은 비판적 독서를
위한 질문의 기술이다.

❶ 독서 전 단계

- 책을 선택했으면 책의 제목을 눈여겨본다.
- 어떤 내용이 구성되어 있는가를 제목을 보고 상상하라.
- 목차를 보며 자신이 미리 상상했던 내용과 비교하라.
- 목차에서 주제와 논증하는 데 핵심적인 장이 어디인지 파악하라.
- 머리말과 결론 부분을 비교하며 읽어라.

❷ 독서 단계

- 말하고자 하는 바(주제, 핵심주장)가 무엇인가?
- 핵심주장의 근거(논거)는 무엇인가?
- 논거의 전제들은 무엇인가?
- 전제는 타당한가?
- 제시된 논거들이 얼마나 새롭고 창의적인가?
- 논거들 사이에 모순이 있는가?
- 논거들이 논리적 비약이나 일반화의 오류를 범하고 있지 않은가?
- 논거들이 현실과 잘 대응(적합)하는가?
- 논거들의 효력 범위와 타당성 범위가 적절하게 설정되어 있는가?
- 제시된 통계나 수치가 정확하고 신뢰할 만한가?
- 제시된 경험 자료들에 대한 임의적이고 왜곡된 해석을 하지 않는가?
- 주장, 논거, 결론 사이의 추론이 타당하게 이루어졌는가?
- 책에서 다루는 쟁점들과 다른 입장이나 주장이 객관적으로 검토되었는가?
- 다른 논의의 한계에 대하여서도 언급하고 있는가?

- 책에서 제시된 내용이 정보적 가치가 있는가?
- 책에서 주장하는 입장이나 논거와 다른 입장을 확인하고 비교해보았는가?
- 책에서 제시한 대안보다 더 나은 대안 가능성에 대하여 생각해보았는가?
- 실천 가능성이 있는 주장인지, 추상적이고 규범적인 주장인지 판단했는가?
- 전문가나 일반 독자들의 책에 대한 리뷰를 검토해보았는가?
- 문체의 가독성과 전달력에 문제가 없는가?
- 책의 구성에 통일성과 체계성이 있는가?

❸ 독서 후 단계

- 저자의 주장이 나의 삶에 어떻게 적용될 수 있는가? 그 범위와 전략은 무엇인가?
- 한국 사회에서 저자의 이론 모델이 어떻게 구체화될 수 있는가?
- 독서를 한 텍스트와 다른 입장이나 더 나은 입장을 보여주는 책이 있는가?
- 저자와 대립하는 나의 입장을 강화할 책이 있는가?
- 어떻게 리뷰를 작성할 것인가?

비판적 독서 기술은 자신의 이론적 입장이나 분석 능력, 대안제시 능력을 기르는 데 이바지할 수 있다. 앞서 제시한 비판적 독서를 위한 질문에 따라 독서를 하면 정독의 효과와 속독의 효과를 동시에 얻을 수 있을 것이다.

6 책을 읽는 사람의 아름다움을 꿈꾸며

● ● ● ●

프랜시스 베이컨은 "토론은 부드러운 사람을 만들고, 글쓰기는 정확한 사람을 만들며, 독서는 완전한 사람을 만든다"고 하였다. 베이컨의 과장된 수사는 아니더라도 독서를 통해 자기 변화와 사회 변화의 가능성을 찾을 수 있다는 것을 알 수 있다. 몽테뉴나 다산뿐만 아니라 많은 지식인이 저마다의 독서법과 독서에 대한 기술을 가지고 있다. 우리는 비판적 독서가 체계적인 독서나 지적 성장에 도움이 되는 독서라는 것도 알게 되었다. 그러나 무엇보다 중요한 것은 독서의 참 즐거움에 빠져보는 것이다.

목적 없는 독서, 때와 장소를 가리지 않는 독서, 책에 젖어 사색에 빠지는 즐거움, 책이 안내하는 미로를 따라 산책하며 괴로워하며 웃거나 우는 내면의 체험을 통해 울림이 있는 사람, 풍려함과 지적 감수성과 유연한 말과 태도를 뽐내는 사람으로 거듭날 수 있다. 사색으로 가득 찬 얼굴, 생각의 숨결이 머무는 피부, 통찰력 있는 깊은 눈, 타자와 다른 삶과 세계에 대해 따뜻한 시선을 가진 사람이 될 수 있다. 독서는 음악처럼 위로와 치유제가 되어 나를 성장시키게 될 것이다. 계획 없는 독서, 우연히 손에 잡은 책 한 권이 나의 인생을 바꾸게 될지도 모르는 일이다. 삶의 과정에서 만나는 수많은 인연과 사건들에 의해 내가 만들어지듯이 나의 독서 이력이 나를 그 어떤 곳으로 인도하게 될 것이다. 이처럼 독서는 한 사람의 깊은 역사를 만드는 소용돌이이다.

성찰&생각 키우기

1. 나의 생애 주기(유치원, 초등, 중등, 대학)별로 독서 이력을 작성하고, 각각의 성격과 특징을 찾아내보자.

2. 내 삶에 가장 영향을 주었던 책은 어떤 책이었는가? 왜 그 책이 그토록 중요했는가?

3. 나만의 책 읽기 방식이 있는가? 있다면 어떤 것인가?

4. 친구나 동료에게 추천해주고 싶은 책 다섯 권을 선정하고 그 이유를 말해보자.

5. 사회를 움직이는 독서활동과 독서문화라는 것을 한국의 역사에서 찾아볼 수 있는가? 있다면 그 사례를 제시해보자.

6. 임어당은 신문이나 잡지를 읽는 것을 독서라고 보지 않는다. 왜 그는 이것을 독서라고 보지 않을까? 그렇다면 각종 취미서 읽기는 독서라고 할 수 있는가? 임어당의 입장을 논평해보자.

7. 한국인의 독서 실태의 문제와 대안은 무엇인가? 교육, 정책, 인프라 등 다양한 관점에서 대안을 제시해보자.

8. 시민의 자율적 참여를 통해 운영되는 각종 독서공동체가 많이 생겨나고 있다. 가장 대표적인 독서공동체의 도서 목록과 운영 실태를 조사하고 평가해보자.

9. 앞으로 대학 졸업 전까지 나만의 독서계획을 작성하고 친구와 비교해보자.

7

문화, 순응과 저항의 코드

잉꼬 아나나스

1 문화, 먹고 마시고 운반하고 생산하는 것

● ● ●

우리는 일상의 문화를 먹고 마시고 배우고 운반하고 생산하며 산다. 우리의 모든 사고와 행동양식과 생활방식을 통칭하여 문화라고 하는 이유는 바로 그 때문이다. 삶의 리듬 속에서 우리는 수많은 '명사 문화'를 만난다. 한국문화, 전통문화, 흑인문화, 대중문화, 고급문화, 음식문화, 청년문화, 예술문화, 음악문화, 교육문화, 10대 문화 등등. 명사 문화는 국가, 지역, 인종, 시기, 대상, 영역에 따른 분류이며 거기에 속한 개인은 전체 문화와 밀접한 상호연관 관계에 있다. 명사 문화와의 만남은 문화의 학습, 내면화, 운반, 변형, 재생산의 과정들을 통해 끊임없이 순환된다.

그런가 하면 '동사 문화'가 있다. '영화를 봤다', '음악을 들었다', '갤러리에 갔다', '연주 동영상을 유튜브에 올렸다', '해외여행을 갔다' 등으로 대표되는 동사 문화는 문화를 향유하고 문화 활동을 하는 활동성 그 자체를 가리킨다. 이런 의미에서 우리는 문화의 소비자이자 운반자임과 동시에 문화의 생산자이다. 명사 문화나 동사 문화 이외에 '형용사 문화'라는 것도 있다. 형용사 문화는 대부분의 경우 문화에 대한 가치판단과 관련이 있다. 가령 우리는 흔히 '좋은 문화'나 '나쁜 문화'라고 구분하거나 평가한다. 고급문화와 저급문화, 상류문화와 하류문화, 주류문화와 변방문화라는 문화의 가치평가를 암묵적으로 전제하는 문화의 분류는 '형용사 문화'를 경직된 형태로 표현한 것이다.

문화의 시작과 끝은 인간 역사의 시작과 끝과 같고 우리 몸속의 피와 혈관, 몸 밖의 공기와 햇살 같은 것에 비유할 수 있다. 그런데 정작 '문화란 무엇인가? 문화와 문명은 어떻게 다른 것인가? 문화가 인간에게 어떠한 영향을 미치는가? 문화의 사회적 기능과 역할은 무엇인가? 고급문화와 대중문화의 구분은 유효한가? 미국문화의 소비가 문화의 획일화 양상인가 아니면 문화의 다양성인가? 문화적 취향은 계급과 관련이 있는가?'와 같은 질문에 관해 일치된 견해를 찾을 수 없다. 가장 중요한 이유는 문화 자체가 더 이상 인종과 국경 및 계급이나 그룹에 닫혀 있지 않고 분명한 경계선이 없다는 점, 문화가 살아 있는 생명체와 같이 변화와 순환을 거듭한다는 점, 문화를 소비·운반·재생산하면서 가치평가적 개입을 하고 있다는 점이다.

2 문화 vs 문명, 두 개념 사용의 사회정치적인 의미

● ● ● ●

문화와 문명은 어원적 뿌리는 다르나 다른 의미로 사용하기도 하고 혼용해서 쓰기도 한다. 문화(culture)의 어원은 라틴어의 경작이나 경작을 위한 기술적 행위를 가리키는 명사 'cultura'이다. 'cultura'는 '경작하다, 가공하다, (가축을) 섬세히 보호, 양육하다'와 '명예롭게 하다', '거주하다'라는 의미를 포함한 동사 'colere'에서 파생된 명사이다.

　문화라는 개념이 오늘날 우리가 의미하는 문화 개념으로 독자적인 의미를 확보한 것은 대략 18세기 후반의 영국과 프랑스에서다. 영국과 프랑스에서는 같은 시기에 문명(civilization)이란 말도 혼용해서 사용되었다. 문명이란 말은 시민을 의미하는 라틴어 'civis'에서 파생된 것으로 '세련됨, 질서의 형성, 야만성의 탈피'를 의미함과 동시에 인간에 의해 만들어진 세계의 기술적 총체를 뜻한다. 문명이라는 말에는 계몽사상과 인간의 역사발전에 대한 믿음이 함축되어 있다.

　영국과 프랑스에서 문화와 문명에 대한 언어적 사용과 사상적 이해가 독일에서는 사뭇 다른 형태로 나타난다. 프랑스나 영국에서와는 달리 유독 독일에서는 문화와 문명을 동의어로 사용하지 않고, 상호 대립적으로 사용하고 있다. 즉 문화의 영역에 문학, 서적, 예술, 음악, 철학 등 정신활동의 영역(종교적 · 예술적 · 정신적 사실과 관련)을 가리킨다면 문명은 비정신적인 것, 이를테면 기술, 경제, 정치 등 인간의 삶에 유용한 것의 총체로서 물질과 관련되고, 외형적이며 사회적 목적과 관련성을 가진다. 문화는 독일문화권에서 문명보다 상위가치를 가진다. 문화의 이념에서 유토피아를 찾으려는 독일의 문명비판자들에게 "문화는 그 자체로 자신의 목적을 가진 행위의 결과이며, 도덕적·미적 동질성의 왕국, 사회비판의 기재, 해방된 사회의 미리 보여줌"이라는 의미가 있다. 이에 반해서 문명은 인간 삶의 가능한 조건을 형성하는 것으로서 항상 '목적-수단-관계'에 의해 작동되며 시대 비판적 잠재력을 그 자체로 가지지 못하는 것으로 이해되었다. 이와 관련해 오늘날의 관점에서 개념 사용의 흥미로운 사례를 칸트에서 찾아볼 수 있다. 칸트는 예술과 학문, 도덕을 문화에 포함하며 모든 종류의 사회적인 것, 예를 들면 부부생활에서 관습적이나 외형적인 예절 등은 문명에 속하는 것으로 보았다.

그렇다면 근대 독일의 사상가들은 왜 두 개념을 의식적으로 구분하여 사용했는가? 엘리아스는 《문명화의 과정》에서 그 이유를 당시의 독일적 상황에서 찾고 있다. 독일은 다른 서구 국가들과 달리 정치적 통일이 늦었다. 독일에서 문화 개념의 사용은 정치적이고 정신적인 모든 측면에서 자신의 진정한 고유성이 무엇인가를 끊임없이 제기하는 독일 지식인의 자의식 반영이라 할 수 있다. 문화 개념에는 다른 민족과 구별되는 독일 민족의 자존감과 높은 문화적 창조력에 대한 독일지식인들의 '자기 믿음'이 들어 있다. 문화 개념 사용의 또 다른 측면은 독일 사회 내에서 사회적 구별과 차별 경험이 반영되어 있다. 당시의 독일지식인, 시민계급, 교육받은 공무원, 일부 농촌 귀족들에게 문화 개념은 자신들의 삶의 양식을 높이 평가하는 자기정당화 개념이었다. 문화 개념은 정치적 실권을 갖지 못한 이들이 궁정 귀족을 폄하하고 그들의 고답적이고 형식적인 예식이나 관습을 비판적으로 드러내기 위해 사용된 개념이었다.

3 인간성을 고양하는 문화 vs 인간성을 파괴하는 문화

●●●

문화에 관한 수많은 정의가 있다. 인류학적, 사회학적, 경제적, 계급적, 생산적, 수용적 등 수많은 관점에 따라 그 정의는 각각 다르다. 클뢰버(Kroeber)와 크럭혼(Kluchohn)은 이론가들의 문화에 대한 정의를 164개로 분류한 바 있다. 우리의 관심은 '철학자들이 문화를 어떻게 이해해왔는가?'이며 '문화가 인간에게 어떤 영향을 미치는가?'에 관한 철학자들의 생각이다.

문화 개념의 역사적 기원은 키케로(Cicero)에서 찾을 수 있다. 그는 문화를 "인간의 제2의 자연"으로 규정한다. 제2의 자연으로서 문화는 물질문화나 사회문화를 의미하는 것이 아니라 '정신문화'를 가리킨다. 그에게 정신문화는 바로 '인문학'이다. 키케로는 문화를 "인간 본성을 긍정적으로 변화시키고 현실을 창조하는 핵심적인 수단"으로 보았다. 문화에 대한 긍정적인 생각은 문화라는 개념을 자연 개념과 상반되는 개념으로 사용한 근대의 철학자 푸펜도르프(Pufendorf)에서도 찾아볼 수 있다. 푸펜도르프는 자연 상태를 이상화하거나 신학적으로 해석하려는 시도를 거부하며, 사회 형성 이전의 불행한 상태로서 자연 상태를 이해했다. 그는 자연 상태의 반대 개념으로 문화 개념을 제시하며 문화에 의한 인간화를 주장했다.

이와 같은 문화에 대한 긍정적인 생각은 인간성의 고양과 이성적 삶의 실현이 문화의 목적이자 과제라는 생각으로 발전하게 된다. 실러(Schiller)는 문화의 과제를 심미적 인간의 완성으로 보았으며, 이때 문화란 고급예술을 의미한다.

　문화의 가장 중요한 과제 중 하나는 인간을 단순한 물리적 삶의 단계로부터…… 미적 단계로 만드는 것이다.

　이러한 주장의 배경은 당시의 문화가 인간성을 파괴하고 인간을 야만으로 복귀시킨다고 판단했기 때문이다. 그는 미적 교육을 통해서 인간성을 고양할 수 있고 사회를 통합할 수 있다고 보았다.

　칸트(Kant)에게 문화는 "자연의 후견으로부터 빠져나와 자유의 상태"로, 동물성에서 자유로운 입법 상태로 이행하게 하는 추동체이다. "문화가 인간의 최종 목적"이란 칸트의 말은 문화의 궁극적 목적이 인간의 문화화에 있다는 의미이다. 인간의 문화화란 야만적인 특성에서 벗어나 도덕적인 인간이 되는 것을 의미한다. 문화화는 곧 도덕화이며 궁극적으로 완벽한 도덕성을 추구한다. 칸트에게 도덕화란 자연에서 벗어나 스스로 목적을 설정하는 자율성을 획득하는 것을 말한다. 인간은 문화를 통해 본성을 다스릴 의무와 타인의 문화화를 위해 노력해야 할 의무가 있다는 것이 칸트의 입장이다.

　인간을 아름답게 만드는 문화에 대한 생각과는 달리 문화를 '인간성을 파괴하고 타락시키는 주범'으로 생각하는 일련의 철학자들도 있다. 대표적인 인물로는 루소(Rousseau), 프로이트(Freud), 짐멜(Simmel)을 들 수 있다. 루소는 문화의 발전을 자연과 분리되지 않는 원시 인간 단계, 개인적 차원에서 노동의 유용성을 발견하는 단계, 가족이 형성되는 단계, 농업과 야금술이 발전하는 단계, 땅의 소유권이 생기는 사회라는 단계로 구분한다. 문화발전의 5단계는 자연 상태에서 사회 상태로 완전히 이행된 단계이며, 부와 계급의 불평등이 본격화되며 모든 영역에서 이익을 위한 전쟁이 발생하는 단계이다. 문화발전에서 루소는 다섯 번째 단계를 문화의 완성 단계로 간주한다. 문화를 부정적으로 평가하고 '자연'으로 돌아가라고 요청하는 루소에게 다섯 번째 단계는 모든 악의 근원이자 창고이다.

여기서 모든 능력은 개발되었다. 기억과 상상력은 자기 역할을 하고 이성은 활성화되며 정신은 최대한 완성되었다. …… 인간의 지위와 운명은 소유물의 양과 이득, 해악을 주는 권력의 측면과 정신, 미, 강건함과 기술의 측면, 재능의 측면에서 결정된다. 이 자질은 타인에게 존경을 끌어내는 유일한 것이기에 사람들은 그것을 갖기 위해 그것을 가진 척해야 한다. 자기 이익을 위해 사람은 자기 모습과는 달리 보여야 한다. 본질과 외양은 완전히 다른 것이 되었으며 이러한 구별로부터 허세, 과시, 기만적 교활함과 악덕이 발생했다.

루소는 "문학과 예술이…… 인간이 태어난 목적인 원초적 자유의 감정을 질식"시킴으로써 인간성의 고양에 역행한다고 보았다. 루소는 학문과 예술이 내면적인 것과 외적인 것을 분리하며 그 결과 인간은 가면을 쓰게 되었다는 것이다. 내면적인 것과 외적인 것의 불일치와 부조화를 극복하고 인간이 진정한 인간으로 회복하는 길은 문화발전 이전의 상태인 자연으로 돌아가는 것이다. 《에밀》의 첫 문장에서 말하듯이 루소는 "인간의 손에 의해 타락되기 이전의 상태로 돌아가라"고 요청한다. 이때 자연은 부정적인 사회와 문화의 부정적인 영향이 배제된 '이상화'된 상태를 말한다.

프로이트는 현대문화가 인간을 행복하게 하기보다는 불행하게 만든다고 진단한다. 그에 따르면 문화가 인간에 가하는 억압은 '에로스'(Eros)라는 생명에너지와 죽음의 본능을 억압하는 방향으로 전개되었다. 그 결과 현대인들은 문화 속의 '불만', '적대감', '신경증' 속에서 살아간다고 말한다. 불만과 적대감은 사회를 위험에 빠뜨리고 해체하는 원인이 될 수 있다.

현대인의 심리적 특성인 신경증은 사회적 삶의 과정에서 서로 견제하고 경쟁하는 가운데 자연스럽게 발생한다. 이러한 문화가 가져오는 인간성의 파괴를 막기 위해 프로이트가 제안하는 것 역시 루소적 방식이다. 그는 모든 사회문화적 제도에서 벗어나 원시성으로 회귀하라고 제안한다. 물론 그러한 제안이 실현 가능성이 없다는 점을 고려할 때 프로이트의 제안은 인간이 지니고 있는 자연성의 회복, 억압받기 이전의 자유로운 상태에 대한 상상력을 통해 '문화 속에 잠재한 불만'을 치유해야 한다는 것을 시사한다. 아래 G의 친구 사례를 보자. G의 친구는 서양 물질문명에 회의를 느끼며 자신의 길을 찾아가려 한다.

1

G는 베를린의 서점을 다니면서 베를린에 10여 개가 넘는 명상 관련 서점과 명상음악 전문 가게가 있다는 것을 알게 되었다. G는 집 근처 공원을 산책하면서 매주 화요일, 목요일에 공원에서 명상 춤을 추는 사람들을 보곤 한다. 학교친구 중에는 유독 인도를 찾아가는 친구를 사귀게 되었다. TV도 보지 않는 그는 서양문화가 싫다고 말한다. G의 친구는 합리적인 사고보다 '삶의 여유와 마음의 여백'을 찾아가는 것이 자신을 배려하는 방법이라고 느끼게 되었다고 말한다. G는 문명의 이기보다 불편해도 여유와 내적 평화를 추구하고 싶어 하는 그 친구와 자신을 비교해본다.

문화철학자 짐멜 역시 현대인은 문화에 의해 인간성이 파괴되는 문화의 비극시대에 살고 있다고 말한다. 그는 문화를 "개인의 영혼이 주체와 객체의 상호작용을 통해 자기 자신에 이르는 길"이라고 말한다. 문제는 이 길이 차단되고 왜곡됨으로써 문화의 비극이 발생한다. 개인과 영혼의 분리와 객관문화(일반적 의미의 물질문화)에 의한 주관문화(개인의 정신과 영혼)의 붕괴현상이 다름 아닌 문화의 비극이다. 사회적 관점에서 문화 비극의 원인은 과도한 전문화와 분업이다. 과도한 전문화는 노동과 삶을 분리했으며 분업의 결과는 인간의 파편화와 객체화를 야기한다.

짐멜에 따르면 일과 객관문화는 인간의 정신과 영혼을 살찌우는 것을 방해하며 특정한 문화 생산물만을 접하게 함으로써 영혼을 단편화한다. 그렇다면 객관문화가 주관문화를 지배하는 양상이나 객관문화의 발전 속도를 따라가지 못하는 주관문화 지체 현상과 같은 문화의 비극을 어떻게 극복할 것인가? 아래 사례에서 Y가 확인하는 것은 대학생들의 정신문화에 대한 무관심과 인문학 정신이 사라진 인문학 출판시장의 단면이다. Y는 자신의 관점에서 '한국 문화의 현재적 비극'을 경험하는 것은 아닌가?

 2

Y는 직장이 없다. 아니 정확히 얘기하면 한 학기에 6시간짜리 강의를 하는 대학강사이다. 그런데 곧 그만둘 생각이다. 그가 출강하는 대학에는 동료가 많아 시간강의 자리싸움도 피곤하고 강의 자체도 더 이상 재미가 없다. 그 대신 그는 번역과 대중서를 쓰는 데 매진하고 있다. 그런데 출판사에서는 항상 쉽게, 짧게, 팔릴 수 있는 책을 쓰라고 권고한다. 그럴 때마다 인문학에 관심 없는 학생들의 얼굴 앞에서 강의하던 자신의 모습과 돈이 없다고 이별을 고한 대학원 석박사 동기녀가 오버랩 된다. 시장에서 살아남는 인문학은 좋은 인문학서인가? 또 다른 상업주의인가? Y는 그 생각에 잠이 안 온다.

짐멜은 예술, 종교, 철학적 세계관, 사랑에서 그 대안을 찾는다. 그는 '문화적 인간'의 가능성을 다시 찾는 것에서 문화적 비극을 극복하는 방안을 찾고자 하였다. 바로 이 점에서 주관문화와 객관문화의 균형을 찾아가는 것이 중요하다. 짐멜은 이것을 "주관적 영혼과 객관적 지적 생산물의 일치를 통해 존재 속으로 들어가야 한다"고 표현한다.

4 고급문화 vs 대중문화

● ● ●

고급문화(high culture)와 대중문화(mass culture)의 논쟁은 문화와 문명의 개념 사용에 대한 지적 전통의 연속선상에 있다. 먼저 고급문화와 대중문화를 규정짓는 근거가 무엇인지에 대해 살펴보자. 전통적으로 고급문화는 인간의 사고와 표현의 정수로 간주해왔고 구성의 완벽성, 내용의 깊이, 형식상의 정교함과 치밀성, 절제된 감성, 도덕적 가치 및 비판적 통찰력, 지적 성찰, 시대와 공간을 넘어서는 생명력을 지닌 것을 그 특성으로 한다. 소비의 측면에서도 고급문화에 대한 지식의 습득이 전제되어야 하며 향유계층도 소수의 문화 엘리트 집단이라고 할 수 있다.

실제로 19세기 소설로 대변되는 대중문화가 등장하기 이전의 문화는 궁정과 귀족 및 지식인 계층에 의해 관리되고 향유되었다. 대중문화의 기원을 어떻게 볼 것인가에 대한 논자들의 관점에 차이는 있지만, 본격적인 의미의 대중문화 출현은 자본주의적 생산체계가 등장한 이후 대중의 출현과 같이 형성되었다고 할 수 있다. 대중문화는 기본적으로 상품성을 지향하며 형식과 내용의 측면에서 대중적 소재와 쉽게 이해 가능한 구성, 오락성과 유흥을 추구하며 문화의 생산자보다는 수용자의 관점에서 생산 – 유통 – 소비된다.

클래식, 팝아트와 대별되는 순수회화, 예술연극, 예술영화, 순수문학 장르를 흔히 고급문화의 범주로 여기며 뮤지컬, 대중음악, 상업영화, 코미디, 대중소설 등을 대중문화의 범주로 여긴다. 그런데 과연 고급문화와 대중문화의 상

7 문화, 순응과 저항의 코드　173

징적 경계가 존재하는가? 문화의 생산과 유통방식의 변화, 미디어의 발달, 대중의 교육수준 상승, 고급문화 향유계층의 증가, 고급문화와 대중문화 간의 상호차용과 접목현상 등으로 인해 상징적 경계는 점차 약화되었다. 클래식의 경우 적어도 독립적인 자유음악인으로 활동하기 시작한 베토벤 시대 이전의 하이든, 모차르트를 위시한 음악가들의 작곡활동은 곧 생계를 위한 수단이었다. 모차르트나 하이든의 작곡 중에는 전래동요나 전통춤곡을 수용한 사례들도 많이 있다. 셰익스피어의 작품도 당대에는 대중적인 장르였다. 초기에 대중문화로 인식된 재즈의 경우나 B급 영화로 분류되었던 '누아르 필름' 역시 오늘날에는 예술의 장르로 고급문화의 범주에 포함되고 있다.

고급문화와 대중문화의 상징적 경계와 관련해 고급문화의 대중적 확산과 대중문화의 고급화 경향을 지적해야 한다. 가령 사이먼 래틀이 베를린 필하모니 음악감독 겸 지휘자가 된 이후에 베를린 필하모니는 대중을 위한 각종 음악회와 워크숍 및 청소년을 위한 각종 음악회를 개최하고 있다. 한국에서도 정명훈의 서울시향이나 지방의 교향악단마다 클래식 음악의 대중화를 위해 '찾아가는 음악회', '해설이 있는 음악회', '브런치 콘서트' 등을 개최하고 있다. 파바로티, 호세 카레라스, 플래시도 도밍고에 의한 예술가곡의 대중화, 클래식과 록음악 연주자들의 협연, 기돈 크레머, 요요마 등의 작업뿐만 아니라 우리나라에서도 클래식의 대중화를 위한 많은 연주그룹이 등장하고 있다. 팝페라 역시 그러한 차원에서 이해할 수 있다. 대중문화의 고급화 양상은 단순히 대중음악에 클래식 음악을 '샘플링'(sampling)하는 것을 넘어서고 있다. 미디어 내에서 찾아보면 '열린 음악회', '수요 예술무대', '스페이스 공감' 같은 음악예술 프로그램은 대중 음악예술의 대중성과 고급성을 결합하려는 시도라고 평가할 수 있다.

19세기 유럽에서 왕족과 귀족의 궁정문화와 일반시민 및 도시상공업자들에 의해 형성된 새로운 문화와의 경계설정을 위해 사용했던 두 개념을 오늘날 문화의 '질적 평가'의 기준으로 삼는 데는 한계가 있다. 예술의 상업화와 수용자 중심의 예술창작 문화는 고급문화와 대중문화의 상징적 경계를 더욱더 약화시킨다.

그럼에도 문화의 고급성에 대한 인지도 측정에 관한 경험연구들은 우리 인식의 스키마에 고급예술과 대중문화, 대중문화 내에서의 고급성의 위계의식이 자리 잡고 있다는 사실을 확인시켜준다. 음악의 영역에 한정해 살펴보면 많은 경험연구들에서 한국인이 가장 고급스러운 음악이라고 생각하는 장르는 클래식이고 그다음이 재즈이다. 고급성이 가장 낮은 음악 장르로 트로트를 꼽는다.

연구자들의 차이에도 연구결과의 차이는 존재하지 않는다는 사실이 의미하는 것은 무엇인가? 단지 상대적 희소성과 전문적인 지식의 소유 여부가 고급성 인식의 척도인가? 고급문화와 대중문화의 가치평가와 상징적 경계를 거부하는 문화연구자들은 취향문화론을 주장한다. 문화는 가치서열의 범주화 대상이 아니라 취향의 문제라는 것이다. 여러분의 생각은 어떠한가? 이제 우리 삶의 공기와 같은 대중문화의 두 얼굴을 살펴보자.

대중문화, 순응 vs 저항의 코드

● ● ● ●

다음 사례에서 K의 친구들이 대중문화를 어떻게 이해하고 소
비하는가를 살펴보자.

1

> 내성적인 성격의 고등학생 K는 친구가 별로 없다. 학교, 학원 이외에는 항상 혼자
> 지낸다. 혼자 지내면서 그는 주로 클래식 음악방송을 듣는다. 중학교 때는 다른 아
> 이들처럼 아이돌 그룹의 음악을 많이 들었지만, 오래가지는 못했다. K는 클래식
> 음악을 듣기 시작하면서 자신의 성격에 맞고 편안하다는 느낌을 많이 받았다. TV
> 도 거의 보지 않는다. 혼자 지내는 시간이 많다 보니 엄마, 아빠하고 대화의 소재
> 도 별로 없고 친구들하고도 자연스럽게 멀어졌다. 학교 가서 매일같이 연예인 얘
> 기를 하고 사는 아이들의 얘기를 듣노라면 '저 애들은 연예인이 없으면 어떻게 살
> 지?' 하는 생각이 들고, 때론 한심하다고 생각할 때도 있다. 어떤 아이는 브로마이
> 드 수집이 취미, 어떤 아이는 연예인이 한 주얼리 수집이 취미. K는 학교에서 자신
> 의 취미를 노출하지 않는다. 같은 반 아이들의 반응이 예상되기 때문이다.

K의 친구들은 '대중문화의 아이들'이다. 좀 더 정확히 표현하면 '대중 문
화산업의 아이들'이다. 이유는 무엇인가? 전통적으로 대중문화의 사회적 기능

▲ 앤디 워홀, 〈마릴린 먼로〉
1967년 / 실크스크린 / 각각 91×91cm / 앤디워홀 갤러리 소장

과 관련된 핵심 쟁점은 대중문화의 이데올로기적 기능과 체제 저항적 기능이다. 이데올로기적 기능이란 대중문화의 생산물에는 기존 체제의 정당성과 유지를 위한 논리가 생산 방식과 작품 내용, 연출에 암호화된 채로 은밀하게 들어가 대중문화 소비자들에게 영향을 미친다는 것이다. 대중문화란 말을 의식적으로 거부하고 그것을 대체하는 개념으로 '문화산업' 개념을 제안한 호르크하이머와 아도르노의 대중문화 비판을 들어보자.

대중문화의 이데올로기적 기능은 대중의 욕구를 생산하고, 조종하고, 훈련하며 복제 · 고착 · 강화함으로써 획일화된 욕구, 기호, 소비패턴, 사고, 문화를 만들어낸다. 이러한 방식을 통해 대중문화는 기존 사회와 기존 지배 체제의 재생산에 기여한다. 방송오락물의 '은밀함'은 범죄의 자명성과 같은 방식이 아니라 '행위들의 내면적 구성' 방식으로 시청자의 의식에 들어온다. 대중문화의 각 장르는 '사이비 리얼리즘', '사이비 희망'을 생산하며 내용의 구성을 통해 기존 사회의 규범과 가치에 편입시킨다.

대중문화의 메시지는 '기존 사회규범과 가치'를 충실히 따르면 성공신화의 주인공이 될 수 있으나, 저항하는 경우 불행한 삶을 살게 될 가능성이 많다는 것을 코드화한다. 대중문화가 추구하는 오락성은 사회비판 의식을 마비시키며 "즐거움에 취하라"고 말을 건다. 대중문화는 인위적으로 스타를 만들어내고 '모방충동'과 '반응 모델'을 조작해낸다. 또한 스타와의 사이비 동일성을 조장해 팬들의 정서에 커다란 영향을 미친다. G의 사례를 보자.

2

G는 슈퍼주니어 팬이다. G는 슈퍼주니어가 진행하는 라디오 프로그램을 매일 내려 받아 듣는다. 거기에 나오는 사연을 듣고 즐거움과 안타까움을 느끼며 왠지 그 방송을 듣지 않으면 뭔가 해야 할 일을 하지 않은 듯한 느낌이다. 지하철에서나 쉬는 시간에도 방송으로 슈퍼주니어를 만나는 것에 행복감을 느낀다. 당연히 G는 슈퍼주니어 공연이라면 어디든 간다. 전국 어디든 그들의 공연장을 찾아 나선다. 소위 공연 투어여행을 통해 다른 지방을 여행하는 재미도 쏠쏠하다. G가 아르바이트 하는 이유도 공연티켓과 투어여행 경비를 벌기 위한 것이며 다른 이유는 없다. 슈퍼주니어에 대한 악성댓글을 볼 때 G는 매우 화가 나지만, 요즈음은 그런 악성댓글을 놀려주는 재미를 알게 되었다.

대중문화는 사이비 행복감, 대리만족을 제공하고 끊임없이 새로운 것을 보여줌으로써 소비자에게 빈틈을 제공하지 않는다. 사회에 대한 '다른 생각, 다른 가능성'을 생각하지 못하게 한다. 결국 대중문화는 의식적이든 무의식적이든 체제에 '순응하는 인간', '체제에 만족하고 안주하는 인간'을 만드는 기능을 수행한다. 이러한 대중을 기만하는 대중문화의 이데올로기적 기능을 호르크하이머와 아도르노는 '지배의 도구'라고 표현한다.

그런데 과연 대중문화는 호르크하이머나 아도르노가 지적한 바와 같은 사회 · 정치적 기능만을 수행하는가? 체제 저항적인 성격은 전혀 없는가? 우리는 대중문화의 어디에서 저항성을 찾아낼 수 있는가? 대중음악 장르에서 사회비판과 체제 저항적 성격은 포크와 록, 펑크 음악 등에서 쉽게 찾을 수 있다. 1960년대 서구의 포크 음악은 현실비판과 반전(反戰)이라는 저항적 성격을 유감없이 발휘했다. 서구에서 펑크나 포크 음악, 헤비메탈은 1960년대 중반 이후 1970년대 젊은이의 시각으로 불확실함과 부정적인 사회현실에 대한 비판적인 내용을 표현했다. 특히 이 시기에 '기타를 든 철학자'로 알려진 밥 딜런은 〈Blowin in the wind〉라는 노래를 통해 사람들에게 '저항의 화신'으로 받아들여졌다. 한국의 포크 계에서는 〈아침 이슬〉을 부른 김민기가 포크 음악을 통해 저항정신을 보여주었다. 한국 대중음악의 역사를 다시 썼다는 서태지와 아이들의 음악에서도 제한적이지만 저항과 사회 비판적인 측면을 찾아낼 수 있다. 그들의 노래 〈교실 이데아〉의 가사 일부를 보자.

> 매일 아침 7시 30분까지 우리를 조그만 교실로 몰아넣고
> 전국 900만 아이들의 머릿속에 모두 똑같은 것만 집어넣고 있어!
> 막힌 꽉 막힌 사방이 막힌 널 그리곤 덥석 모두를 먹어 삼킨
> 이젠 지겨운 교실에서 내 젊음을 보내기는 너무 아까워……
> 좀 더 비싼 너로 만들어주겠어 네 옆에 앉아 있는 그 애보다 더!
> 하나씩 머리를 밟고 올라서도록 해 좀 더 잘난 네가 될 수가 있어!

〈교실 이데아〉는 당시의 교육 현실을 비판적으로 그려내고 있으며, 이러한 비판적 현실 읽기로서 그들은 대중음악의 저항적 성격을 유감없이 보여주었다. 1990년대 사회비판과 저항정신을 보여주는 대표적인 펑크(punk) 그룹으로 크라잉넛과 노브레인 등을 들 수 있다. 이들의 노래는 서태지와 아이들

보다 더 직접적이며 현실고발의 정신에 충실하다. 또한 서태지의 음악보다 더 많은 노래에서 자신들의 사회비판 의식을 표현하고 있다.

〈묘비명〉
꺼져라 껍데기! 집어 쳐라 거짓말! 남아 있는 나의 묘비명아.
나를 한 번 더 일으켜줘.
우리들의 무덤엔 풀 한 포기 없겠지만, 걱정 따윈 필요 없지 상관치 않아.
나의 피는 묻혀서 흙으로 가지만, 나의 뼈를 추려서 다시 일어날 거야.
모든 모진 비바람에 나의 생은 떠나갔지만 사라지지 않는 나의 진실만은 남아 있지.
쓰레기 같은 대상으로 나를 파악하려 하지만,
이제 한 번 최악의 더러운 걸 보여줄게.
꺼져라 껍데기! 집어 쳐라 거짓말!
남아 있는 나의 묘비명아 나를 한 번 더 일으켜줘.
쓰러져도 다시 일어나리. 죽어서도 다시 부활하지.
좀비 같은 나의 인생에 다시 한 번 건배를~

〈청년 폭도 맹진가〉
일곱 번째 나팔소리가 천지에 진동할 제
조심스레 갈고 갈아온 이 칼을 뽑아드노라.
저주받은 자의 애달픈 혁명이로다.
광풍 속으로 달려들 제 비명 속에 나뒹구는
저 원수의 주검을 보리라.
성난 얼굴로 돌아보라 피를 흘리게 하라.
펄펄 끓는 젊은 피가 거꾸로 솟을 적에
추리게 날이 선 칼끝에는 검광이 빛난다.
그 얼마나 기다려 왔던가 세상을 뒤집어엎을 날을
그날 밤은 바로 오늘 밤 영광 아니면 죽음뿐이다.

아 그날이 언제이더냐 이를 갈며 기다린 날이
아 드디어 때는 왔노라 이 검을 휘두를 날이
우리의 앞길을 가로막을 자 그 누구라더냐.
저 철옹성을 처부수고 더 힘차게 맹진하노라.
짓밟힌 자들의 처절한 복수이로다.
주먹 불끈 쥐고 일어설 제
화염 속에 불타오르는 저 철옹성의 끝을 보리라.
아 우리는 자랑스러운 대한국의 청년 폭도
힘차게 맹진하며 골로 가는 청춘이다.
성난 얼굴로 돌아보라 피를 흘리게 하라.
성난 이빨을 드러내어라 피를 흘리게 하라.

대중음악의 저항적 성격과 관련해 우리는 '대중음악 창작자와 연주자들이 실제로 어느 정도 사회비판의 진정성을 가지고 있는가?' 하는 질문을 던질 수 있다. 밥 딜런과 서태지의 음악창작 동기와 관련된 인터뷰들은 그들이 생각했던 것보다 대중에 의해 자신의 창작물들이 저항의 노래로 격상되고 신화화되었다는 사실을 알게 해준다. 그런데 이러한 현상은 대중문화 소비자들이 대중음악을 통해서 사회현실의 모순과 문제를 표현해주기를 원하고 있다는 점을 역설적으로 보여주는 사례이기도 하다. 대중문화가 순응의 기제가 될 수 있고 저항과 해방의 기제가 될 수 있다는 것은 분명하다. 문제는 대중문화의 대부분이 두 계기성을 찾아보기란 쉽지 않다는 점이다. 이제 대중문화가 세계화 시대에 어떻게 변형되어 영향을 미치는지에 대하여 살펴보자.

6 대중문화의 획일화 vs 문화의 다양성

●●●

호르크하이머와 아도르노는《계몽의 변증법》에서 "오늘날 문화는 모든 것을 동질화시킨다"고 말했다. 아도르노의 관점에서 보면, 문화산업에 의해 야기되는 동질화는 영화나 라디오, 잡지 등 개별 문화영역과 그들이 만들어내는 문화 상품뿐만 아니라 전체 문화영역에서 획일화된 체계를 만들어낸다. 호르크하이머와 아도르노의 당대보다 비교할 수 없을 만큼 세계화가 폭넓게 진행된 오늘날, 그들이 문제를 제기했던 세계적 차원의 문화 획일화 양상은 어떻게 나타나고 있는가? 다음 사례 H를 보자.

H는 아침에 일어나 케냐산 원두커피를 마시고 피에르 가르댕 속옷에 리바이스 청바지를 입는다. 점퍼는 노스페이스를 걸친다. 핸드크림은 노르웨이산 제품을 바르고 선크림은 미국에서 수입한 것을 바른다. 지하철을 타서는 습관적으로 '미드'를 본다. 주말에는 가끔 이탈리아 식당에 가거나 프랑스산 와인을 먹기도 한다. 고기가 먹고 싶을 때는 '고기뷔페'에 가기도 한다. 원하지 않게 호주산, 미국산, 칠레산, 스페인산 소고기나 돼지고기로 배를 채운다.

H의 문화소비 생활은 어떠한가? 문화의 다양성과 문화 획일화 양상이 동

시에 공존하는가? 호르크하이머나 아도르노의 관점에서는 획일화 양상이 더 크게 보일 것이다. 문화 획일화와 관련하여 세계화 반대론자들은 문화 획일화는 미국문화의 획일화로 나타난다고 주장한다. 문화의 세계화는 실제로 미국적 단일문화의 확산과 그로 인한 문화적 다양성의 상실이라는 것이다. 《세계화의 덫》의 저자 마틴(Martin)과 슈만(Schumann)은 문화적 세계화의 과정은 문화적으로 단음이 된 하나의 미국 목소리를 낼 것이라고 주장한다. 미국문화 유입에 의한 문화의 획일화는 디즈니화(Disneyfication), 맥도널드화(McDonalisierung), 코카콜라 식민지화(Coca Colonization)로 표제화된다. 세계화의 비판가 바버(Barber)는 문화의 미래상을 다음과 같이 예측한다.

> 미래(의 문화)는 통합과 협력을 요구하는 거대한 경제적 · 기술적 · 생태 환경적 세력들의 사업으로 채색될 것이다. 모든 민족은 MTV의 빠른 음악, 매킨토시의 빠른 컴퓨터, 맥도널드의 속성음식에 빠져들 것이며, 각 나라는 커뮤니케이션, 정보 오락, 경제를 하나로 묶는 유일한 유흥공원인 맥도널드 세계(Mcworld)에 내몰릴 것이다.

가장 손쉬운 사례로 음악의 경우를 보자. 미국의 음악채널인 MTV는 나이지리아, 인도네시아, 브라질, 체코 등 전 세계에서 걸쳐 있으며 20억 인구 이상이 매일 미국음악 콘텐츠에 접속하고 있다. 영화의 경우를 보자. 전 세계의 스크린에 제공되는 총 상영 영화의 85%대를 할리우드 영화가 점유하고 있으며, 전 세계 전체 스크린의 50% 이상을 미국계 영화 배급회사가 소유하고 있다. 할리우드 영화는 미국적 가치의 확산을 위한 전위 역할을 톡톡히 하고 있는 셈이다. 대중음악과 대중영화 부분에서 미국 문화상품이 전 세계에서 동일하게 소비되지 않는가? 단순히 소비재가 아니라 미국적 가치와 상징을 소비하면서 수용하는 것이다. 이것이 문화 획일화 비판론자들의 핵심주장이다.

문화 획일화 반대론자들은 표피적인 소비가 곧 문화 획일화는 아니라고 주장한다. 독일의 사회학자 뮌치(Munch)는 미국 대중문화의 유입에도 독일 문화를 다루는 공연물, 공연물 관객 수, 대중문화 단체의 회원 수가 지속적으로 늘고 있다고 반론을 제기한다. 또 반대론자들은 그것이 표피적인 획일화로서 미국 대중문화의 소비가 역사적으로 형성된 특정 문화공동체의 정체성을 근본적으로 훼손할 만큼 위험요소가 될 수 없으며 문화 획일화의 주장은 과장된 것이라고 비판한다. 실제로 문화수용 연구자들은 같은 미국 방송이 국가나 문화공동체에 따라 전혀 다르게 이해되고 수용된다는 것을 경험연구를 통해서 보여주었다. 이런 맥락에서 톰린슨(Tomlinson)은 미국 대중문화가 세계시장에서 소비된다고 해서 세계가 하나의 미국 문화가 되었다는 증거를 아직 찾을 수 없다고 주장한다. 또 어떤 논자들은 미국 대중문화가 특정 국가의 문화와 혼성화되면서 긍정적인 문화자원으로 승화되고 활용되는 경우도 얼마든지 있다고 주장한다. 이들은 특정한 문화는 고정적이지 않고 접촉과 변이를 통해 끊임없이 생성된다는 점을 인식해야 한다고 주장한다. 문화 획일화 vs 문화 다양성의 논쟁은 아직 끝나지 않았다. 문화의 속성상 장기 연구가 불가피하기 때문이다. 우리는 두 입장 중 어떤 입장에 공감할 수 있는가? 아니면 제3의 시각이 가능한가?

7 순응과 저항의 코드를 넘어서 문화적 취향으로

● ● ●

고급문화이든 대중문화이든 문화의 두 가지 객관적 기능은 '순응'과 '저항'이라고 요약할 수 있다. 그런데 이러한 문화의 사회적 기능을 넘어서 주관적 관점에서 '나를 어떻게 문화화할 것인가?', '나의 문화자본을 어떻게 확충할 것인가?', '문화를 통해서 나의 삶을 어떻게 풍요롭게 만들 것인가?', '나의 문화 취향(taste culture)을 어떻게 개발할 것인가?'와 같은 질문을 던져야 할 것이다. 특히 사적 영역에서 삶의 만족감을 증대시키는 데 마지막 질문은 매우 중요하다고 할 수 있다. 현재 나의 문화적 취향은 어떠한가? 나는 어떤 문화를 선호하고 어떤 장르의 문화영역에 매력을 느끼는가? 나는 어떤 문화 활동에서 가장 큰 기쁨을 맛보는가? 이러한 질문에 대한 대답은 자신의 문화적 감수성을 이해하고 문화적 인간이 되는 첫걸음이 될 것이다. 위의 질문에 대답했다면 '나의 문화적 취향은 어디에서 오는가'에 대한 답변을 해보자.

많은 경우에 사람들은 자신의 문화적 취향은 자신의 성격이나 유전적 요인에 기인한다고 생각한다. 그러나 과연 그런가? 프랑스의 사회학자 부르디외(Broudieu)는 "개인의 문화적 선호나 취향은 자연적 본성에 기초한 것이 아니라 사회적 공간에서 유래한 것"이라고 주장한다. 그에 따르면 사회적 공간에서 개인의 의식과 행위, 생활방식과 취향을 결정하는 '무의식적 스키마'가 있다고 본다. 그것을 그는 '아비투스'(habitus)라고 말한다. 아비투스는 '과거의 경험을 통합함으로써 매 순간 지각, 평가, 행위의 준거로서 기능하는…… 항구적 전위 가능한 성향 체계'를 의미한다. 삶의 양식은 아비투스의 실천 결과이며 '아비투스를 통해 사람은 자신을 구별하고 타자에 의해 구별'된다. 부르디외에 따르면 취향 역시 아비투스의 실천이다. 따라서 취향을 통해 사람들은 서로 구별하고 구별 짓기를 한다고 주장한다. 취향의 문제와 관련해 특히 그가 주목하는 것은 취향과 계급의 관계이다. 취향은 단순히 개인의 특성을 보여주는 것이 아니라 계급의 차별성을 드러내는 구별의 원리라는 것이다. 취향은 상징적 재화의 일종으로 권력의 중요한 자원이다. 이러한 취향은 가정 내 문화적 상속이나 사회화 과정에서 공식·비공식 교육을 통해서 또는 동료집단에 의해 부과되는 집단적 의식의 한 종류이다. 그래서 부르디외는 "음악적 취향은 단적으로 그의 계급성을 드러내는 중요한 지표"라고까지 말한다. 취향의 차이는 음악, 연극, 연주회, 의상, 주류, 스포츠, 실내장식, 음식 등 모든 문화적 영역에서 존재한다. 그는 프랑스인을 대상으로 경험연구를 진행하면서 취향의 위계를 정통 취향, 중간 취향, 대중 취향으로 구분한다.

정통 취향은 전통적인 교양계급의 취향으로, 다시 부르주아지와 지식인 그룹으로 양분된다. 이들은 바흐의 〈피아노 평균율〉을 좋아하고 술은 샴페인을 선호하며 운동으로는 승마와 골프를 취향으로 삼는다. 중간 취향의 사람들은 초등학교 교사, 숙련기술자나 화이트칼라 집단과 사무원 집단으로 음악은 거슈윈의 〈랩소디 인 블루〉를 좋아하고 술은 위스키, 운동은 주로 테니스를 선호한다. 가장 많은 대중 취향 애호가들은 노동자와 농부로, 이들이 좋아하는 클래식은 요한 슈트라우스의 〈아름답고 푸른 도나우 강〉을 특히 좋아하고 술은 적포도주를, 스포츠 취향은 축구나 럭비와 같이 격렬한 육체적 충돌이 있는 종목이다.

부르디외의 문화 취향론을 한국 사회에 적용하면 그 문맥적 차이에도 흥미로운 결과가 도출될 것이다. 교육에 의한 계급 이동이 쉬운 사회에서는 부르디외의 문화 취향론을 적용하는 데 어려움이 있을 수 있다. 그러나 그의 입장에 동의하건 동의하지 않건 계급과 문화적 취향 사이에 아무런 관계가 없다고 할 수 없다. 돈이 많지 않은 경우에 '싸고 맛있고 양이 많은 음식'을 찾는 것이 필요 취향의 표현이라면 경제적인 여유가 있을 때 '맛보다는 멋진 인테리어나 분위기, 음식의 질'을 찾는 사치 취향을 발휘할 수도 있다. 중요한 것은 나의 문화 취향을 어떻게 개발하고 그것으로 나의 삶을 어떻게 풍요하게 만들 것인가이다. 문화 취향에서 사회적 구별 짓기의 문제보다 우선시되어야 하는 것은 취향을 통해 나 스스로 삶의 만족도를 느낄 수 있는가이다. 그것이 순응과 저항의 문화적 코드를 접하는 것보다 더 중요한 일이다.

성찰&생각 키우기

1. 한국 고급문화의 생산과 유통 및 소비과정을 조사하고 고급문화와 대중문화의 상징적 경계가 어디에 있는지 검토해보자.

2. 1990년대 이후 한국 대중문화 패러다임의 변화 양상과 특징은 무엇인가?

3. 한국 3대 연예기획사의 스타기획과 관리의 문제점은 무엇인가?

4. 문화제국주의, 문화교류의 관점, 문화 정체성의 관점에서 '한류'의 문제는 무엇인가?

5. 대중문화의 저항적 성격을 가장 잘 드러낸 대중예술가나 대중예술 작품을 각각 세개씩 선정하고 그것이 일반 대중에게 미친 영향에 대하여 생각해보라.

6. 한국의 대중문화인들이 어떻게 권력에 유착하고 권력에 의해 어떻게 활용되었는가?

7. 연예인은 걸어 다니는 중소기업이다. 연예인의 출연료, 수입이 다른 일반 노동과 비교해 적절하다고 보는가?

8. 문화 민주주의를 실현하기 위해서 추진해야 할 핵심과제 다섯 개를 선정하고 구체적 방안을 제시해보라.

9. 대중문화의 선정성, 오락성, 상업성, 청소년들에게 미치는 부정적 영향 등을 개선할 구체적인 대책이 무엇인가? 사례를 들어 설명해보라.

10. 문화는 취향의 문제이며 취향은 계급성의 반영이라고 생각하는가? 한국인의 계급·계층 취향의 지도를 작성해보고 나의 취향과 비교·분석해보라.

8

대도시, 도시적 불안과 감성의 협주

글록시니아

1 대도시 삶에 대한 두 시각

●●●●

많은 사람이 대도시로 몰린다. 일자리, 자원, 각종 의료시설과 편의시설이 대도시에 밀집되어 있기 때문이다. 특정 대도시 인구는 점차 늘어나고 있으며 국토의 도시화 비율 또한 계속 증가하고 있다. 이와 반대로 귀농인구도 매년 늘어나고 있다. 귀농이 아니더라도 대도시를 떠나 도시 인근의 전원주택에 거주하는 인구가 꾸준히 늘고 있다. 여건이 허락하면 주말농장이나 저렴한 세컨드 하우스를 농촌에 마련하려는 대도시 주민 역시 상당수이다.

두 가지의 상반된 현상이 공존하고 있는 것이다. 왜 이런 현상이 공존하는 것일까? 이것은 대도시를 바라보는 관점의 차이에서 비롯된다. 귀농하는 사람들과 전원주택 이주자 그리고 제2의 거주지를 전원에서 찾으려는 사람들은 대도시의 삶을 경험한 사람들이며 '대도시의 삶'의 방식에 만족하지 못한 사람들이다. 다음 두 사례를 보자.

📖1

"안녕하세요? 저는 귀농의 이유와 목적에 대해서 제 경험을 바탕으로 생각해보았습니다. 제가 시골생활을 하면서 만난 도시 사람들의 얘기들은 저의 생각과 크게 다르지 않았습니다. 간혹 그렇지 않은 분들도 있었지만 대부분 사람들은 사회적인 경쟁에서 오는 스트레스에서 해방되기를 갈망하고 있었습니다. 도시생활의 스트레스는 정말 심각하지요. 도시생활을 하고 있을 때는 잘 몰랐지만, 막상 시골에서 살다 보니 그런 데서 어떻게 살았을까 싶은 생각이 듭니다. 서울에서는 담배를 안 피워도 폐암에 걸리잖아요. 스트레스 때문에 머리가 빠지고 몸에 이상 신호가 오고……. 그런 것들을 무시하고 넘어갔다가 끝내는 큰 병을 얻어서 그때야 후회하고 다 포기하고 내려옵니다. 몇 년 동안 치밀하게 귀농을 준비하고 오시는 분들도 있지만 몸의 병 때문에 갑작스레 오게 된 사람도 많습니다. 저는 지금의 도시의 삶은 내 안의 '내가 진정으로 바라는 삶'이 아니라고 생각합니다. 귀농하는 분들의 환경과 모양새는 약간씩 차이가 있지만 그 중심에는 대부분 그동안 억누르며 살아온 내 안의 나를 찾고자 하는 본성의 요구에 따른 것이 아닌가 생각합니다."

2

K는 서울의 모 국책연구소 연구원이다. K는 중소도시에 있는 작은 대학의 교수로 있다가 서울에 새로운 직장을 잡았다. 이유는 간단하다. 중소도시의 삶이 개선되었다고 하지만 여전히 편의시설이 부족하고 아이들의 학원문제가 항상 따라다니기 때문이다. 서울의 집값, 지옥철, 환경오염을 생각하지 않은 것은 아니지만 그는 과감히 서울에 입성했다. 사실 K가 서울에 살기로 결심한 가장 큰 이유는 다른 데 있다. 가끔 서울 올 때마다 K는 긴장감과 함께 야릇하게 살아 있다는 느낌을 받는다. 인터넷으로 해결되지 않는 그 무엇…… 한국의 중심에 있다는 느낌, 역동적인 분위기, 역시 서울은 좀 다르구나 하는……. 그러나 다시 자기가 사는 도시로 돌아오면 긴장감 없는 평화가 느껴졌다. 이렇게 살다가는 '편안하게 도태되지 않을까' 하는 생각도 들었다. 지금 K는 중소도시가 주는 많은 장점을 다 버리고 복잡하고 살기 어려운 서울에 살고 있다.

사례 1과 2는 '그는 왜 전원으로, 그는 왜 서울로 갔는가'를 보여주고 있다. 이것은 대도시를 보는 관점의 충돌이다. 오늘날 우리는 우리가 사는 대도시를 어떻게 생각하는가? 우리가 사는 대도시의 삶의 방식을 어떻게 느끼고 있는가? 귀농한 사례자와 서울로 올라온 K의 대도시를 보는 관점은 짐멜과 벤야민의 대도시에 관한 철학적 분석과 맞닿아 있다. 1920년대 독일의 수도 베를린과 파리라는 대도시, 대도시적 삶에 대한 짐멜과 벤야민의 생각은 사례 1, 2와 유사한 경험이나 관점을 공유한다. 이 장에서는 두 철학자의 생각을 바탕으로 대도시적 삶의 서로 다른 시각에 대해 생각해보도록 하자.

2 대도시와 도시성, 도시성의 확산

앞의 사례 1, 2의 대도시에 대한 생각에는 분명한 차이가 있다. 두 인물의 생각에는 대도시와 전원의 삶의 방식을 완전히 다른 것으로 이해하는 경향이 있다. 그런데 과연 오늘날 대도시의 삶과 전원의 삶의 방식은 두 인물이 생각하는 바와 같이 현저한 질적 차이를 보여주고 있는가? 반드시 '그렇다'라고 말할 수 없다.

40대 부부인 K와 H는 대도시 생활을 접고 10년째 전원생활을 하고 있다. 농촌주택을 구입해 리모델링하였다. 농촌에 살아도 도시의 아파트에 살 때의 편의시설을 포기할 필요가 없다고 생각해서 아파트를 처분한 비용으로 아파트에 버금가는 시설을 갖춘 주택을 지었다. 생계문제를 해결하기 위해 남편 K는 조각 작업장을 만들어 작품을 팔고, 아내 H는 웨딩플래너로 주 2일만 대도시로 출근한다. 아이들은 15분 거리의 중학교와 초등학교에 다닌다. 시장은 1시간 거리의 인근 대도시로 가서 1주일 먹을거리를 사온다. 집 주변에는 20여 채의 가구가 있는데 K와 H는 마을 사람들과는 그다지 어울리지 않는다. 타지에서 온 사람이라고 마을 사람들이 친절한 것도 아니고 같이 어울려야 할 필요성을 못 느끼기 때문이다.

▲ 롤프 라플레비스키, 〈파리 풍경 A-10〉
1922년 / 석판화 / 18×12.5cm

앞의 사례에 등장하는 K와 H 부부는 거주 지역은 농촌이지만 도시적 의식을 가진 경우이다. 어떤 이가 특정한 도시나 농촌에 산다는 것과 그가 도시적 의식과 도시성(urbanism)을 담지하고 있는가는 다른 문제이다. 성곽을 기준으로 내부를 도시로, 외부를 비도시로 구분하던 봉건시대나 교통과 노동, 인구의 집중지로서 생산과 소비의 차이가 확연히 구별되던 산업화 시대의 도시와 비도시(농촌)의 잣대를 가지고 도시, 도시적 삶, 도시적 의식의 문제를 파악할 수 없다. 교통의 발달, 방송과 미디어 및 정보 커뮤니케이션의 발달은 그가 어디에 살건 '현대인'에게 도시성과 도시적 삶의 양식을 공유하게 하는 데 일조했다.

이와 같은 맥락에서 "도시는 그 직접성을 넘어서는 작용들의 총합"이며 이 총합이 도시라는 존재가 표출되는 '도시의 실제적 범위'이다. 이것은 공간 개념 자체가 '장소의 개념'에서 '의식과 생활양식의 개념' 및 '흐름의 개념'으로 변화했기 때문이다. 또한 국가나 민족을 떠나 파리, 베를린, 뉴욕, 도쿄, 런던, 서울 등 대도시의 어디에 살든 도시적 삶의 양식과 그 속에서 사는 도시인의 의식은 크게 다르지 않다. 도시성과 메트로폴리스의 삶과 의식의 유사성이 보여주는 바는 도시가 도시 속의 인간과 문화에 중대한 영향을 미치고 있다는 것을 말한다.

　뉴욕이나 파리, 서울 그리고 한국의 어느 시골 읍에도 마트가 있고 유사한 카트를 끌고 다니며 전 세계 어디서나 쓸 수 있는 신용카드로 결제한다. 서울, 부산, 대전 그리고 어느 읍과 면사무소 소재지에서도 아파트의 구조는 같다. 지역에 상관없이 아파트의 라이프스타일을 공유하는 것이다. 복합 영화상영관이 몇 개인가 하는 규모만 다를 뿐 도시와 중소도시에서도 같은 방식으로 같은 영화를 보며 같은 방식으로 영화 후기를 쓴다. 도시화의 가속화와 도시적 삶의 방식 확산이 도시적 의식을 촉진하고, 도시와 농촌의 삶의 방식의 경계를 약화시키고 있다. 차이는 집적도, 규모, 수, 인프라의 크기 등이다. 이제 대도시와 대도시의 삶에 대한 논의를 해보도록 하자. 먼저 짐멜의 대도시인들의 특성에 대한 분석을 살펴보자.

3 짐멜, 대도시의 정신적 삶

짐멜은 도시의 문제를 일상적 차원, 심리적 차원, 문화적 차원에서 분석한다. 짐멜에게 도시란 어떤 공간인가? 짐멜에게 "대도시는 화폐경제의 중심지"이다. 그가 말하는 화폐는 마르크스가 말하는 교환가치의 교환수단으로서 자본의 단위를 의미하지 않는다. 그에게 화폐는 인간의 상호작용을 매개하는 수단이다. 대도시는 화폐경제 중심지임과 동시에 "경제적 분업이 최고로 발달한 장소"이다. 자본(화폐)과 생산, 노동력의 집중지로서 대도시에서 경제적 분업이 발달하는 것은 당연하다. 그런데 경제적 분업의 결과로서 전문화가 함축하는 의미는 부정적이다. 분업화·전문화는 대도시적 삶의 본질을 "생계를 위한 자연과의 투쟁으로부터 사람을 둘러싼 투쟁으로 전환"시켰다. 대도시 공간이란 화폐와 노동 분업이 압축된 공간이며 이것에 근거해 사회적·문화적·심리적 관계망이 상호작용하는 공간이다.

짐멜은 근대적 공간으로서 대도시 경험을 시골과 소도시와의 질적 비교를 통해 설명한다. 느리고 편안하고 예측 가능한 정신적 삶을 영위하는 시골이나 소도시와 달리 대도시에 사는 개인들의 심리적 기저에는 신경과민과 불안이 자리 잡고 있다. 대도시의 끊임없는 외적·내적 자극과 이미지들의 변화, 감각적 경험, 빠른 속도의 체험, 경제적·직업적·사회적 삶의 다양한 경험들은 사람들을 불안하게 하고 신경과민으로 만든다. 또한 수많은 익명적 상호작용과 형식적이고 비인격적인 만남, 상호 무관심, 번잡함의 일상적 체험, 의미 없는

▲ 르네 마그리트, 〈향수〉
1940년 / 캔버스에 유채 / 100×81cm / 벨기에 브뤼셀 브라코트미술관 소장

이동, 소음 등과 같은 대도시의 경험이 신경과민과 불안을 가져온다.

　이와 같은 대도시 삶의 경험은 지각방식에 변화를 일으킨다. 대도시인들은 외부와 환경에 대한 '정서적 반응'이 아니라 '주지적인 반응'을 보인다. 이렇게 반응하는 이유는 무엇일까? 짐멜은 이를 화폐경제의 논리가 대도시인의 정신에 영향을 미친 결과라고 설명한다.

　화폐경제와 이성의 지배는 아주 깊이 연관되어 있다. 양자는 사람과 물건을 취급함에 순수한 객관성이라는 공통점을 지닌다. 여기서는 흔히 형식상의 정의와 몰인정한 엄격성이 짝을 이룬다. 순수하게 이성적인 사람은 개별적인 모든 것에 대해 냉담하다. …… 이는 화폐 원칙에 현상의 개별성이 자리 잡지 못하는 것과 같다. 왜냐하면 화폐는 …… 평준화시키는 교환가치만을 문제 삼기 때문이다. 사람들 사이의 정서적 관계는 모두 그들의 개체성에 기초하는 반면, 이성적 관계는 사람들을 마치 숫자를 대하는 것처럼, 즉 객관적으로 평가 가능한 업적에 대해서만 관심을 둔다. …… 대도시인이 배달원이나 고객, 심부름꾼 혹은 의무적 인간관계의 범위에 속하는 사람들을 대하는 태도가 여기에 해당한다.

화폐경제가 지배하는 대도시의 생산방식 자체가 '계산하는 정신'을 강화한다. 추상적 교환이 작동하는 화폐경제 체계는 대도시인의 삶에 직접적인 영향을 미친다. 화폐가 가지고 있는 계산이라는 본질은 대도시인들로 하여금 그들의 삶을 "정확성과 확실성, 약속과 협정의 명확성"에 의해 영위되도록 한다.

대도시의 삶이 팽창하고 복잡해짐에 따라 필연적으로 요구되는 정확성, 계산 가능성, 치밀성은 대도시 화폐경제의 주지적 성격과 밀접한 연관을 맺고 있을 뿐만 아니라 삶의 내용에도 일정한 색채를 부여한다.

화폐경제의 원칙을 체화하는 것은 대도시적 삶의 조건이며 이것을 내면화하지 못한 대도시인들은 대도시적 삶의 질서에 수용될 수 없다.

짐멜은 삶의 질서가 화폐경제로 편입되는 과정에서 "개인적 색채들이나 비교 불가능한 특성들을 몰아내는 비인격적 내용물과 제공물"로 채움으로써 개인의 인격을 심각하게 위축시킨다. 이러한 인격과 삶의 위축으로부터 자기를 보호하기 위해 대도시인들은 자기 방어기제를 발전시킨다. 자기 방어를 위한 첫 번째 방식은 둔감해지는 것이다. 둔감함은 사회적 상호작용에서 발견되는 다양한 종류의 차이뿐만 아니라 대도시인들이 인지하고 사용하는 사물 간의 차이에 민감하게 반응하지 않는 것을 말한다. 둔감함은 대도시적 삶의 우울한 단면이다. 둔감함의 태도는 차이를 평준화하고 객관적 가치마저도 회의하게 하며 자기 인격을 비하하는 태도로도 나타난다. 결국 둔감함의 태도는 부정적인 의미의 자기유지 방식이다.

S의 아버지는 직장에서 '서 부장'이나 '부장님'으로 불린다. 집에서는 'S 아빠'나 '당신'으로 불리고, 한둘 알고 지내는 같은 동 아파트 주민한테는 '805호 아저씨'로 불린다. 그가 가끔 들르는 음악 사이트의 닉네임은 '아펠바움'이다. S의 아버지 역시 다른 사람들을 자신과 유사한 방식으로 부르며 그런 것을 편하게 느낀다. 자신의 이름을 직접 말할 때는 낯선 사람에게 자신을 소개할 때뿐인 것 같다. 그는 외부의 변화나 자극에 민감하게 반응하고 대응하는 데 에너지를 쓰고 싶어 하지 않는다. 동네 아파트 입구에서 싸움이 났는데도 S의 아버지는 '그냥 그런가 보다' 하고 지나친다. S의 아버지는 그저 '별로 신경 쓰고 싶지 않다'는 생각뿐이다. S의 아버지에게 특별한 일이란 존재하지 않는 것 같다.

사회적 관계라는 관점에서 대도시인들의 특성은 '속내 감추기'이다. 속내 감추기는 대도시인들의 독특한 심리적 상황에 기인한다. 대도시의 인간관계는 인간적·정서적 유대관계가 해체되고 추상적이고 형식적·익명적·일회적인 사회적 접촉에 그치는 경우가 대부분이다. 따라서 대도시적 삶에서 속내 감추기는 불가피하다. 그런데 이와 같은 속내에는 "우리가 의식하는 것보다 좀 더 은밀한 반감과 상호 적대감이 깊숙이 자리하고 있다." 상호 반감은 '거리를 두면서 (서로) 회피하는 태도'로 나타나며 반감을 숨기고 속을 보여주지 않는 태도야말로 대도시인으로 살아가기 위해 불가피한 '정신적 삶의 형식'이다.

대도시인들은 왜 속내를 감추는가? 명동이나 강남역 사거리에서 스쳐 지나가는 사람들, 여행지의 전망대에서 잠시 만난 사람들, 같은 지하철을 타고 있는 사람들……. 이 사람들의 만남은 일회적이며 같은 공간을 잠시 점유하는 관계이다. 정서적 접촉의 필요성과 깊은 대화를 요구하지 않는 일회적 만남에서 '자신의 이야기'를 할 도시인은 없다. 속내를 꺼낼 만남의 성격이 아니다. 한편 '속내 감추기'의 심리에는 방어기제가 작동한다. 수많은 군중 속에서 사는 도시인은 단순히 '고독함'과 '정신적 거리감'만을 느끼는 것이 아니라 '막연한 경쟁자 의식'을 가진다. 무한 경쟁이 넘쳐나는 대도시 한복판에서 만나는 수많은 사람은 언제 어디서 만나게 될지 모를 잠재적 경쟁자들이라는 의식이 스며들어 있다. 주차장 찾기에서부터 꽉 막힌 도로나 지하철과 버스에서 줄을 서면서 만나는 도시적 생존의 잠재적 경쟁자들의 마주침은 짐멜이 말하는 은밀한 반발심으로 나타난다.

📖 2

H는 신입사원이고, 직속상관은 O 대리이다. 사무실을 다른 몇몇 부서와 함께 쓰기 때문에 가끔 이런저런 '사실'과 '설'이 식사시간에 오가곤 한다. "S와 G가 사내연애를 한다더라.", "김 부장님과 J가 친인척이라더라.", "L이 오늘도 지각했다더라.", "곧 인사평가가 있다더라." 등 무성한 얘기들이 오간다. 그런데 H는 처음에 이런 얘기를 듣고 자신의 생각을 O에게 말했다가 충고를 들었다. 감정이 섞인 말이나 평가적인 발언을 하면 절대 안 된다는 얘기였다. 가능하면 덕담을 하고, '~라고 하더라'라는 형식으로 자기 말이 아닌 남의 말인 것처럼 하는 것이 좋다는 것이다. H는 '자신의 속을 솔직히 드러내는 것'을 인간적인 것으로 생각했는데, 그것은 적을 만들거나 오해를 불러오는 첩경이라는 것을 깨달았다. 웃고 칭찬하는 것이 상대방에게도 좋고 자신에게도 좋다는 사실을 H는 몇 개월의 직장생활에서 깨달았다. H는 자신이 점점 속없는 사람, 중립적인 사람이 되어가는 것 같았다.

짐멜은 대도시인들의 독특한 행동양식으로 유별남, 변덕, 멋 부리기, 과장된 행동을 제시한다. 이와 같은 행동특성은 짧게 스쳐 지나가는 만남의 연속 속에서 자신의 개성에 무관심한 타인에게 각인시키려는 행동에서 발생한다.

그렇다면 대도시적 삶은 어두운 측면만 있는 것인가? 그렇지 않다. 대도시의 출현은 문화발전의 한 축인 객관정신의 발전을 가져왔다. 짐멜은 객관정신의 형식으로 생산기술, 법률, 과학, 예술을 열거한다. 객관정신의 형식은 문명의 이기와 함께 생활의 편리함을 제공한다. 심리·문화적 측면에서 대도시는 '자유의 본거지'이다. 대도시가 왜 자유의 본거지인가? 그 이유는 대도시의 인격적·정신적 관계 및 경제적 관계, 사회문화적 관계가 물리적 공간성과 지역성을 뛰어넘어 보편적인 정신적 삶의 태도로 자리 잡고 있기 때문이다.

📖 3

게이인 바그너는 바이에른 주에서도 인구 5만의 작은 도시에서 살았다. 늘 여유 있고 편안한 도시지만 너무 독일적이다. 그 도시에 외국 음식점이라고는 중국 음식점과 터키 음식점뿐이고, 영화관은 단 2개뿐이다. 클럽은 하나 있었는데 지금은 문을 닫았다. 영화관에서는 유치원 동창부터 시작해서 학창 시절 동창들을 쉽게 만날 수 있다. 그는 대도시인 베를린으로 이사하기로 했다. 사실 그가 베를린으로 이사하기로 한 것은 단순히 문화적 욕구를 해결하기 위한 것이 아니다. 바그너는 베를린에 게이 촌이 있다는 것을 알게 되었다. 작은 도시에서 친구를 찾기도 쉽지 않고 같이 시간을 보내는 것도 불편하기 때문에 그는 베를린으로 이사하기로 한 것이다. 인터넷에서 집을 찾고 계약을 하기 위해 베를린에 갔을 때 그가 집 주위에서 본 것은 수많은 다양한 국적의 레스토랑과 카페였다. 그리스, 멕시코, 이탈리아, 스페인, 프랑스, 아일랜드, 한국, 영국인들이 운영하는 카페와 레스토랑들……. 집 근처에는 많은 중고 서점과 중고 고가구점들이 있고, 여기저기서 거리의 악사들이 자유로이 연주하고 있다. 바그너는 바이에른의 푸른 목장과는 다른 형태의 자유를 느끼며 새로운 친구를 만날 것이라는 설렘으로 가득 찬 채 베를린 거리를 한참 동안 걸었다.

4 벤야민의 대도시 사유

● ● ●

벤야민은 독일제국이 성립되고 번창하던 시기에 수도 베를린
의 부유한 유태계 자식으로 태어났다. 벤야민은 후에 《베를린 연대
기》에서 부유한 상류계층의 도시적 삶의 방식을 경탄과 혐오라는 이중적 시선
을 가지고 회상한다. 벤야민 자신은 그의 일생에서 도시적 삶의 바깥을 경험
한 적이 없는 인물이다. 벤야민의 도시에 관한 첫 번째 에세이는 1924년 가을
나폴리 여행의 풍경을 담은 〈사유 이미지〉이다.

그 후 그는 여행하거나 체류한 도시인 모스크바, 바이마르, 마르세유, 파
리의 도시풍경과 도시경험에 관해 빠짐없이 에세이를 작성했다. 그의 유작인
《아케이드 프로젝트》는 도시, 도시생활, 도시풍경, 도시경험에 대한 수많은 사
유의 흔적을 남기고 있다. 벤야민의 도시에 대한 성찰의 특징은 대도시의 수
많은 모습 중에서도 작은 것에 대한 시선이다. 베를린과 파리의 거리, 건축물,
공간, 광고, 장신구, 패션, 상품점, 아크 등, 댄디, 산책하는 사람, 매춘부, 넝마
주이와 같은 도시풍경을 현상학적으로 스케치한다.

벤야민에게 대도시는 상품숭배의 공간이다. 《아케이드 프로젝트》를 관통
하는 주된 관심은 매혹적인 신화적 장소이자 상품숭배 장소로서의 대도시이
다. 대도시가 왜 신화적 장소인가? 건축물, 아케이드에서 판매되는 상품, 인간
의 창조물로 가득한 마술적 세계인 대도시는 이전에 없었던 것을 만든다는 이
유에서 현대의 새로운 신화가 탄생하는 장소이다.

수많은 대도시 중에서도 벤야민이 새로운 신화적 장소로 지목하는 곳은 '파리'이다. 벤야민에게 파리는 '사치와 유행의 수도'이고 자본주의 문화의 환등상을 보여주는 세계의 축소판이다. 그와 동시에 "19세기에 물려받은 새로운 생활 형태나 경제와 기술에 기반을 둔 새로운 창조물이 어떻게 환등상의 우주 속으로 들어가는지를 보여주는 19세기 수도"이다. 벤야민에게 19세기는 인간의 욕망이 자유롭게 실현되는 달콤한 꿈을 꾸는 시간이고, 그러한 꿈을 꾸게 하는 장소가 가장 매혹적인 환등상의 도시로 상징되는 파리이다. 파리는 꿈으로 가득한 세계이고, 꿈으로 대변되는 욕망이 분출되고 실현되는 유토피아적 전망을 가능하게 하는 장소이다.

그렇다면 사치와 유행, 상품숭배의 성전인 아케이드는 무엇인가? 아케이드는 유리지붕 아래 연결된 회랑식 상품판매용 건축물을 말한다. 벤야민은 아케이드를 "하나의 도시, 아니 축소된 하나의 세계"로 이해한다. '사치품 거래의 중심지'이자 '상품 자본의 궁전'인 아케이드는 직물 산업의 발달에 따른 전시와 판매 공간의 필요성 및 유리와 철골 건축술의 발전이 가져온 건축물이다. 유리와 철로 만들어진 최첨단 건물인 아케이드에서 가스등은 매혹적인 아름다움을 뽐내고 상품은 유리 상자 속에 전시되어 번쩍이며 누구나 소유하길 꿈꾸지만 함부로 가질 수 없는 자태를 드러낸다. 아케이드는 상품을 제왕으로 만들고 자본주의 문화, 상품 물신의 환등상을 만들어가는 공간이다.

아케이드를 장식하기 위해 예술이 상인들에게 봉사하기 시작했다. 당시 사람들은 지치지 않고 아케이드를 찬미했다. 이후에도 오랫동안 아케이드는 여행객들에게 중심으로 남아 있다.

벤야민에게 아케이드는 소비 자본주의 풍경 자체이며, 상품의 환등상에 허우적대는 일반적 도시인의 표상인 산책하는 사람의 편안한 거실이기도 하다. 환등상의 체험이란 번쩍거리는 상품으로 둘러싼 체험이며 상품 그 자체가 하나의 환등상이 된다. 벤야민에게 아케이드와 만국박람회, 수집상, 사진관, 주유소, 오락장과 같은 일상적 도시공간과 현란한 광고와 같은 도시의 매혹적인 이미지 자체가 하나같이 환등상의 체험이다.

그런데 오늘날 이러한 환등상의 체험이 가능한가? 대중 소비시대, 누구나 명품을 갖고 싶어 하고 실제로 한두 개의 명품을 지니고 다니는 사회, 각종 체험 산업과 게임 산업을 대중적으로 누리는 시대에 벤야민식 도시적 환등상의 체험은 불가능하다. 그러나 과거의 한국사회를 되돌아보면 환등상의 체험을 한 세대들이 있었다. 소위 '무작정 상경시대'에 농촌과 섬마을 출신들이 서울에 도착해 받은 문화적 충격은 다름 아닌 환등상의 체험이다.

산업화와 도시화가 가속화되면서 농민층의 분해라는 사회현상이 발생하고 농사를 짓던 사람들은 일자리를 찾아서, 학업을 위해서 대도시로 밀려들었다. 당시의 영등포역, 용산역, 서울역은 상경한 처녀와 청년들이 거쳐 가는 첫 도시공간이었다. 수많은 광고지와 네온사인, 줄지어 선 택시와 높은 빌딩들, 상점들을 보면서 '무작정 상경세대'가 느낀 서울의 첫인상은 '어지러움', '분주함', '화려함', '역동성', '놀라움', '신기함' 같은 정서였다. 거리마다 이어지는 상점들과 네온사인들을 보면서 휘둥그레진 눈들이 바로 벤야민식의 환등상이다.

다시 벤야민으로 돌아와서 아케이드와 더불어 상품의 물신을 조장하는 공간인 만국박람회에 관해 얘기해보자. 그에게 만국박람회는 "상품이라는 물신의 순례지"이며 "상품의 교환가치를 이상화"하는 공간이다. 만국박람회는 기분전환과 오락의 차원, 물신을 결합하는 전략을 통해 '상품의 우주'를 창조하고 상품 우주론을 교육하는 장소이다.

만국박람회는 상품의 교환가치를 이상화한다. 그리고 사용가치는 이차적인 위치로 밀려나는 틀을 만들어낸다. 만국박람회는 소비로부터 강제로 배제당한 군중이 상품의 교환가치와 일체화할 때까지 이 교환가치에 속속들이 침투당하는 학교이다. 전시품에 손대지 말 것. 이리하여 만국박람회는 기분전환을 위한 환등상에 접근할 수 있도록 해준다. 개인은 오락 산업이라는 틀 안에서 이러한 기분전환에 몸을 맡기는데, 이러한 틀 속에서 그는 항상 밀집된 군중의 하나의 구성요소가 된다. 이러한 대중은 유원지의 롤러코스터나 회전목마, 무한궤도 등에 올라타 소리를 지르고 즐거워하지만 그들의 태도는 순수한 반동에 불과할 뿐이다. 그리하여 그들은 정치 선전뿐만 아니라 산업적 선전이 기대하는 바대로 복종하는 훈련을 받고 있을 뿐이다.

벤야민 시대의 만국박람회는 오늘날 엑스포(expo)로 이어지고 있다. 우리나라는 대전에 이어 두 번째로 여수에서 세계 박람회를 개최하게 되었다. 여수 엑스포는 2012년 5월에 개막해 무려 3개월 동안 개최되며 106개 국가가 참가하는 국제관 등 20개 전시관과 각종 체험시설, 국내 최대 아쿠아리움 등을 통해 '바다'와 관련된 전시를 선보인다고 한다. 오늘날 세계 박람회의 위상은 베냐민 시대와 비교해 급격하게 축소된 것이 사실이다. 그 이유로는 엑스포 이외의 수백 개의 전문엑스포가 세계 곳곳에서 열리고 있으며 '상품의 우주'로서의 역할을 백화점이나 인터넷 쇼핑몰에 빼앗겼기 때문이다. 한국의 경우 최초의 서양식 백화점은 1906년 일본의 미쓰코시(三越) 백화점의 서울 분점이다.

이 시기에 백화점은 일본을 통해 건너온 최신 문물을 보는 최초의 공간이었으며 백화점 자체가 '신세계 창구' 역할을 하였다. 한국인이 세운 최초의 현대식 백화점은 1929년에 세워진 화신백화점이다. 그 이후 1980년대 초반까지 신세계 · 미도파 · 롯데 등 몇몇 백화점만 있었고 상품을 구입하는 사람들도 소수 계층이었다는 것을 본다면 당시의 백화점은 단순히 최첨단 상품과 패션 공간만이 아니라 특수한 계층들의 사회적 공간이었다고 볼 수 있다. 이 때문에 적어도 당시 한국의 백화점은 벤야민식의 상품물신의 아이콘 역할을 하였다고 볼 수 있다.

아케이드, 박람회, 백화점으로 상품을 숭배하는 신전양식이 변화하였다.

그런데 이것 이외에도 종교적 신전과 도취의 차원으로까지 격상되는 상품물신의 메커니즘이 있다. 벤야민이 주장하는 상품물신의 강화하는 기제 중의 하나는 유행이다. 유행은 상품물신이 끊임없이 새로움을 추구하고 새로운 취향과 스타일, 새로운 형식의 상품을 요구하는 결과이자 환상에 불과하다. 유행 중에서도 파리, 런던, 밀라노, 뉴욕의 패션 위크는 세계 유행을 선도하는 역할을 한다.

뉴욕은 지금 전 세계 패션 피플의 축제라고 할 수 있는 2012 F/W 뉴욕 패션 위크가 한창이다. 뉴욕 패션 위크는 전 세계 4대 컬렉션 중의 하나이다. 아울러 미국에서 내로라하는 패셔니스타인 힐튼 자매를 비롯해서 알렉사 청, 레이디 가가, 테일러 맘슨, 다코타 패닝 등이 앞다투어 뉴욕으로 모이는 행사라고도 할 수 있다 (OSEN, 2012. 2. 16).

벤야민의 시각에서 유행은 "화려하게 치장한 시체의 패러디"에 지나지 않으며 상품물신이 요구하는 새로움에 대한 추구 역시 전혀 새로운 것이 아니다. 유행은 돌고 도는 것으로서 영원한 것의 반복이다. 유행의 새로움이란 기껏해야 "반복하는 동일한 맥락 속의 새로움"이다. 유행의 매혹과 확산에는 여성이 중요한 위치를 점유하고 있으며 이런 시각에서 벤야민은 유행을 "여성을 통한 도발"로 이해한다. 상품의 에로스화 역시 상품물신을 조작하는 중요한 수단이다. 무생물적인 것, 즉 상품에 에로틱한 충동을 투영하는 방식을 통해 상품을 편안하게 느끼게 함과 동시에 욕망 실현의 대상으로 삼는다.

또 다른 물신화 기제는 성적인 것의 상품화이다. 벤야민은 상품물신의 지배하에서 여성의 성적 매력은 상품의 매력을 증가시키는 데 중요한 요소로 작동하고 있으며 여성 상품화로서의 대표적 예로 매춘을 다루고 있다. 벤야민에게 매춘이란 "쾌락을 제공하는 능력을 파는 것"이라는 허구 위에 작동한다는 점에서 "상품 경제의 선구자"이다. 대도시의 매춘은 여성을 "상품뿐만 아니라 대량 생산품"으로 소비하는 것을 의미한다.

벤야민은 단순히 상품숭배의 장소로서 대도시 공간에서의 환등상 체험의 매력만을 강조하지 않는다. 오히려 환등상이 허상임을 지적한다.

> 상품의 물신적 성격으로 부여되는 속성은 상품을 생산하는 사회 그 자체에도 달라붙어 있다. 하지만 분명히 그러한 사회는 그 자체로 존재하는 것이 하니라 항상 이러한 상품을 생산하고 있다는 사실을 버릴 때 스스로 표상하고 이해할 수 있다고 믿는다.

상품의 물신성을 환등상으로 대체시킨 벤야민은 환등상의 사실성보다도 상품의 물신성이 상품의 성전인 파리의 아케이드에서 어떻게 작용하는가를 '사실적 설명'이 아닌 이미지와 알레고리적 표현을 통해 보여주었다. 벤야민은 상품물신성 비판으로서 대도시의 환등상 체험을 비판하는 데 그치지 않고 대도시가 갖는 매력적 체험이 무엇인가를 자세히 다루고 있다.

벤야민에게 대도시 공간은 페퍼톤스(Peppertones)의 연주곡 〈잠든 도시의 미로〉처럼 감각적이고 가볍고 경쾌하고 도시적인 여유와 풍요로운 느낌의 공간은 아니다. 그렇다고 세계 최대의 미로 도시인 모로코 '페스'의 메디나와 같이 '길을 잃게 하는 매력적인 미로' 같은 도시도 벤야민의 도시가 아니다. 벤야민의 '미로로서의 대도시'는 '도서관', '새로운 극장' 그 자체이며 탐구되어야 할 수수께끼 같은 '미로'이다. 미로인 대도시 공간을 산책하며 그 공간을 음미하고 탐색하는 것은 즐거움이자 대도시를 독해하는 매력이다. 그에게 대도시는 새로운 지각체험 공간의 탄생을 의미한다.

새로운 지각체험은 바로 파노라마적 지각체험이다. 파노라마는 원통형 건물 내에서 관람자가 가운데서 회전하는 사진이나 그림을 감상하는 것을 말한다. 벤야민이 유년 시절을 보낸 베를린의 중심가인 운터 덴 린덴에 설치된 카이저 파노라마는 기존의 일반적 파노라마와 달리 원통 내부에서 돌아가는 사진들을 들여다보는 형식을 취해 진일보한 지각체험을 하게 만들었다. 벤야민은 이에 대해 다음과 같이 언급한다.

> 카이저 파노라마에서 발견할 수 있었던 여행 이미지들은 대단히 매혹적이었다. 누구 옆에서 회전이 시작되건 마찬가지였다. 왜냐하면 이미지가 붙어 있는 벽이 원형 안의 좌석 배치와 함께 돌아가기 때문에 모든 정거장을 통과해서 사람들은 한 쌍의 창을 통해 먼 곳을 바라보았다(GS, IV. 1, 239).

카이저 파노라마가 주로 보여주는 것은 이국 풍경이다. 대도시의 새로운 지각체험은 이국적이면서도 순간적이며 일회적인 성격을 가진다. 벤야민은 대도시인들이 빠른 속도로 거리를 걸으며 느끼는 체험 그 자체가 하나의 파노라마적 체험 공간이라고 말한다. 파노라마적 지각체험이란 일종의 분산적 지각체험을 말한다. 다시 말해 대상을 직접적이고 집중적으로 관찰하는 것이 아니라 스쳐 지나가면서 대상을 순간적으로 지각하는 것을 의미한다.

2

크리스마스 시즌이 되면 대학생 J는 어김없이 강남역을 찾는다. 연말 시즌에 서울의 어디를 가도 강남역만큼 휘황찬란한 거리는 없기 때문이다. 명동역도 화려하지만 세밀한 부분들에서 보면 강남역이 훨씬 세련되고 고급스럽다. 테헤란로, 강남대로, 서초대로마다 도시적 풍경과 장식이 다르다. 강남대로에서 교보문고 방향으로 걸음을 옮길 때는 블록마다 그 색과 느낌이 다르다. 그래서 J는 연말의 약속은 꼭 강남역에서 잡는다. 이번 시즌에도 어김없이 강남역에서 약속을 잡았다. J는 지하철에서 내려 강남역 출구 계단을 오르면서 가슴이 설레기 시작한다. 눈앞에 펼쳐질 도시의 아름다움이 벌써 머리에 파노라마처럼 떠오르기 때문이다. 출구에서

> 나오자 강남대로에 펼쳐진 도시의 네온사인과 건물들을 휘감고 있는 각종 장식품이 눈을 즐겁게 한다. 가로수 길을 장식한 크리스마스트리는 흡사 자신을 초대하기 위해 장식된 것만 같다. 오가는 사람들의 활기가 더해져 강남역 사거리에 서 있는 것만으로도 J는 도시가 주는 이벤트에 흠뻑 취하는 것만 같다.

파노라마적 지각체험은 대상에 대한 아우라적 체험을 할 수 없게 하지만 대상이 주체에서 순간적으로 휘발되어 사라지는 이유 때문에 대상에 대한 매력적인 체험을 가능하게 한다. 벤야민은 속도감 있게 걷는 대도시인의 거리풍경 체험에 바로 이런 특성이 있으며, 이 맥락에서 대도시인들의 거리 풍경체험은 "미적인 것과 함께 작용한다"고 말한다.

벤야민에 따르면 대도시에서 대상과 대상지각 방식의 변화는 (아우라적) 경험에서 충격적 체험 방식으로 변화한다. 연속성, 통일성, 일관성을 내재한 이야기꾼과 수공업자의 경험에서 불연속성, 순간성, 일회성, 단편성을 특징으로 하는 대도시인의 충격 체험으로 변화한 것이다. 벤야민에게 대도시는 경험의 공간이 아니라 충격 체험의 공간이다. 대도시인들의 새로운 경험 방식인 충격 체험은 그들이 일상적으로 경험하는 이른바 문지방 경험에서 시작된다. 문지방 경험이란 대도시의 일상적 공간인 철도역이나 선술집, 카페, 상가, 우체국, 체육관 등에서 경험하는 일종의 경계 체험이다. 이쪽과 저쪽으로 발을 내디딜 때마다 인상의 차이가 크고, 전혀 다른 얼굴을 한 대도시의 모습을 지각하게 된다. 이처럼 대도시의 경험은 수많은 미로를 걸으면서 발을 내디딜 때마다 센세이션과 모험을 경험하게 된다. 대도시의 문지방 경험은 곧 충격 체험이다.

앞서 살펴본 바와 같이 벤야민의 대도시는 다양한 색과 흥미진진한 체험의 공간이다. 오늘날 대도시들이 벤야민식의 상품 궁전을 더욱 화려하게 만들고, 새로운 종류의 환등상 체험을 도시마케팅 차원에서 전개한다. 그런가 하면 각각의 정체성과 고유성을 브랜드화하고 아름다운 도시경관을 꾸미기 위해 노력한다. 단순히 도시 경쟁력과 도시 미관만을 위한 것이 아니라 인간이 살만한 도시를 지향하는 흐름도 나타나고 있다.

5 아름다운 도시, 인간적인 도시를 꿈꾸며

● ● ● ●

유럽의 곳곳에 있는 중세 도시에 가본 적이 있는가? 아니면 유럽 도시 중심가의 구도심을 걸어본 적이 있는가? 거리 하나하나, 건물 하나하나에 과거의 역사와 흔적이 남아 있다. 과거의 흔적들이 문화가 되고 구도심의 거리에는 인간과 문화의 숨소리가 공존한다.

한국의 도시는 어떠한가? 남산 전망대에 올라가 서울을 내려다보라. 몇 군데의 고궁들이 보이고 나머지는 빌딩과 아파트 그리고 개인주택 단지가 전

▲ 남산에서 내려다본 서울 전경

부이다. 서울 이외의 다른 대도시를 가도 사정은 마찬가지이다. 구도심과 신도심을 나누는 기준은 새로운 빌딩과 청결성, 교통 접근성 이외에 무엇이 있는가? 한국의 도시에는 건축물의 역사성과 문화적 가치라는 것을 찾아보기 어렵다. 경쟁하듯 솟아 있는 아파트와 주상복합 건물, 업무용 빌딩, 네온사인과 간판들로 가득한 상업지구들이 뒤죽박죽 엉켜 있다. 유럽에서 볼 수 있는 자연과 사람, 문화가 숨 쉬는 현대적 도시 모습을 찾기란 쉽지 않다.

이러한 문제의식을 느끼고 몇 년 전부터 행정안전부에서도 해피 프로젝트를 진행 중이다. 이 프로젝트의 목표는 '행복하고 아름답고 쾌적한 도시'를 만들자는 취지에서 시작되었다. 행정안전부뿐만 아니라 대도시나 중소 도시 곳곳에서 도시 경관을 관리하는 차원에 그치지 않고 대대적으로 도시 경관을 재구성하고자 열을 올리고 있다. 자칭 '아름다운 도시 만들기'가 시당국과 관민 주도로 이루어지고 있는 셈이다. 아름다운 도시사업은 주로 건물의 외관 디자인, 공간 구성, 입면, 색채, 간판, 도로, 가로수, 공공 디자인, 벽화 그리기, 조형물 설치, 조경 및 나무 심기 등의 재정비를 통해 통일적인 도시 이미지와 정체성을 확립하는 데 있다. '아름다운 도시' 사업의 정책 목표는 도시 경관 관리를 통해 궁극적으로 삶의 질과 시민의 문화적 욕구를 충족시키는 데 있다고 하지만, 실제로는 '디자인 명품도시'를 지향하는 도시의 경쟁력 향상 차원에서 이루어지고 있다.

그러나 문제는 서울 디자인 사업에서 보듯이 '디자인 도시' 사업이 주로 하드웨어 부분에 집중되어 있다는 데 있다. 서울시에서 '세계 디자인 도시'라는 목표 아래 시행된 사업들을 예로 들면 새빛 둥둥섬, 반포대교 분수대, 한강 다리 카페 전망대, 서울 아라뱃길, 한강 르네상스 사업 등이 하나같이 '디자인 도시 서울'이라는 슬로건을 내걸고 추진되어왔다. 그러나 이러한 사업은 각종 환경문제와 유지비문제, 조형물 건립 수준의 토목건축사업으로 끝이 나고 말았다.

이제 아름다운 도시 만들기의 패러다임은 바뀌어야 한다. 기존의 도로와 건축물 중심의 도시 디자인에서 진일보하여 '인간 중심', '보행자 중심', '문화 중심'의 아름다운 도시 만들기 사업으로 전환되어야 한다. 도시 계획 단계에서부터 이러한 새로운 패러다임으로 접근할 때 오늘날의 서구 도시처럼 인간과 생태 문화가 공존하는 도시로 거듭날 수 있다. 녹지공간이 부족하고 보행자가 불편한 도시에서 보행자 천국의 도시로, 어디서나 걸어서 녹지공간에 갈 수 있는 좀 더 인간적인 도시를 꿈꾸어보자. 도시를 만들어가고 가꾸는 단계에서 주민에 의한 주민을 위한 생활복지 공간으로서의 도시 디자인이 요구된다.

성찰&생각 키우기

1. 한국에서 가장 살기 좋은 도시의 선정 기준들에 대하여 살펴보고 이를 평가하고 수정·보완하라.

2. 내가 사는 도시가 좀 더 '인간적인 도시'가 되기 위해서는 무엇을 바꾸어야 하는지 핵심과제 세 가지를 제시하고 구체적인 추진 전략을 제시해보라.

3. 현재 내가 사는 도시의 문화거리, 보행자 거리, 젊음의 거리의 문제점은 무엇인가?

4. 도시마다 도시 재생사업을 추진하고 있다. 가장 이상적인 도시 재생사업의 사례를 조사하고 자신이 사는 도시에 적용할 수 있는지 탐색해보라.

5. 아름다운 도시사업에서 추진하는 간판 정비사업의 문제와 실행의 어려움은 무엇인가?

6. 우리는 왜 전원의 삶과 도시적 삶 속에서 고민하는가?

_____

_____

7. 소위 도시성, 도시적 생활양식을 구체적으로 나열하고, 오늘날 농촌과 도시의 생활양식의 차이와 경계가 무엇인지 검토해보라.

_____

_____

8. 짐멜이 말하는 대도시인의 심리적 특성이 세계의 모든 대도시 거주자들에게 일반적으로 나타나는 특성이라고 보는가? 한국의 대도시인들에게도 나타나는 심리적 특성인가?

_____

_____

9. 짐멜이 말하는 대도시인의 심리적 특성 이외에 또 다른 특성이 있다면 그것은 무엇인가?

_____

_____

10. 벤야민의 도시 개념을 내가 사는 도시나 방문했던 도시에 적용해 분석해보라. 나는 어떤 도시의 어디에서 환등상의 체험과 파노라마적 경험, 문지방 체험을 하였는가?

_____

_____

9

노동, 해방과 억압의 미로 사이

공조팝나무

1 노동, 자기실현과 소외의 양날

●●●

인간은 신진대사를 하는 생물학적 존재이며 생존을 위해 노동은 불가피하다. 노동의 형태가 육체노동인가, 정신노동인가, 물질노동인가, 비물질노동인가와 관계없이 노동은 생존을 위해 필수적이다. 우리는 흔히 인간을 '노동하는 동물'(animal laborance)이라고 한다. 생존을 위한 노동은 고되고 힘들며 부담되고, 때로는 모 방송국의 다큐멘터리 〈극한직업〉 시리즈에서 보듯이 생명의 위험에 노출되기까지 한다. 그래서 인간은 가능한 한 노동을 하지 않거나 노동시간을 줄이는 것에 대한 노력을 기울여왔다. 한편으로 노동에 관해 긍정적인 관점들이 확산해 있는 것도 사실이다. 노동을 자아실현이나 자기 해방의 통로로 이해하는 관점이다. '일에서 보람과 행복'을 느낀다고 말하는 사람들은 노동을 통해 자신의 꿈과 이상을 실현한 경우이거나 일 자체에 행복을 느끼는 사람들이다. 심지어 어느 경우는 노동을 신성시한다. '신성한 노동의 대가', '땀의 보람'과 같은 수사들은 노동을 신성시하는 생각들에서 나온 표현이다.

노동을 신성시하는 생각의 원천은 다양하다고 볼 수 있다. 소위 청교도 노동윤리의 표현인 '직업 소명론'에서 출발해 근대 이후 노동이 장려되고 노동 이데올로기가 확산되었다. 특히 산업혁명기 이후 노동에 대한 생각은 크게 달라진다. 농경사회의 노동 개념과 결별하고 자본주의 생산체제가 서서히 자리 잡기 시작하면서 새로운 노동 방식과 노동 개념이 등장한다. 18세기 애덤 스

▲ 페르낭 레제, 〈건설자들〉
1950년 / 캔버스에 유채 / 300×228cm / 페르낭 레제 국립미술관 소장

미스는 자신의 책《국부론》에서 노동의 분화를 통한 노동생산성을 강조하였다. 분업화된 노동은 노동의 단순화와 숙련성, 시간 단축, 생산성 향상을 가져왔다. 이 시기에 노동은 '게으름과 방탕, 낭만적인 자유의 몽상'을 제거하고 '빈곤의 감소, 산업정신의 촉진'이라는 노동관으로 유포되었으며 아울러 노동관리, 노동감시 제도들이 노동과정에 도입되었다. 노동과 관련해 산업사회는 두 가지 대립하는 경향이 나타난다. 노동의 생산성 향상을 위한 노동의 기계화와 자동화의 경향, 노동의 소외, 노동 유토피아 경향이 그것이다.

20세기 테일러에 의해 주창된 '과학적 관리기법'(scientific management)이 대량생산 과정에 도입되었다. 포드 자동차가 처음 도입한 일괄 생산 라인 방식은 이후 산업사회의 일반적인 노동 형태를 보이게 되었다. 산업사회의 분업화된 노동 형태에도 고용의 안정성은 탈산업사회보다 강화되어 있었다. 탈산업사회에서 평생직장 개념은 완전히 사라졌다. 노동 형태의 다양성과 함께 노동의 유연성은 오늘날 만성적인 불완전 고용과 다양한 형태의 비정규 노동을 낳았다. 노동을 통한 자기실현과 노동해방의 꿈은 산업사회 이전보다 오늘날 노동하는 사람들에게 더 요원한 소리처럼 들린다.

직업을 통한 자기실현이라는 고답적인 목표가 아니라 오늘의 노동 현실에서는 취업을 위한 총성 없는 전쟁이 벌어지고 있다. 노동을 통한 자기실현과 자기 해방을 꿈꾸는 현실이 아니라 사회적 생존을 위한 노동의 기회 자체를 확보하려는 힘든 싸움에 매달리고 있다. 고용 없는 성장의 시대, 전통적인 노동관계가 퇴조하는 신자유주의 시대의 사람들은 '노동의 종말'을 말함과 동시에 새로운 노동윤리를 제안한다. 노고와 해방이라는 노동이 갖는 이중적인 계기성이 사라지고 노동을 통한 해방적 잠재력을 관리 또는 확충하려는 '진지한 논의'가 필요하다. 여기서는 노동이 왜 필요하고, 왜 중요한지, 새로운 노동사회를 위해 요구되는 사회경제적·개인적 차원의 성찰과 대안이 무엇인지에 대해 함께 생각해보고자 한다.

2 마르크스, 노동의 해방과 소외

● ● ● ●

마르크스는 노동을 "인간이 자연과 행하는 신진대사"라고 말한다. 노동은 인간이 자연적 소재, 재료, 환경을 활용해 자신의 삶을 형성하는 핵심적인 기제라는 말이다. 또한 그는 노동이 "자신의 외부에 있는 자연에 영향을 주고, 자연을 변화시킴으로써 자신의 본성을 변화시킨다."고 했다. 노동은 인간의 자기실현, 자기 해방의 과정적 행위이다. 따라서 노동은 노동자에게 '개성적인 삶의 향유'를 느끼게 함과 동시에 타자에게 '나의 생산물을 누리거나 소비'하게 함으로써 인간의 욕구를 만족시킬 수 있다는 점에서 삶의 창조적 활동이라고 볼 수 있다.

마르크스가 말하는 노동이란 결국 생산적인 삶을 창조하는 노동이다. 이러한 노동은 생물학적 욕구를 해결하기 위한 노동이거나 단순히 생명을 유지하기 위한 노동활동이 아니다. 삶을 창조하는 생산적 노동이란 자연이 아닌 대상적 세계를 만들어내는 생산이며, 자유롭고 의식적인 활동에 의한 노동이다. 인간은 노동을 통해 스스로 자유로운 존재, 의식적인 존재라는 것을 확인한다는 점이 중요하다. 마르크스의 이러한 관점에는 노동에 의한, 노동을 통한 인간의 해방이라는 생각이 자리 잡고 있다. 생존을 위한 노동, 필요성에 의한 노동이 아니라 자유롭고 자기 생산적인 노동, 세계를 창조하는 노동을 통해 인간해방의 길이 시작된다는 것이다.

자유의 왕국은 실제로 필요와 외적 합목적성에 의해 결정되는 노동이 끝나는 곳에서 비로소 시작된다. …… 이 필연성의 왕국 너머에 자기목적으로 간주할 수 있는 인간의 자기 능력개발, 즉 진정한 자유의 왕국이 시작된다. …… 노동시간 단축이 기본조건이다.

생존이나 경제적 필요성에 의한 노동이 아니라 창조적 노동, 사용 가치적 노동은 인간이 필연의 왕국에서 '자유의 왕국'으로 들어가는 통로가 된다. 이러한 과정에서 해방적 노동을 위한 전제조건으로 노동시간의 단축, 달리 말해 자유시간의 증대를 기본조건으로 내세운다. 이것이 노동 안에서 노동해방의 조건이다. 마르크스는 자유시간이 자유시간을 가진 노동자는 물론이고 타자도 변화시키며, 그러한 자기변화가 다시금 노동과정에 투입됨으로써 더 의미 있는 노동 생산 활동, 자유를 확대하는 노동과정이 이루어진다고 보았다. 여기서 마르크스는 노동과 자유시간을 대립적으로 생각하지 않는다. 해방적 노동활동과 자유 시간의 확대를 노동하는 인간의 해방적 조건으로 파악한다.

그런데 과연 노동을 통한 인간해방은 마르크스 시대에 얼마만큼 진전되었는가? 주지하다시피 마르크스는 노동의 해방과 동시에 노동의 소외, 소외된 노동 현실을 비판한다. 소외된 노동은 무엇인가? 마르크스의 생각을 따라가보자. 그는《경제 철학 초고》에서 네 가지 차원에서 노동의 소외를 말한다.

❶ 노동생산물로부터의 소외

마르크스는 노동자가 생산한 생산물이 자신의 것이나 자신이 사용하는 생산물이 되지 않고 상품화되어버림으로써 자신과 무관한 생산물이 됨을 지적한다. 노동자의 노동에 의한 생산과 생산물의 분리에 이미 노동의 소외가 내재한다는 것이다. 노동자가 자신의 노동력을 제공하고 그 노동력을 통해 생산물을 만드는 과정에 노동의 상품화가 개입되고, 그렇게 생산된 노동생산물 역시 상품화 논리에 편입됨으로써 노동과 생산물 사이의 분리, 노동의 소외가 발생한다. 이때 생산된 생산물은 사용 가치적 성격을 상실하고 오직 교환 가치적 성격만을 갖게 된다.

노동이 생산하는 대상, 즉 노동생산물은 낯선 존재로서 그리고 생산자와는 무관한 권력으로서 노동에 대립한다.

❷ 노동활동으로부터의 소외

노동자들의 대부분은 필요에 의해, 경제적 절박함을 해결하기 위해 노동한다. 이러한 노동은 자기노동의 주인이 되는 노동활동이라고 보기 어렵다. 이러한 노동은 자기노동의 활동성을 상실한 노동이며, 자유로운 노동이 아니라 강제된 노동이다. 또한 노동과정에서 기계화와 단순화, 일괄 생산 라인이 자리 잡으면서 노동자는 단순한 노동업무만 담당하게 된다. 따라서 전체 노동활동의 계획과 과정에 참여하지 못하고 부여된 노동만을 수행하는 노동 기계로 전락하게 된다. 이것이 마르크스가 말하는 노동활동으로부터의 소외이다. 기계적 노동과 인간의 자기실현으로서의 노동 개념에 차이가 상실되는 노동활동으로부터의 소외가 바로 이것이다.

❸ 유적존재로부터의 소외

마르크스는 인간과 동물의 근본적 차이를 노동활동으로 설명한다. 인간은 단순한 필요재의 생산과 욕구해결을 위한 노동이 아니라 노동을 통해서 자신을 실현하고 능력을 개발하는 행위를 한다는 것이다. 그런데 마르크스는 자기 시대의 노동이 자기실현적 노동이 아니라 자본가의 일방적인 이익 실현을 위한 착취적 노동이며 유적존재로서 노동자의 자기실현을 억압하는 노동이라고 비판한다. 노동3권, 노동법, 노동복지가 실현되지 않고 노동 생산성이 향상되고 노동 감시 및 통제가 발달한 노동 상황에서 노동은 철저하게 죽은 노동이라고 볼 수 있다. 이것이 마르크스가 말하는 유적존재로부터의 소외이다.

❹ 다른 인간으로부터의 소외

노동에 의한 생산물과 생산의 가치를 특정한 개인이나 집단이 차지하는 경우, 시혜적 차원의 분배에 그치거나 임의적이고 일방적인 방식으로 일어나는 경우 노동에서 다른 인간에 의한 소외가 발생한다. 마르크스는 노동의 고통이 타자에게 기쁨과 이익이 되는 경우를 노동자와 자본가의 관계로 설명한다. 한국 노동시장에서 소위 동일자격으로 동일노동을 하는 한 직장 내 파견직 노동자나 동일자격과 동일노동, 심지어 더 많은 노동강도와 노동시간임에도 정규직의 50~60%의 임금을 받는 각종 노동형태 역시 마르크스가 말하는 다른 인간으로부터의 노동 소외의 한 사례이다.

노동에 관한 마르크스의 이중적 관점, 노동 자체가 가지는 노동해방과 노동 소외의 두 계기성은 오늘날 노동의 노마드화와 노동 유연화가 일반화된 세계의 노동시장과 한국의 노동 현실에서 어떠한 양상으로 다시 나타나는지 아니면 새로운 우리의 노동 현실에 부적절한 설명방식인지 생각해봐야 한다. 나의 현재의 '노동'은 어떤 성격이 더 강한지, 그것이 단지 개인적 차원에서 해결할 수 있는 문제인지 혹은 사회경제적 차원에서 종합적인 검토가 필요가 문제인지를 생각해봐야 한다.

3 마르쿠제, 노동과 지배

●●●●

마르크스의 노동을 통한 인간해방과 노동의 소외 문제는 비판 이론 학파에도 영향을 미쳤다. 특히 마르쿠제는 1950~60년대에 과학과 기술의 발달에 따라 기계화와 표준화 같은 기술적 합리성이 인간의 노동문제에 어떻게 작용하는지를 규명하고자 했다. 그에 따르면 산업사회의 기술적 합리성에 의해 실현된 기계화와 표준화는 '노동세계로부터의 해방'과 '자유시간의 확대'를 가져왔다. 노동과정의 자동화는 노동의 성격을 변화시킬 뿐만 아니라 전체 사회에 혁명을 일으켰다. 이 혁명의 내용은 자유시간의 차원과 그것으로 인한 '인간의 개인적·사회적 실현'이다. 마르쿠제는 이런 의미에서 "기계화는…… 새로운 자유의 잠재적 기반"임과 동시에 "자유를 위한 최초의 전제조건"이 된다고 주장한다. 기계화와 표준화의 결과로서 나타난 필연적 노동의 감소와 사회적 노동의 합리적 조직화는 '인간화의 조건'이다.

> 생활필수품(notwendige)의 소유와 공급은 자유로운 사회의 내용이 아니라 전제이다. …… 사회의 모든 구성원이 생활필수품의 취득에 접근할 수 있도록 하기 위해 최소의 시간을 들이는 방식으로 생산과 분배를 조직하는 것이다. 필연적인 노동은 본질적으로 비인간적인, 기계적인, 일정한 일상 활동들의 체계이다. 그러한 체계 안에서 개인성은 가치나 목적 자체가 될 수 없다. 사회적 노동은 억압적일 수밖에 없는 작업세계 밖에서 개성(einzelpersönlichkeit)의 발전을 위해 시간과 공간을 절약하도록 하는 관점에서 합리적 방식으로 조직될 것이다.

이처럼 마르쿠제는 기계화와 표준화로 인한 필요노동의 감소와 자유시간의 확대는 고도산업 사회의 기술적 합리성이 야기한 '새로운 문명을 향한 역사적 초월'로 이해한다. 그러나 노동세계로부터의 해방과 자유시간의 차원을 열어놓은 기술적 합리성은 '해방적 성격'만을 갖는 것은 아니다. 한편으로 기술적 합리성은 '사회통제 형태들의 기술적 실현'을 달성했다. 사회의 기술적 관리는 더욱 '합리화, 생산화, 기술화, 전면화'되며 '풍요와 자유'를 가장하여 '해방을 요구하는 욕구를 질식'시키고, '기만적인 자유', '허위에 면역된 거짓된 의식'을 증진한다. 이것은 노동의 성격을 육체노동에서 정신적 · 기술적 노동으로 변화시키며, 생산력의 개념도 개인에 의한 산출에서 기계에 의해 산출로 변화시킨다. 새로운 기술적 생산과정에서 야기된 노동의 질적 변화는 인간을 기계적 생산과정에 통합시킴으로써 '기계에 봉사하는 인간', '기계화된 노예', '작업하는 원자'로 전락한다. 인간은 기계화된 작업에서 '죽은 노동'을 수행하게 되며 노동의 소외를 경험한다. 다음 사례를 보자.

J는 중고 전자제품 회사 생산 라인에서 일한다. J가 하루 종일 하는 일은 볼트와 너트를 조이는 일이다. 대기업 하청회사라 주문이 쇄도할 때는 밤샘 철야 작업도 자주 한다. 집에 돌아오면 파김치가 되기 일쑤여서 세수하고 밥 먹고 바로 자는 것이 일이다. 주말에도 자는 것이 가장 행복하다. 아이는 놀아달라고 하고 아내는 나들이하자고 하는데 몸이 피곤하다 보니 그 일로 자주 싸운다. 미안하지만 어쩔 수 없다는 생각에 힘들어한다.

마르쿠제는 기술과 테크놀로지에 내재한 해방적 잠재력을 인정한다. 그러나 생산과정에 편입된 노동자가 그것을 합리적으로 사용하거나 집단적으로 통제 가능하다고 해서 기술적 합리성의 지배와 통제에서 벗어날 수 없으며 억압의 상태가 지속할 것이라 진단한다. 왜냐하면 '기술이라는 장막이 불평등과 노예상태의 재생산을 은폐'하기 때문이다. 은폐의 방식은 기술에 의한 '거짓된 자유와 안락한 지속과 확장'이다.

마르쿠제에서 해방된 노동은 '새로운 양태의 문명'에서만 가능하다. 새로운 양태의 문명은 비인간적이고 부자유한 필연적 노동과 억압체계인 사회적 노동이 사라진 풍요의 질서가 있는 문명이며, 동시에 노동이 놀이(spiel)로서 변형된 문명 상태를 의미한다. 놀이는 강제적인 신체적·도덕적 현실을 능가하는 것으로서 '자유의 실현'이자, '해방의 담지자'이다. 놀이를 통해서 '인간은 본래 존재가 되는 자유 속으로 복귀'하게 된다. 놀이로서의 삶 자체가 실현되는 사회는 인간의 자유 실현에 봉사하는 '즐거운 과학'을 요청한다. 마르쿠제의 자유사회는 비록 그가 새로운 감성으로서의 실천(praxis)을 말하지만 미학적 차원에 바탕을 둔 심미주의를 벗어나지 못하고 있다.

마르쿠제가 산업사회에서 기계와 기술에 봉사하는 인간의 노동은 문제삼았을 때만 해도 탈산업사회만큼이나 소위 지식노동이나 정보노동이 일반화되지 못했던 상태이다. 마르쿠제의 사후에 IT 기술과 지식사회로의 전환은 노동의 성격을 다시 한 번 바꾸어놓게 된다. 이제 노동의 새로운 성격 변화에 대하여 살펴볼 것이다.

4 탈산업사회에서 노동의 성격 변화

●●●

마르크스가 공장제 산업노동 시대의 노동문제를 분석했다면 마르쿠제는 20세기 중반의 대량생산 체제에서의 노동 문제를 분석했다. 마르크스나 마르쿠제가 분석했던 전통적인 노동의 개념은 육체노동 개념에 근거를 두고 있다. 20세기 후반 이후 노동형태에서 노동은 육체노동에서 정신노동, 정보노동, 비물질노동으로 패러다임의 전환을 가져왔다. 오늘날의 지배적인 노동방식인 육체노동에서 지식노동으로의 변화를 언급한 대표적인 인물이 다니엘 벨이다. 그는 1973년 자신의 저서 《후기산업사회》에서 사회를 1차 농경사회, 2차 산업사회, 3차 정보화사회로 구분한다. 정보화사회는 산업사회에서 대부분의 노동형태인 제조노동에서 서비스노동으로 무게중심이 이행되는 것이 특징이라고 말한다. 서비스노동에서는 단순히 서비스 제공노동을 의미하지 않으며 지식과 정보를 활용한 노동형태를 의미한다.

다니엘 벨의 주장은 앨빈 토플러의 소위 '물결이론'으로 이어졌다. 앨빈 토플러는 《제3의 물결》에서 문명을 농업단계인 제1의 물결, 산업단계의 제2의 물결, 그리고 컴퓨터의 등장, 정보화 혁명으로 대표되는 변화를 제3의 물결이라고 말했다. 제1의 물결은 채집경제에서 농업경제로의 변화를 말한다. 제2의 물결이 일어난 산업사회는 표준화, 중앙화, 집중화, 동기화가 중요한 사회적 특성이며 생산방식에서도 표준화에 따른 대량생산 방식을 취한다. 그는 1950년대 후반을 제3의 물결의 시작으로 본다. 산업사회에서 정보사회로의 변혁은

탈중심화, 분산화, 탈대량화, 다양화, 지식기반 생산, 변화의 가속 등을 들고 있다. 앨빈 토플러는 정보사회로의 변화에서 서비스업의 증가, 서비스업 노동자 수의 증가, 다품종 소량생산, 지식노동, 재택근무 등 노동방식과 노동형태의 변화를 이미 지적하고 있다.

벨과 토플러의 논의는 피터 드러커의 지식경영과 지식사회론으로 진화했다. 그는 현대 자본주의사회가 포스트 자본주의사회로 이행하고 있으며, 노동의 방식이 가치를 생산하는 지식노동으로 바뀌고 있다고 말한다. 이제 가치를 창출하는 요소가 산업사회처럼 자본이나 토지와 노동이 아니라 지식과 정보라고 한다. 기본 생산수단으로서 육체노동은 사라지고 지식이라는 새로운 생산수단과 그것을 활용하고 운용하는 것이 노동의 핵심 내용이다. 드러커의 논의에서 주목해야 할 것은 개인을 지식노동자로 간주함과 동시에 이동성이 강한 생산수단으로 본다는 점이다. 지식노동자는 과거처럼 정보의 수집에 집중하는 것이 아니라 정보의 의미와 정보의 목적에 따라 정보를 체계적으로 조직하고 경영하는 자본의 소유자이다.

지식노동자는 끊임없이 변화를 주도하는 변화의 주도자가 되어야 생존할 수 있다고 한다. 노동관계 역시 산업사회의 고용인 – 피고용인의 관계에서 파트너십 관계로 변화한다고 지적한다. 다니엘 벨, 앨빈 토플러, 피터 드러커가 말하는 노동의 변화양상에서 우리가 주목해야 할 점은 노동방식과 노동형태의 변화에 대한 사회적 분석이 아니라 노동 개념의 변화와 노동의 현실적 변화 속에서 노동을 통한 인간해방, 노동을 통한 자기실현의 가능성이 증가했는지의 문제이다. 새로운 노동 개념의 등장과 노동 현실의 변화를 포착하는 키워드는 바로 그것이 되어야 한다. 이제 노동 성격의 변화를 '노동의 종말'로 이해하고 기존의 노동 현실에 대한 비판적 거리 두기를 취하는 이론가들의 논의를 살펴보도록 하자.

5 '노동의 종말' 시대의 노동

노동의 종말을 주장하는 대표적인 인물인 제러미 리프킨은 80년 대 중반 이후 변화하는 노동의 성격에 주목했다. 그리고 그는 노동 의 종말을 선언했다. 그렇다면 노동세계와 노동사회에 어떠한 변화가 발생했 는가? 제러미 리프킨은 노동시장의 구조적 변화에 대한 다양한 경험 연구를 통해 "기술과 생산성의 향상이 전통적인 일자리를 파괴하지만 동시에 이에 상응하는 새로운 일자리들을 창출한다는 구시대의 논리는 더 이상 받아들여 지지" 않으며, 산업화 시기의 노동의 본질은 급격한 변화를 가져왔다고 단언 한다. 생산성의 급격한 증가와 노동력을 절감할 수 있는 새로운 기술의 도입 에 따른 신규고용 저해, '고용 없는 성장'은 종국적으로 산업사회에 통용된 (취 업)노동의 종말을 야기한다.

울리히 벡 역시 "완전 취업활동이 없어져 가는 서구 후기 노동사회의 발전 추세"에 주목하면서 '서구의 브라질화' 테제를 내세운다. 서구의 브라질화란 '현대 이전'의 국가인 브라질의 일반적 노동 현실이 이른바 '후기 현대'에 들어 선 서구 핵심국가들의 미래노동사회에 나타나는 현상으로서 완전고용 신화의 퇴조에 따른 노동 유목민화, 불연속적 노동, 노동의 잡다성, 노동사회의 전반적 조망 불가능성, 노동의 불안정성에 대한 일반화를 의미한다. 울리히 벡은 세계 도처에서 나타나는 추가 성장률은 유연한 노동과 불안정한 고용을 대변하는 맥점포식 일자리(MaCjob)에 의해 뒷받침되며 비공식 분야에서 여성의 비율이 압도적이라고 지적한다. 서구의 브라질화 테제는 전 지구적 자본주의 시대에 제1세계와 제3세계의 취업노동의 유사성에서 출발한다. 벡이 지적하는 서구의 노동형태와 노동사회의 근본적 변화는 남미에서는 이미 오랜 전통을 가지고 있다. 남미의 오랜 전통의 내용은 소수만이 공식화된 노동자로서 안정된 임금 노동을 경험한다는 사실이다. 생산성의 향상, 노동관계의 탈규제화, 유연화, 불 안정 고용을 개념화한 '서구의 브라질화' 테제는 서구 노동사회의 완전취업활 동이라는 보편적 가설과의 결별을 의미한다. 다음 사례를 보자.

K는 몇 년 전까지만 해도 대기업 간부였으나 구조조정으로 명예퇴직 했다. 재취업 을 할까, 창업을 할까 고민하다 퇴직금을 털어 치킨 프랜차이즈 사업을 시작했다. 처음에는 좀 되는가 싶더니 1년을 못 버티고 가게를 접게 되면서 퇴직금을 날렸다. 대학생 자녀를 두 명이나 둔 K는 자녀의 학비와 생활비를 벌기 위해 대리운전과 희망근로를 번갈아 하고 있다. 두 자녀 중 한 명은 과외와 편의점 아르바이트를 동 시에 한다.

표현은 다르지만 '노동의 종말'과 '서구의 브라질화'라는 노동성격의 질 적 변화를 야기하는 핵심요인 중의 하나가 생산과 분배, 소비에서 산업사회 와 차원이 다른 기술발전, 기술 합리성의 증가와 전 지구적 차원으로의 영향 력 확대이다. 벡에게 노동사회의 진정한 안티테제는 종속적 취업노동에 의해 살아가는 노동시민의 사회가 해체되고 자율적이며 비시장적인 '시민노동'이 이루어지는 사회이다. 시민노동의 정치적 성격은 참여와 조직 형태의 자율성, 자발성과 공적 영역으로부터의 보호에 기초한다. 종속적 취업노동사회에서 자율적 시민노동사회로의 이행은 '시장의 공리주의적 가치체계에 대한 강력 한 대안적 비전'으로서 사회적 책임, 인간관계 및 공동체 의식이라는 관점에

▲ 제러미 리프킨의 《노동의 종말》(왼쪽)과 울리히 벡의 《아름답고 새로운
노동세계》(오른쪽)

서 제3 부분의 '사회적 노동', '사회적 경제'를 주장하는 리프킨과 인식을 공유
하고 있다.

리프킨에게 중요한 것은 "장시간 노동으로부터 해방됨에 따라 인류는 두
번째 르네상스 시대로 진입하게 되거나 엄청난 사회적 변화"를 경험하게 된
다는 사실이다. 점진적으로 자동화되는 세계경제가 가져온 기회와 도전은 노
동해방(여가적 삶)과 대량실업이라는 양날의 칼이다. 따라서 리프킨에게 여가
적 삶의 조건을 가지지 못하고 이러한 추세에 "쓰임이 적거나 아니면 전혀 쓸
모가 없는 수백만의 젊은이들을 어떻게 할 것인가?"가 중요한 문제로 대두한
다. 그는 생산성 혁명에 따른 대량 해고의 피해자들에게 제3 부분을 통해 일자
리 공유 전략을 가동해야 한다고 주장한다.

리프킨이 제안한 제3 부분은 시장교환 경제와 구분되는 대안적 비전으로
서 타인에 대한 서비스 제공이 1차적 동기이며, 일자리 보장은 인간관계 및 공
동체 의식의 강화 차원에서 실현된다. 제3 부분은 사회적 일체감을 갖게 하는
사회적 접착제이다. 제3 부분이란 구체적으로 비영리 공적 부분과 비영리 자

발적 사회단체, 비영리 각종 학교, 종교, 의료, 문화 단체에서의 고용을 가리킨다. 현재 서구에서 제3 부분은 총고용의 6% 전후를 차지하고 있다. 리프킨은 제3 부분의 세계적인 강화 추세, 국제적 네트워크 강화가 증대하는 실업대중의 욕구를 담보하기에 충분한 속도로 성장하고 다양화될 것인지는 아직 미지수이지만, 고용 없는 성장 아래 좌절하는 실업 대중에게 희망의 빛이 되고 있다고 본다. 제3 부분은 사회적 연대감의 강화, '정신적 차원을 탐사할 장소와 시간'을 제공한다. 또한 제3 부분은 사람들로 하여금 진정한 '휴식과 놀이를 즐기고 인생과 자연의 즐거움을 보다 깊이 경험'하게 한다.

제러미 리프킨, 울리히 벡은 노동구조의 변화에 따른 노동사회의 해체기에 어떻게 인간 간의 연대와 사회노동과 사회경제를 구축할 것인가 하는 고민이 중심이다. 분석의 차이에도 세 명의 논자가 가지는 공통점은 노동시간 단축이 가지는 사회적 성격과 의미, 노동시간 단축의 결정요소, 노동시간 단축이 갖는 양가적 속성, 누구나 가져야 하는 노동할 수 있는 권리강조와 일자리 공유를 통한 사회 공동체성 강화, 취업노동의 대안으로서의 시민노동 혹은 제3 부분에서의 사회노동의 강화 필요성이다. 이들 세 명의 논자는 '자기 자신이 주인이 되는 노동'과 '사회공동체에 기여하는 노동'이라는 새로운 노동 패러다임을 모색하고 있다.

6 노동에 관한 새로운 실천윤리를 위하여

●●●

앞서 살펴본 바와 같이 노동 패러다임의 전환은 새로운 '기회와 도전'의 국면이다. 이러한 패러다임의 전환기에 새로이 요구되는 실천윤리학은 노동할 수 있는 권리, 사회적 연대에 기초한 일자리 공유, 비영리 사회노동의 확대를 통한 고용기회와 삶의 질 보장이라는 규범적 차원에서 새롭게 정립되어야 한다.

첫째, 새로운 실천윤리학은 노동에 대한 또 다른 윤리적 접근을 요구한다. 노동사회의 '생존을 위한 노동', '이익창출을 위한 노동', '주인 없는 노동' 패러다임은 '노동(일자리)의 공유'와 '노동을 통한 사회적 기여'라는 새로운 패러다임으로 전환되어야 한다. 노동공유의 윤리적 태도는 타인의 '노동할 수 있는 권리'를 인정하고 노동을 공유함으로써 그들에게 '유용한 사회적 관계'를 형성하는 것이다. 공유의 노동윤리는 노동하는 자와 노동의 권리로부터 소외된 자들의 사회적 갈등비용을 최소화함으로써 노동생태계를 적절히 관리할 수 있다.

노동공유의 윤리는 노동을 나누어준 자들의 이익을 침해하지 않도록 국가에 의한 적절한 사회적 보상과 노동 외 여가의 확장을 '생산적으로 조직하는 여분의 시간 확대'를 의미한다. 이것은 노동의 공유에 따른 사회적 희생을 의미하는 것이 아니라 노동공유 참여자 간의 '보완적·협력적 발전 모델의 창출'을 의미한다. 사회적 차원에서도 사회적 필요노동시간의 축소는 사회적 자원의 재조직을 통한 사회발전에 새로운 촉매를 제공할 것이다. 노동공유 프로그램의 참여자는 사회에 의해 기존의 노동사회의 사회적 시간개념을 넘어서 협동적, 자기계발적인 새로운 사회적 시간으로 옮겨가는 것을 의미한다. 비영리 사회서비스 영역을 통한 고용기회의 촉진은 '노동의 공유'라는 사회적·경제적 가치의 창출뿐만 아니라 한 사회로 하여금 '노동의 궁극적 목적'을 달성하는 데 기여한다. 모든 종류의 사회적 노동은 궁극적으로 사회 공동의 복지와 번영을 목적으로 하기 때문이다. 특히 한국의 경우 OECD 국가의 평균 비영리 사회서비스 고용비중인 21.3%보다 크게 뒤진 12.6%에 지나지 않는다. 경제구조의 재편을 통한 고용창출과 사회복지 증진이라는 측면에서 경제 정책 입안자와 집행자, 경제활동 참여자의 새로운 노동윤리에 대한 인식의 전환이 필요하다.

둘째, 새로운 노동실천을 위한 윤리는 '사회적 연대'에 기초해야 한다. 서구 사회주의적 경제정책을 펼친 유럽 국가에 의해 제도화된 사회적 연대 역시 지난 10여 년 동안 축소된 것이 사실이다. 개인의 삶에 대한 사회연대에서 개인책임에 대한 새로운 인식이 확산하였다. 이러한 현상은 유럽 주요국의 경제 악화와 과도한 사회연대정책의 오용에 그 원인이 있다. 그러나 이것은 사회연대정책의 폐기나 축소라기보다는 새로운 환경에 적응해 나가는 '사회적 연대의 재구조화'나 '사회적 연대'에 기반을 둔 사회정책의 운용개선 측면으로 파악해야 한다.

오늘날 신자유경제주의자들이 제기하는 사회적 연대에 대한 비판은 개인의 사회적·경제적 삶에 대한 책임의 문제가 국가에 의해 강요되고 제도화된 사회연대가 문제라는 것이며 사회연대 자체를 부정하는 것은 아니다. 이들은 사회연대가 국가의 강제력에 의해 구성되어서는 안 되며 개인의 자유의지에 의해 결정되어야 한다고 주장한다. 그러나 신자유주의 경제주의자들은 '고용 없는 성장', '노동의 브라질화'와 같은 현상을 치유할 새로운 형태의 '사회연대'를 주제화하지 않는다.

이 점에서 그들이 이해하는 사회적 연대는 ① 사회구성원의 통일된 의식으로서의 사회연대감, ② 이익 – 사회연대, 즉 같은 이익의 관점에서 같은 목적을 위해 특정한 상황에서 작동하는 사회연대를 의미하지 않는다. 신자유주의자들의 사회연대에 대한 이해는 행위적 사회연대를 의미하는 것으로 이는 사회적 행위자의 상호부조 자세를 의미한다. 여기에서 쟁점은 '시장의 원리'를 경제 메커니즘으로 하는 한 '이익 극대화'를 위한 기술적 장치만이 세련화되는 데 있다. 다시 말해 '노동의 인간화'로 대변되는 노동자의 삶의 문제 역시 시장의 원리에 의해 신자유주의적 규정력에서 벗어날 수 없게 된다. '자발성'에 입각한 사회연대라는 신자유주의적 사회연대 개념은 시장원리에 대한 적절한 조정과 관리운용을 문제 삼지 않는 이상 기존의 제도화된 사회연대에 대한 공허한 비판에 지니지 않는다.

새로운 사회연대의 규범은 경제적 성과와 노동운동의 결과로서 제도화된 사회연대(정책)를 '생산적 복지'의 미명하에 축소, 해체하지 않으면서 유연성을 확보해 나가야 한다. 유연성 확보를 위한 방안이 국가와 시민영역, 노사가 참여하는 사회협약이 될 것이다. 사회협약은 변화된 현실에 대한 사회구성원의 문제 인식의 공유와 정책적 해결을 합의와 실천전략만을 의미하지 않는다. 사회협약은 당면한 노동과 경제, 사회문제에 대한 당사자의 상호인정과 이해에 대한 협약과정을 통해 사회 제 세력의 상호관계와 행위원칙을 포함한다는 의미이다.

셋째, 새로운 실천윤리학은 경제윤리, 기업윤리의 강화와 함께 노동윤리의 관점이 강화되어야 한다. 새로운 노동 · 여가 패러다임에서 노동의 문제를 개인의 윤리적 차원에서만 접근해서는 안 된다. 노동공유 프로그램을 근간으로 하는 사회협약은 사회적 연대 의식에 기초한다. 사회적 협약모델(social corporatism)의 등장은 1970년대 오일쇼크 당시 경제위기에 대한 경제주체들의 협력적 대응에 관한 관심으로 출발했다. 사회경제정책에 대한 국가, 자본, 노동의 이익을 대표하는 조직들의 3자 협약은 포괄적인 사회갈등을 조정하는 기능을 담당한다. 사회협약의 구조적 조건으로 노동, 자본 조직의 중앙집권화와 힘의 균형, 국가의 충분한 사회안전망 제공 능력, 높은 노조 조직률과 노조 대표기구의 통제력 등을 들 수 있다. 또한 국가, 정부, 노조의 공식, 비공식적 협의 관행도 중요한 문화적 요인이 된다. 네덜란드, 스웨덴, 덴마크, 노르웨이 등에서 의미 있는 사회협약을 실행하고 있다.

노동공유 프로그램이 혼자만의 '자유의 왕국'으로 들어가기 위한 사적 결단이나 실업자에 대한 동정에서 비롯되어서는 바람직하지 않다. 노동공유, 사회협약을 위한 도덕적 결단은 공공선, 사회적 선에 대한 자각과 실천의지에서 출발해야 한다. 이것은 사회적 상호연관 체계의 한 부분이 왜곡되면 전체 사회의 발전과 이익을 침해한다는 인식에 기초한다. 좋은 사회, 건강한 사회로 나아가는 사회구성원의 실천전략은 공적이익의 증가가 사적이익 증가에도 보탬이 된다는 공리주의적 관점을 일정 부분 반영하기도 한다.

노동공유와 사회협약은 자기연민에서가 아니라 보편적 형제애에 기초해야 한다. 사회와 노동시장에서의 다른 행위자를 경쟁자, 적대자 혹은 단순한 기능수행자로 이해하는 한 경쟁의 탈락자는 사회적 질서에 다시 편입되는 데 막대한 심리적 · 사회적 비용을 감수해야 한다. 노동공유와 사회협약이 경쟁에서 도태될 연민과 자기연민과 심리적 불안에서 출발한다면 이러한 심리적 동인은 경쟁에서 승리한 경우 부정적인 자기과시의 사회적 행위로 나타날 수도 있다. 사회발전에 불가피한 요소로서 경쟁의 원리가 작동하더라도 그것의 운영방식은 건전한 것이어야 한다.

여기서 말하는 건전한 경쟁의 원리는 기능적인 측면에서뿐만 아니라 사회적 행위자의 행위준칙으로서 보편적 형제애를 말한다. 보편적 형제애에 기초한 노동공유와 사회협약은 사회와 노동시장에서의 다른 행위자와의 관계를 경쟁자에서 인격적 관계로 전환한다. 제도적 강제력에 의한 사회적 연대가 약화하는 새로운 노동여가 패러다임에서는 사회적 행위자의 보편적 형제애에 대한 재인식이 더욱 절실하다. 이러한 보편적 형제애의 재인식은 도덕적 각성을 촉구하는 데 그쳐서는 안 된다. 교육을 통한 사회화 과정에서 다양한 교육 프로그램과 실천 프로그램을 가동하고, 교과 과정의 전 영역에 이러한 관점을 반영하도록 해야 한다. 또한 기업 및 각종 영리집단이 사회서비스를 제공하도록 법률적·행정적 정비와 함께 정책적 혜택을 제공함으로써 사회구성원이 봉사와 사회 기여적 삶의 의미와 가치를 확신할 수 있도록 유도해야 한다.

넷째, 새로운 노동을 위한 실천윤리는 노동 정의에 입각해야 한다. 노동 정의는 정당한 노동에 대한 정당한 임금의 지급이라는 전통적인 관념을 넘어서 노동을 하는 모든 사람이 인간으로서 삶을 영위하는 데 필요한 기본소득을 보장하는 것을 의미한다. 또한 노동 정의는 노동능력이 있고 노동할 의사가 있는 사람들에게 노동할 기회를 사회적으로 제공하는 것을 의미한다. 노동 정의는 고급노동과 저급노동의 양극화를 최소화하는 것, 임금의 적절한 책정과 임금의 양극화를 조정하는 것을 의미한다. 21세기의 이와 같은 전근대적인 노동 현실을 척결하는 것이 한국적 노동 정의 실현의 첫걸음이 될 것이다.

성찰&생각 키우기

1. 지니(Gini)는 "청교도의 노동윤리는 노동의 고통과 불가피성을 호도하며, 노동자들을 계속해서 노동하게 한다."고 비판하였다. 이것은 자유노동이 아닌 강제노동의 야만 성을 잊게 하고 노동에 목적론적 의미를 부여하기 위한 것이라고 비판한다. 이러한 비판에 동의하는가?

2. 노동할 기회가 점점 소멸하고 노동의 기회도 비정규노동이나 불안전노동이 실현되 는 오늘날의 노동시장에서 노동자인 나는 무엇을 어떻게 해야 하는가? 오늘날 노동 을 위한 노동자의 연대는 어떻게 가능할 수 있는가?

3. '일자리'를 얻지 못한다는 것은 인간으로서 살아가는 데 인간의 자기존중과 권리 및 사회적 생존 자체를 불가능하게 한다. 청년 일자리 창출을 위한 정부정책의 문제 중 가장 핵심적으로 수정 · 보완이 필요한 정책은 무엇인가?

4. 탈산업사회의 노동문제에서 정규노동자와 비정규노동자 간의 갈등은 노동계급 간의 갈등에 끝나지 않고 심각한 사회적 갈등으로 이어진다. 이 문제에 대한 사례를 제시 하고, 사례에 대한 대안과 전체 노동정책을 어떻게 변화시켜야 하는지, 변화를 방해 하는 요소는 무엇인지 토론해보자.

5. 어떤 노동을 하고 싶은가? 왜 그 노동을 하고 싶은가? 어떤 노동경험을 했는가? 그러한 노동경험이 나의 노동관에 변화를 가져왔는지에 대해 의견을 교환해보자. 나와 동료, 한국인의 노동관과 다른 나라 노동자들의 노동에 관한 의식의 차이를 조사하고 차이의 원인을 주제로 토론해보자.

6. 나는 취업을 위해 무엇을 하고 있는가? 나의 취업희망 직종, 취업을 위한 스펙 관리, 취업 준비 전략, 현재 준비상황에 대해 자기평가를 하고 동료의 조언과 평가를 들어보자.

7. 마르크스의 지적처럼 필요에 의한 노동과 생산적 노동은 다르다. 나의 취향과 이 양자를 잘 결합하는 직종이나 직업군을 찾아보라. 진정한 의미의 생산적 노동을 위한 자기관리와 노력의 구체적 대안들을 주제로 토론해보자.

8. 마르크스는 "노동이 놀이와 같아질 수 없다"고 주장한다. 마르쿠제는 "노동과 놀이가 같아져야 한다"고 주장한다. 어떤 주장에 더 공감하는가?

9. 자유계약에 의한 프리랜서식 노동형태의 문제를 구체적으로 나열하고 이들의 노동
   소외를 극복하기 위한 법률적 · 정책적 대안을 주제로 토론해보자.

10. 벤야민의 도시 개념을 내가 사는 도시나 방문했던 도시에 적용해 분석해보라. 나는
    어떤 도시의 어디에서 환등상의 체험과 파노라마적 경험, 문지방 체험을 하였는가?

10

돈, 울고 울리는 마술 혹은 종교

프리뮬러

1 돈, 울고 울리는 마술 혹은 종교

● ● ●

돈 문제 때문에 발생하는 우울한 뉴스가 자주 신문 지면을 장식한다. 다음 뉴스를 보자.

> 김 모(55세) 씨가 자신이 살던 15층 아파트 베란다에서 뛰어내려 사망했다. 이날 저녁 김 씨와 아내 한 모(44세) 씨는 한 씨의 암 수술 문제로 심한 말다툼을 벌였다. 한 씨가 자궁경부암을 앓아오다 최근 수술을 받았으나 병세가 호전되지 않자 김 씨가 재차 수술을 권유했고, 한 씨가 치료비 걱정 때문에 수술을 받지 않겠다며 이를 거부하면서 언성이 높아졌던 것. 김 씨는 말다툼 끝에 자신의 아파트 베란다에서 창밖으로 뛰어내리고 말았다(《뉴스앤뉴스》, 2012. 1. 14).

위 사례는 돈이 생명을 빼앗은 경우다. 절대 빈곤에 시달리는 사람들이나 상대적 빈곤감에 괴로워하는 사람들에게 돈은 괴로운 존재이다. 시대와 사회 및 계급을 떠나 인간이 사는 삶의 공간에서 돈으로부터 자유로운 존재는 없다. 청빈낙도를 주장하든 무소유를 주장하든 생존을 위한 경제적 토대는 돈으로 환산된다. 이것은 근검하며 수준에 맞게 생활한다는 의미 또는 자신의 돈 의식에 대한 변론의 의미 이상을 가지지 않는다. 탈산업사회를 지나 신자유주의적 경쟁체제하에서 돈과 생존은 크게 다른 의미의 차이를 보여주지 못한다. 초·중등교육 과정에서 황금만능주의나 배금주의를 비판하는 글쓰기를 가르치는 선생님이나 글쓰기를 하는 학생도 자본주의 사회에서 필요한 만큼의 돈을 갖기를 원한다.

"자본주의는 종교다"라고 말한 발터 벤야민의 테제를 패러디하면 '돈이 종교인 세상'이 되어버렸다. 성실하게 저축해서 집 사서 결혼하고 자녀교육을 하던 시대는 지나갔다. 누구나 부동산 재테크와 땅 투기, 주식 등에 관심을 두게 되었다. 하룻밤 자고 나니 아파트 시세 차익으로 몇천만 원이 생기고, 돈을 빌려 주식투자 하는 사회적 경험을 체화하는 과정에서 돈은 종교가 되었다. '유전무죄', '무전유죄'의 왜곡된 사법질서를 체험하면서 다시금 돈이 종교가 된다. 조직적인 부정부패와 뇌물을 통한 입법로비를 일상적 사건으로 경험하는 사회에서 돈은 종교가 되었다. 교육을 통한 신분상승의 기회가 사라지고 돈의 힘으로 계급이 재생산되는 사회에서 돈은 종교가 된다. 신의 영역에서도 돈은 종교가 되었다. 기독교 경전인 성경에는 "네 하나님 여호와께서 네게 기업으로 주신 땅에서 네가 반드시 복을 받으리니 너희 중에 가난한 자가 없으리라"는 구절이 있다. 그런데 한국의 주류 종교가 된 기독교의 성직자들은 가난해서 성직을 팔고, 가난해서 교회를 매매하고, 가난해서 부의 대물림을 하고 있다. 신의 추방과 돈의 신격화가 일부 성직자들에 의해 자행되고 있다.

그런데 사실 돈이 부정적 의미의 역할만을 하는 것은 아니다. 인간의 심리적·사회문화적 측면에서 긍정적인 기능과 역할을 하는 것이 사실이다. 이 장에서는 첫째, 돈의 본질이 무엇인지를 살펴볼 것이다. 둘째, 돈의 긍정적이고 부정적인 사회문화적 기능과 역할을 짐멜의 '돈의 철학'을 중심으로 살펴볼 것이다. 다음으로는 한국인의 돈에 관한 가치관을 비판적으로 검토하고자 한다. 이러한 일련의 논의는 돈-인간-사회의 내적 관계를 이해하고, 돈에 관한 가치체계를 비판적으로 성찰하는 데 있다.

2 교환 형식으로서의 돈

●●●

돈은 교환의 한 형식이다. 그럼, 먼저 교환의 역사로서 돈의 역사를 살펴보자. 서양에서 돈이 유통된 것은 기원전 6세기경 리디아(Lydia)에서 최초의 주화가 만들어지면서부터이다. 우리나라는 고려 성종 15년(996)에 '건원중보'라는 주화를 만들어 유통한 것이 돈 유통의 시작이다. 우리나라에서 원 단위 돈이 유통되기 시작한 것은 1962년 긴급 통화 조치 이후의 일이다. 서양에서 오늘날과 같은 지폐와 동전이 만들어지고 국지적 차원을 넘어 국제적 차원에서 일반적인 교환수단으로 사용된 것은 18세기 이후의 일이다. 돈이 유통되기 이전에 돈의 역할을 한 교환의 수단은 조개껍데기나 밀 같은 곡물, 동물, 노예, 가죽, 농기구, 장신구 등이었다.

그렇다면 가치교환의 수단으로서 돈은 어떻게 통용되었을까? 교환이 성립하려면 '등가적 관계'가 성립해야 한다. 어떤 물건 A와 물건 B의 등가적 관계를 성립시켜야 한다. 아마존의 원시림이나 아시아의 원시부족 주민의 경우 돼지 한 마리와 옷 몇 벌, 금속 칼이나 도끼와의 교환이 이루어진다. 이러한 등가적 관계를 성립시키는 경우는 사회와 문화, 특정 공동체의 물적 자원의 분포나 자원 확보의 필요성에 따라 기준이 다르다. 물건의 교환이라는 원시적 교환관계가 아니라 물건과 물건의 가치를 추상적으로 계산하고 가치교환을 다른 형태로 하기 위해서 '제3의 매개체'가 필요했다. 교환의 매개수단은 돈이 최초의 형태는 아니었다. 마르크스는 《자본론》에서 돈이라는 화폐 형식이 일반적인 교환수단이 되는 과정을 크게 4단계로 나누어 설명한다.

첫 번째 단계는 단순한 가치형태를 갖는 경우이다. 앞서 언급한 바와 같이 단순 물물교환 형태에서 발생하는 가치교환이다. 이때 한 물건은 다른 물건의 가치를 평가하는 기준이 되고, 다른 물건은 그 물건에 의해 가치를 측정 받는다. 가치를 평가하는 기준이 되는 물건은 능동적 역할, 그것에 의해 가치를 평가받는 물건은 수동적 역할을 하게 되며 등가물이 된다.

두 번째 단계는 전면적인 가치형태를 갖는 경우이다. 물물교환으로서 가치교환이 우연성에 기초한다면 이 단계는 모든 물건에 대하여 가치교환이 이루어지는 단계이다. 모든 물건 사이에 등가적 가치가 성립되므로 각각의 물건은 다른 물건에 대하여 등가를 결정하는 척도가 되거나 등가물이 되는 이중의 역할을 한다. 마르크스는 이 경우 무정부적인 교환상태가 발생할 수 있다고 말하고 있으나 다음 단계에서 해소된다고 본다.

세 번째 단계의 교환은 특정한 물건이 물건의 가치를 평가하는 하나의 유일한 척도로서 인정되고 다른 모든 물건에 대하여 등가적 관계를 성립시키는 일반적 가치형태의 단계이다. 다시 말해 "모든 다른 상품(물건)이 사회적 행위 때문에 특정한 상품이 별도로 지정되어 배제되고 그들 상호 간의 가치를 표현"하는 단계이다.

네 번째 단계는 가치교환의 형태로서 돈(화폐)의 등장이다. 이 단계는 일반적 등가물의 역할을 하는 것이 '돈'이며, 돈만이 유일하게 독점적 지위를 갖는다. 교환의 형식이라는 측면에서 돈이 본격적으로 유통되는 네 번째 단계는 가장 순수하고 추상적인 교환형식으로서 돈의 성격이 드러난다고 할 수 있다.

오늘날 추상적인 교환의 형식은 돈뿐만 아니라 주식, 신용카드, 체크카드와 같이 다양하게 변화하고 있다. 이것들은 돈과 달리 비물리적 형태를 띠고 있으며, 교환 형식으로서 돈의 역할을 한다.

3 돈의 긍정적인 사회문화적 기능과 역할

●●●●

돈에 관한 철학적 분석을 본격적으로 한 인물은 독일의 철학자이자 문화사회학자인 게오르그 짐멜이다. 짐멜은 돈의 본질을 '모든 질적 가치를 양적 가치로 환원'하는 데서 찾는다. 그에 따르면 돈은 행위와 생산물의 과정에서 행위자의 의도나 진정성뿐만 아니라 삶 자체도 양적 가치로 환원시켜버린다. 짐멜은 이것을 다음과 같이 서술한다.

> 모든 돈의 본질은 무제한적 교환 가능성, 즉 각각의 부분을 양적 측정에 따라 다른 부분으로 교환하게 하는 그러한 내적 통일성이다.

짐멜은 돈이 모든 것을 교환가치로 전환하게 한다고 한다. 짐멜은 '질적 가치를 양적 가치로 환산하는 돈'을 말하고 있지만, 그 경우뿐만 아니라 질적 가치가 측정되지 않고 양적 가치로 환산되는 경우도 많이 있다. 가령 순수 예술가의 예술작품이 예술적 완성도나 예술사적 업적과 상관없이 교환 가능한 금전적 가치로 환산된다. 예술의 금전적 가치가 희소성과 특정 시점의 상황에 따라 달라지는 경우도 흔하다. 강연료가 한 시간에 300만 원 하는 대중 연설가가 있고 100만 원 하는 대중 연설가도 있다. 지명도와 관계없이 강연료가 100만 원 하는 대중 연설가의 강연이 내용 면에서 더 나은 경우도 흔하게 볼 수 있다. 여기서 우리는 질적 가치, 과정적 가치, 내적 가치를 문제 삼지 않고 금전으로 양화하는 것이 돈의 본질임을 알 수 있다.

이제 짐멜이 말하는 돈의 특성에 대해 살펴보자. 무엇보다 돈은 다른 교환 수단과 비교해 비밀스러운 교환을 가능하게 한다고 한다. 물론 오늘날 특별한 경우에 비밀스러운 자금흐름에 대한 추적기능을 사용할 수 있지만, 정상적인 교환은 상대적으로 비밀성이 있는 것이 사실이다. 두 번째는 돈의 무형식성과 추상성 때문에 완전히 다른 영역과 가치에 돈이 투자될 수 있다는 것이다. 가령 석유 펀드나 곡물 펀드 혹은 부동산에 투자하는 경우를 생각하면 쉽게 이해할 수 있다. 세 번째로 돈은 누구한테서 흘러나왔는지 쉽게 알 수 없고 감추기가 쉽다는 것이다. 이것은 돈이 갖는 무형식성에서 오는 특성이라고 할 수 있다.

돈이 인간의 경제적 삶의 동맥 같은 역할을 하는 시대에 들어서면서 돈은 인간의 삶에 심대한 영향을 미쳐왔다. 짐멜은 이 점을 주의 깊게 고찰한다. 돈의 기능 중 주목해야 할 점은 돈에 의한 소유물과 개인의 분리이다. 돈의 유통이 활발하지 않던 시대에는 소유물과 개인은 분리되지 않았다. 토지 소유와 부, 가축 수와 부, 올리브나무 수와 부, 하인 수와 부, 자동차 수와 부의 관계처럼 소유와 부의 관계가 일치하지 않게 하는 것이 돈이다. 소유물이 없어도 돈이 많으면 부와 사회적 인정을 받는 것이 화폐경제의 모습이다. 지위와 부의 관계를 약화시킨 것도 돈이라고 볼 수 있다. 과거의 폐쇄사회에서 사회적 지위와 부의 정도는 비례하는 경향이 강했다. 그러나 화폐경제 시대의 그러한 비례관계는 상당히 약화하였다. 또한 돈은 개인적이며 지역적인 결합관계를 상당히 느슨하게 만들어버린다. 짐멜은 "베를린에서 미국 철도, 노르웨이 저당권, 아프리카 금광 수익"같은 "원거리 형식의 소유 형식"이 돈에 의해 가능했다고 지적한다.

계속해서 그는 개인과 집단의 관계가 돈을 매개로 변화되었다고 본다. 중세의 길드체제하에서 개인과 길드가 분리될 수 없었던 것처럼 농경사회에서 개인은 집단에서 분리될 수 없는 강한 결합관계를 유지해왔다. 개인과 개인의 상호작용은 집단 내에서만 가능했다. 그런데 화폐경제하에서 돈은 이러한 관계를 해체하는 역할을 하였다. 돈이라는 경제적 가치를 창출할 수 있는 '목적 집단'을 개인이 선택하고 탈퇴하는 자유로운 상황이 전개된 것이다. 이것을 짐멜은 "관심이 돈에 집중되고, 재산이 돈으로 구성되는 한 개인은 자신이 속해 있는 사회 전체에 대하여 독립된 중요성을 갖고 있다는 경향 및 감정"이 생긴다고 표현했다. 오늘날 각종 재테크를 위한 투자자모임이나 연봉 협상에 따라 자유롭게 이직하는 경우들이 좋은 사례이다.

이제 돈이 인간과 사회에 미친 긍정적인 영향에 관한 짐멜의 분석을 따라가 보기로 하자.

❶ 돈은 지성주의 문화를 촉진한다

짐멜은 지성에 대해 "현실을 세계에 대한 구체적 의미에서 객관적으로 드러내 주는 우리 정신의 기능들"로 정의한다. 또한 지성은 '객관적인 성격'을 띠며 모든 요소를 동등하게 고찰하는 '중립적인 거울'이라고 본다. 돈의 속성 역시 지성과 마찬가지로 그 자신은 어떤 고유한 특성이 있지 않고 가치를 중립적으로 나타내는 거울과 같은 것으로 본다. "지성과 돈의 유사성은 화폐경제의 발달에 따라 지성주의 문화를 확산시키는 데 일조했다"고 짐멜은 말한다. 구체적으로 돈은 인간의 인식태도를 측정하여 정밀하게 비교 분석하게 함으로써 지성주의 문화를 강화시킨다는 것이다. 여기서 문제는 '얼마만큼'이며, 전제의 타당성 역시 따져볼 필요가 있다.

❷ 돈은 자유의 확대와 개인주의 발달에 이바지했다

물물교환시대가 끝나고 화폐경제로 이행한 이후 돈의 소유자는 가치교환의 시기와 장소를 자기 마음대로 선택할 수 있다. 돈의 사용과 관련된 지역성과 시간성의 제약을 받지 않는 자유의 확대가 이루어진 것이다. 또한 돈은 인간의 적극적인 자유를 표현하는 수단이 되었다. 짐멜에 따르면 개인의 적극적인 자유 표출은 소유를 통해서 나타나는데, 그것을 가능하게 하는 것이 바로 돈이라는 것이다. 충분한 돈(재화)을 가진 사람의 자유의 크기와 필요재를 살 만큼의 적은 수입을 가진 사람의 자유는 돈의 크기와 비례한다. 이동성의 확장, 필요한 전자기기의 자유로운 구입, 안전성과 편리성이 겸비된 자동차 구입, 편안하고 안락한 주거공간의 확보 등은 돈의 크기에 의해 결정된다. 이처럼 돈을 통한 적극적 자유의 표현은 자신의 존엄과 품위를 향상하는 데 이바지한다. 짐멜은 적극적 자유의 표현으로서 소유한다는 것은 어떤 대상을 압도

▲ 로이 리히텐슈타인, 〈차 안에서〉
1963년 / 캔버스에 마그나펜 / 172.7×203.2cm / 로이 리히텐슈타인 재단 소장

한다는 것, 대상이 나에게 저항하지 못하게 한다는 의미가 있다. 자유의 크기는 결국 돈의 크기 정도에 의해 결정된다는 것이다.

여기서 짐멜이 말하는 자유는 내적 자유나 정신적 자유가 아니라 '소유하고자 하는 물적 대상을 소유할 수 있는 자유'를 의미한다. 이러한 관점에서 짐멜은 돈을 통한 적극적인 자유의 표현이 개인주의의 발달에 이바지했다고 주장한다. 그래서 그는 "돈이 개인의 가장 고유한 영역 내에서만 달성될 수 있는 가장 내적인 것의 수문장"이라고 말한다. 물론 우리는 소유의 자유가 인간 본연의 자유를 확대하는 데 본질적인 문제인가에 대하여 물을 수 있지만, 짐멜이 말한 것처럼 돈을 통한 자유의 향유방식도 있음을 인정해야 할 것이다. 그러나 우리는 돈을 통한 적극적인 자유의 표현이 개인주의의 발달 원인 중의 하나일 뿐 핵심적인 원인인가에 대하여 짐멜에게 질문을 던질 수 있다.

❸ 경험주의적 사고의 발달에 영향을 주었다

짐멜은 근대에 들어 경험주의적 사고와 경험주의 학문의 발달 원인은 돈을 축으로 한 화폐경제의 결과라고 말한다. 돈은 모든 대상을 추상적 단위로 환원하는데, 그러한 경향이 인간의 사고와 근대 학문에 영향을 미쳤다는 입장이다. 이러한 주장은 일견 타당성이 있는 주장처럼 보이지만, 경험주의 사고의 발달이 가져온 결정적인 원인은 근대 천문학, 기하학, 물리학 같은 자연과학의 발달이 더 큰 영향을 주었다고 보아야 할 것이다. 근대 이전에도 화폐는 경제생활의 중요한 매개 역할을 했으며 경험주의적인 사유는 얼마든지 찾아볼 수 있다는 점 역시 지적되어야 한다.

☑ 법률문화, 법률의 객관성을 높이는 데 이바지했다

짐멜은 돈이 법률의 객관성과 명확성을 높이는 데 이바지했다고 본다. 짐멜에 따르면 법률적 해석은 "모든 개인적인 재화들은 하나의 돈이 등가물을 갖고 있다는 가정에 기초"한다는 것이다. 짐멜이 사례로 제시하는 살인 배상금이나 민사소송의 판결에 따른 손해배상은 법률적인 이익의 침해와 실질적인 이해의 침해에 대하여 구체적인 손해액을 산정하는 것이다. 짐멜의 관점에서 그러한 손해액의 산정은 피해당사자나 손해를 입힌 사람에게 객관적이고 명확한 근거를 제시하는 법률적 행위이며 법률체계의 실질적인 지배를 강화시킨다는 것이다. 짐멜의 주장에서 문제는 손해배상금을 산정하는 데 있는 것이 아니라 산정기준의 정확성, 객관성, 타당성에 있다고 봐야 한다. 이러한 손해배상금 산정기준의 검토는 사례나 판례에 관한 경험적인 연구가 뒷받침되어야 할 것이다.

짐멜이 언급하지 않은 돈의 긍정적 기능은 그 밖에도 많이 있다. 돈은 인간의 행위에 동기를 유발한다. 특히 성취동기를 자극하거나 사회적 인정욕구를 자극한다. 이 경우에 돈은 행위 동인이 된다. 또한 돈은 심리적 안정감을 주거나 불안을 감소시키는 긍정적 기능이 있다. 가령 매달 오피스텔 월세를 걱정하는 사람과 걱정할 필요 없이 여유자금이 있는 사람의 심리적 안정감은 굳이 비교할 필요도 없다. 때로는 돈이 자존감을 강화시킨다. 원하는 상품으로 자신을 돌보고 꾸미는 사람은 돈을 매개로 자존감을 높이고 그 때문에 만족한다. 돈은 사회적 기여활동의 폭을 넓히는 데도 도움이 된다. 돈은 자원봉사를 할 수 없어도 각종 기부와 자선활동으로 이웃과 사회에 이바지할 수 있는 통로를 제공한다고 할 수 있다. 경우에 따라서 돈은 행복감을 증가시킨다. 성실하게 노력하여 자신의 집을 마련할 때, 미래의 꿈을 위해 돈을 벌 때 행복을 느끼게 된다.

4 돈의 부정적 기능과 역할

● ● ● ●

앞에서 우리는 짐멜이 지적한 돈의 본질과 돈의 특성 및 사회
문화에 미치는 긍정적 역할에 대하여 살펴보았다. 그런데 그의 지
적처럼 우리는 돈이 항상 중립적이거나 긍정적인 영향력을 발휘하는 것만이
아니라는 사실을 잘 알고 있다. 짐멜 역시 돈이 가지는 이중성, 돈이 가진 부정
적 영향에 대하여 고찰하였다. 그의 고찰대상은 '돈의 문화가 가장 발달해 있
으며 돈이 가장 많이 유통되는 대도시'의 인간이다. 짐멜은 돈이 대도시에 거
주하는 사람들의 심리에 어떠한 부정적인 영향을 미치는지에 대해 분석했다.

먼저 짐멜은 돈이 주는 자유가 불안한 인간의 삶을 야기한다고 지적한다.
오히려 공허함과 불안정한 심리를 조장한다는 것이다.

> (돈은) 사람들로 하여금 모든 우연하고 변덕스러우며 유혹적인 충동을 느끼게
> 한다. (돈은) 공허함과 불안정성을 촉진한다. (돈으로 얻은) 그러한 자유는 새롭게 획
> 득된 자신의 자유가 단지 모든 덧없는 가치로부터 우상을 만들 기회만을 제공할
> 뿐이다. 이것은 불안정한 사람의 운명과 다를 바 없다.

결국 돈으로 얻은 행복은 사람들로 하여금 삶의 의미상실이나 내적인 불
안을 떨쳐버리지 못하게 한다는 것이다. 경우에 따라서는 삶의 권태에 시달
리게도 한다. 한 가지 사례를 들어보도록 하자. 제시된 사례 1과 2는 우리에게

무엇을 말해주는가? 이 문제에 대하여 분석해봐야 한다.

60대의 한 부유한 남자가 있다. 그는 여행을 안 다녀본 나라가 없고, 맛집 순례를 안 해본 곳이 없다. 한때는 독서와 음악, 미술 같은 취미생활에도 열중하고 사회봉사나 기부활동에도 참여했다. 각종 지역 관변단체 위원 같은 명함도 많이 있다. 그는 성실하고 좋은 사람이며 정치적 출세에 관심이 없다고 주위 사람들은 말한다. 아내와의 사이도 문제가 없다. 아이들은 미국에서 공부하고 그곳에서 자리 잡았다. 그런데 이 남자는 자신의 친구들에게 "삶이 재미가 없다"고 하소연한다.

2

재개발 때문에 토지보상을 받아 백억 대의 재산을 형성한 한 여성이 있다. 그녀는 백억 대의 재산 중 일부를 토지매입에 사용해 돈을 다시 2배 가까이 축적할 수 있었다. 그녀는 명품과 고급 차, 해외여행, 맛집 순례 등 하고 싶었던 일들을 5년에 걸쳐서 다 해보았다. 그녀는 돈이 주는 행복감과 자신감에 몇 년을 취해서 살았지만 그런 것들이 일상이 되자 자신의 성취 욕구를 해결하지도, 삶의 만족감을 느끼지도 못하게 되었다. 그녀는 빌딩을 짓고 자신의 빌딩에서 커피 하우스를 운영하며 살고 있다. 그녀는 종종 화내고 웃으며 삶의 희로애락을 즐기게 되었다고 말한다.

짐멜이 말한 돈이 대도시의 인간에게 미치는 부정적 영향 중 또 하나는 냉담함이다. 앞서 우리는 돈을 운용하는 데 측정, 계산, 비교검토와 같은 일련의 의식적 활동이 지성주의 문화를 촉진하는 데 이바지했다는 짐멜의 주장을 살펴보았다. 그런데 그러한 의식적 활동은 때로는 이해관계에서 얼음 같은 냉정함이 필요하다. 끊임없이 변화하는 대도시 삶의 리듬 속에서 화폐경제의 논리를 습득하게 되며, 위와 같은 심리적 경향으로 고착된다는 것이 짐멜의 주장이다. 이러한 설명이 얼마나 타당한가? 돈을 매개로 사고하고 삶의 리듬에서 돈의 역할이 중요한 계기를 제공하는 이상 짐멜의 주장은 실로 타당하지 않은가? 돈이 유통되지 않는 사회적 상호작용과 돈을 매개로만 발생하는 사회적 상호작용을 비교한다면 쉽게 이해될 것이다. 가격, 품질, 디자인을 비교해 가며 인터넷 쇼핑을 하는 사람, 이익을 창출하기 위해 이익률이 높은 저축상품이나 펀드상품을 정밀하게 분석하는 사람들을 생각해보라. 실제로 가족 대소사에서 가족구성원의 역할 분담, 성장한 자녀의 부모님 생활비나 병원비 분담, 동호회의 회비 분담, 식사나 데이트 비용 분담 등 냉정함의 심리적 경향들이 '원칙'이나 '합리성'이라는 이름으로 이루어지기도 한다. 돈과 관련된 냉정한 심리적 경향들은 형제자매 간 소송이나 다양한 다툼사건 등으로 신문의 사회면을 장식한다.

돈의 부정성과 관련해서 무엇보다 가장 심각한 것은 인간을 탈인격화시키며 상품화한다는 데 있다. 가령 남녀의 매춘행위, 정자 팔기, 자발적 대리모, 노예계약, 노예노동 등의 경우 '인격'은 사라지고 오직 '돈벌이'만 남는다. 몸매와 얼굴을 상품화해서 자신의 시장가치를 상승시키려 노력하는 경향성은 단순히 개인적 만족의 차원을 넘어서 자신을 탈인격화하고 상품화하는 행위이다. 개인적 차원에서뿐만 아니라 기업적 차원에서의 조직적인 가격담합, 거짓 허위광고, 농수산물 원산지 표시 부정, 가짜상품 판매, 보이스 피싱 같은 각종 사기행위는 생산자, 기업주, 유통업자가 자신을 스스로 탈인격화하고 '돈 버는 기계'임을 드러내는 행위이다.

선거철마다 일어나는 돈 봉투 사건, 선거철 향응 제공과 관련된 사건들은 매수자와 향응 제공자뿐만 아니라 수뢰자나 향응 제공을 받은 자 모두 자신의 인격을 파는 행위이며 그러한 행위를 통해서 자신을 탈인격화시키는 것이다. 파워 블로거들의 거짓 상품리뷰 역시 다를 것이 없다. 영화 〈수상한 고객〉에서 보험설계사는 자신의 자산축적 욕구를 역설적으로 자극하려고 일부러 자신을 '연봉 10억 못하면 짐승 새끼'라고 탈인격화시킨다. 이러한 탈인격화 전략은 적극적 동기부여로 작용할 수도 있지만, 돈의 논리와 자기집착에 빠져 자신의 인격을 상실하게 하는 위험에 노출되어 있다.

　돈의 부정성과 관련해 지적해야 할 사회적 문제는 계급·계층의 골을 더 확장시키는 데 있다. 오늘날 돈은 단순한 경제적 자본의 정도만을 표시하지 않는다. 돈은 사회적 자본, 문화적 자본, 교육 자본, 정치적 자본 등 다양한 자본의 형태를 잠식하는 데 그치지 않고 블랙홀처럼 빨아들인다. 돈으로 권력과 명예를 사고, 돈으로 사회적 허명을 얻고, 돈으로 원하는 방식의 친교집단을 만들어내고, 돈으로 자녀의 학력과 미래를 만들어내는 세상이 되었다는 것을 부정하는 사람은 없을 것이다. 금융 산업의 발달과 재테크의 생활화는 돈의 양극화를 확대 재생산하고, 그로 인한 계급 간 격차를 극복하지 못할 정도로 심화시켰다. 20 대 80 사회에서 99 대 1의 사회경제 담론이 이를 잘 대변해준다. 돈의 양극화는 '묻지마 살인' 같은 극단적인 살인이나 '부자에 대한 증오심' 같은 사회적 갈등양상을 낳는다.

　돈의 부정성은 인간관계를 물화시킨다. 돈은 모든 것을 교환가치로 전환하는데, 인간 역시 예외는 아니다. '있는 자와 없는 자'는 단순히 사회 계급론적 관점만이 아니라 우리 삶의 질서를 지배한다. "없어 보이는데…… 만나지마", "야, 럭셔리한데 우리 친하게 지내자~", "집이 그렇게 작다며? 그 애하고 놀지 마라", "없는 친구들하고 만나니 서로 부담되더라. 어디 먹으러 가는데도 서로 눈치 보고." 우리는 이런 말들을 흔히 듣고 살며 종종 스스로 말하기도 한다. 위의 예문들은 타자를 돈의 가치로 환산하고 인간관계의 내용을 직접 규정하는 사례들이다. 자본주의 사회 이전에 인간관계의 위계질서가 사회적 지위였다면 오늘날 그것을 결정하는 핵심 인자는 돈이 되어버렸다. 돈의 많고 적음이 인간관계를 결정하는 부정적 요인으로 작용하는 삶의 체험들은 다시금 돈의 중요성을 부정적 방식으로 학습시킨다. 우리는 다음과 같은 대사를 드라마나 생활 속에서 종종 경험한다.

"야, 살아보니까 돈이 최고야."

"돈으로 안 되는 게 있니? 돈으로 해결해."

"그 친구 돈 냄새 맡고 왔지, 왜 왔겠어?"

"어떻게 하든(수단과 방법을 가리지 말고) 돈을 모아라. 그리고 정승처럼 쓰면 되지."

"그 친구 아들 돈 믿고 유세 부리지. 별거 없잖아."

"돈으로 친구도 얻을 수 있고 사람도 살 수 있단다."

"조직을 움직이려면 돈이 일단 있어야지."

"인격과 교양은 돈으로 살 수 없지만 그런 친구들이 다 내 직원들이야. ㅋㅋㅋ"

"돈이 삶의 윤활유야. 그 친구들이 왜 계속 같이 살고 있겠어."

자본주의 사회, 그것도 도덕적 자본주의가 아니라 천박한 자본주의 문화가 숨 쉬는 사회는 돈이 인간을 연결하고 끊어버리는 혈관이 된다.

5 우리 사회의 돈에 관한 인식,
그리고 넘어서기

● ● ●

짐멜의 돈의 철학, 돈의 사회학은 돈의 긍정성과 부정성을 잘 보여주고 있다. 한국사회의 돈에 대한 인식, 돈의 사회적 기능과 역할, 돈의 문화에 나타난 전 사회적인 부정적 현상을 비판적으로 고찰하고자 할 때, 짐멜의 사회문화적 분석은 시사하는 바가 크다. 우리 사회는 황금만능주의, 배금주의에 젖어 있다고 해도 과언이 아니다. 그런데 다른 한편으로는 유교 사회적 전통에 남아 있는 돈에 관한 부정적인 인식 역시 쉽게 확인할 수 있다. 한국인의 돈에 대한 인식은 돈에 대한 집착과 숭배, 돈에 대한 혐오라는 중첩적인 태도를 보여준다.

먼저 돈에 대한 부정적 태도를 살펴보자. 〈흥부전〉을 포함한 수많은 전래동화에서는 '부자=욕심꾸러기'라는 스키마가 고정되어 있다. 나이 든 세대들은 대부분 돈 이야기를 공개적으로 하기를 꺼린다. 그 이유는 짐작하듯이 돈밖에 모르는 사람으로 비치거나 천박한 사람으로 인식되길 바라지 않기 때문이다. 졸부들의 행태를 조롱하면서 졸부를 돈밖에 모르는 미성숙한 인간이라고 생각한다. 어떤 모임에서도 돈에 관련된 얘기를 먼저 꺼내는 것을 주저하는 경향이 있다. 그래서 돈 문제가 현안임에도 다른 사람이 먼저 문제를 제기하기 바라는 경우가 많다.

돈 문제 때문에 발생한 인간관계의 갈등에서도 많은 경우 "내가 돈 때문에 그런 것이 아니라" 하는 수사를 자주 구사하는 것이 우리 한국인들이다. 돈을 노력과 사회적 성취의 결과로 보기보다는 행운의 결과, 운과 때를 잘 만난 우연적 결과라고 생각하는 의식도 여전히 존재한다. '돈 자랑은 열등감의 표현이다'라는 생각도 은연중에 가지고 있는 것이 사실이다. 돈 문제에 대해 자주 말하는 사람을 이해타산에 밝은 사람, 옹졸한 사람 등으로 매도하기도 한다. 또한 특정 그룹에서는 '가난은 부끄러운 것이 아니다'라는 생각도 학습 받아온 것이 사실이다. 국회의원 선거나 대통령 선거에서는 누가 더 가난한가 하는 '가난 마케팅' 경쟁을 한다.

그렇다면 왜 이런 문화 DNA가 성립된 것일까? 상공업, 금융업 종사자를 천시하고 학문과 청빈을 중요한 덕목으로 보았던 유교사회의 문화적 코드가 여전히 우리의 의식 속에 살아 있기 때문일 것이다. 농경사회에서 농업은 모든 생산직업 중 최고의 직업이었다. 농사 이외의 다른 직업을 천시하는 농경 문화적 인식태도가 여전히 남아 있는 것은 사실 그렇게 놀라운 일이 아니다. 1960년대와 70년대까지만 해도 한국인은 대부분 농업에 종사하였고 산업화에 따른 농민의 도시로의 유입 이후에도 농경 문화적 사고에서 벗어나지 못했다는 점을 감안하면 말이다. 고속 압축 성장 시대를 지나온 오늘날에도 그 잔영은 여전히 남아 있다.

돈에 대한 부정적 인식과 반대되는 현상으로 한국인의 돈에 대한 과도한 집착과 강박 증상을 꼽을 수 있다. 한국인의 돈에 대한 강박 증상은 각종 조사 통계에서 확인할 수 있다. 조선일보와 여론조사 기관이 전 세계 17개국의 국민을 대상으로 한 설문조사를 살펴보자. 행복과 돈의 상관관계에 관한 질문에서 '돈과 행복이 무관하다'고 답한 한국인은 7.2%에 불과하다. 대부분 한국인은 '돈=행복'이라고 생각한다. 돈이 행복감과 불행의식을 가져오는 근본원인인 것이다. 돈의 양이나 삶의 편이성 측면에서 비교하기 어려운 인도네시아 국민 중 44.2%, 베트남 국민 중 20.8%가 '행복은 돈과 상관없다'고 답한 결과와는 매우 대조적이다. 행복지수를 결정하는 요인은 상당히 다양하다고 할 수있는데 왜 이런 응답결과가 나오는 것일까? 그것은 아마도 돈이 있고 없고에 따른 사회적 편견과 무시 경험, 상대적 빈곤감과 박탈감의 축적, 과잉경쟁 체제에서 업적성취를 확인받는 실증적 자료로서 기능하는 돈에 대한 인식이 강하기 때문일 것이다.

저출산의 원인을 묻는 경우에서도 '돈'이 문제이다. 설문에 응한 한국인의 50% 이상이 돈 문제를 그 원인으로 꼽았다. HSBC 보험그룹이 전 세계 17개국의 경제활동인구(30~60세)를 대상으로 한 2011년 설문조사 항목 중 '은퇴' 하면 떠오르는 단어를 묻는 말에서도 한국인의 대답은 55%가 '돈'이었다. 선진국의 응답자들의 '자유'를 연상한다는 대답과는 커다란 차이를 보여준다. 같은 아시아 국가인 말레이시아·중국·대만의 응답자 60% 이상이 '자유'를 꼽았던 것과도 대조적이다. 조선일보와 여론조사 기관의 합동설문 중 '미래 세대를 위협하는 요인'에 대한 설명에서도 '돈의 문제'를 29.8%로 가장 많이 꼽았다. 한국인들은 그야말로 '돈 문제'를 인생의 전부인 것처럼 생각하는 것일까? 실제로 어떤 경험연구는 한국인의 물질에 대한 집착이 미국인의 세 배, 일본인의 두 배에 이른다고 밝히고 있다. 그렇다면 한국인의 돈에 대한 강박은 어디서 온 것일까? 몇 가지 가능한 대답을 생각해보자.

첫째, 부정적인 역사 사회적 경험의 산물이다. '돈이면 모든 것이 다 된다'는 역사 사회적 경험을 체화한 한국인들은 돈의 노예처럼 돈에 집착한다. 급격한 산업화와 도시화의 발달에도 시스템의 불안정성, 부정부패로 인한 사회적 성공, 뇌물을 통한 욕구의 실현과 성공의 역사를 눈으로 몸으로 경험한 한국 현대사의 역사 사회적 경험이 돈에 대한 집단적 강박을 낳았다고 본다.

둘째, 여타 선진사회와는 다른 과도한 경쟁체제의 산물이다. 좁은 땅, 과잉인구, 자원이 부족한 나라에서 인적자원의 개발과 활용은 국가의 생존전략이다. 과잉경쟁은 이미 사회 전 영역에 걸쳐 구축되었다. 게다가 과도한 교육열은 과잉경쟁체제를 가속했다. 이러한 체제에서 살아남기 위해 개인적 투쟁은 불가피하다. 특히 IMF 사태 이후 항시적 구조조정, 직업 불안정성의 강화는 개인의 사회적 생존을 최고의 삶의 가치로 삼게 했다. 돈을 모으고, 재테크해서 자산을 불리는 것이 사회적 생존의 주요한 수단이 된 것이다.

셋째, 부족한 사회적 안전망이다. 2011년을 전후로 소위 '보편적 복지'가 사회적 담론이 되었지만, 사회적 약자, 저소득층을 위한 사회적 안전망은 다른 복지국가와는 비교할 수도 없는 실정이다. 교육, 결혼, 결혼 후 주택 구입, 육아, 구직, 실업, 퇴직 등 생애 주기마다 국가나 사회가 아닌 개인이 해결해야 하는 사회 시스템 때문에 한국인은 밤낮으로 '돈'을 찾고 새해 인사까지도 "돈 많이 버세요"라고 덕담을 하게 된 것이다.

넷째, 삶의 가치의 다양성, 가치 위계질서의 왜곡이 돈에 대한 집착을 낳았다고 볼 수 있다. TV를 보라. 집 자랑, 명품 자랑, 차 자랑, 매번 똑같은 패턴의 드라마, 연예인들의 신변잡기식 토크쇼, 맛집 소개, 스포츠, 음악 오디션 프로그램, 다시 드라마. 방송과 미디어에서는 교양과 문화를 살찌우는 방송은 없고 하나같이 쇼, 드라마, 잡담, 연예인 프로가 전부이다. 책을 안 읽는 국민이 TV를 보면서 하는 사회적 학습이란 대개 이런 종류의 것이다. 동료와 만나서 하는 이야기들 역시 연예인 이야기, 명품 이야기, 아파트 이야기 등이다. 정신적인 가치, 문화적인 가치를 말하거나 숨 쉬는 공간이 막혀 있다. 이런 환경에서는 물질이나 돈이 주된 화두가 되며 가치 피라미드의 맨 위를 차지한다. 우리가 사는 사회문화적 환경은 삶의 차별화 전략을 정신적 가치에서가 아니라 물질적인 것, 돈에서 찾게 한다.

다섯째, 돈 이외에 다른 사회적 관계나 다른 방법을 통해 삶의 만족감을 찾는 능력을 상실했다. 삶의 만족감 요인은 다양하며, 생애 주기나 가치에 따라 다양하다. 다양한 사회적 관계를 통해서도 돈이 주는 만족과 행복을 일정부분 대체할 수 있다. 따라서 대체능력을 키우는 자발적 능력개발과 사회적 학습프로그램이 필요하다.

한국인의 돈에 관한 이중적 인식은 역사 사회적 산물이다. 부정만으로도 해결할 수 없고 그렇다고 '지금 그대로'를 받아들일 수도 없다. 오늘날 자본주의 사회에서의 삶의 질서를 생각하거나 한국과 같은 천민자본주의 경제구조와 복지 없는 복지사회에서 돈으로부터 자유롭기 위해서는 일정한 돈의 축적이 불가피하다. 동시에 돈에 관한 인식의 전환이 필요하다. 어떻게 인식을 전환할 것인가? 부정부패, 뇌물공화국의 암울한 자화상을 지켜보는 한국인들의 심성에 호소하거나, 규범적인 주장에 대한 호소가 얼마만큼 효과가 있을까? 결국 문제는 위에서 제기한 '돈에 대한 강박'을 양산하는 사회문화적 구조의 개선이 필수적이다.

성찰&생각 키우기

1. "사람 나고 돈 났다", "돈 주고도 못 사는 것이 지개(지조와 기개)다", "돈은 만악의 근원이다" 등은 배금주의를 비판하는 속담이다. 돈과 관련된 속담을 돈 벌기, 돈 거래, 빚, 돈의 소유, 돈의 지출, 돈의 효용성 등으로 분류하고 그 속에 나타난 돈에 관한 의식을 분석해보자.

2. '돈'에 대한 자신의 생각을 하나씩 적어보라. 나의 돈 벌기와 지출 내역을 검토하고 '돈에 관한 자신의 생각'과 지출내역이 얼마만큼 일치하는지 검토하라. 돈 관리의 개선이 어느 부분에서 필요한가? 무엇을 위해 금융지식에 대한 학습이나 재테크 노하우를 배우고 있는가?

3. 다음은 돈에 대한 가치를 묻는 지문이다. 항목에 따라 ⓐ 매우 그렇다. ⓑ 대체로 그렇다. ⓒ 그렇다. ⓓ 그렇지 않다로 대답하라.

   · 사회적 성공은 돈을 많이 버는 것이다.
   · 내가 번 돈은 눈치 보지 말고 내 마음대로 써야 한다.
   · 돈으로 할 수 없는 것은 거의 없다고 본다.
   · 돈과 인간이 풍요롭게 사는 것은 깊은 관계가 없다.
   · 김장훈이나 빈곤자가 기부하는 것이 이해가 안 된다.
   · 돈만 있었으면 내 인생은 지금과는 완전히 달라졌을 것이다.
   · 취업이나 이직 시 제일 중요한 것은 연봉이다.
   · 수입과 지출의 원칙에 따라 재테크를 하고 있다.
   · 당장 상환 능력이 없다고 판단되는 경우 친구나 친인척에게 돈을 빌려주지 않는다.
   · 돈 많은 사람에 대해 부러움과 열등감을 종종 느낀다.
   · 누가 나의 재정 상태나 집이 부자인지를 묻는 것에 부담감을 느낀다.
   · 돈의 유무에 따라 심리변화가 크게 나타난다.

· 부자는 존중되어야 한다고 생각한다.

· 관계를 좋게 하기 위해서는 돈이 필요하고 인맥관리에 필수적이다.

· 사람을 선택하는 데 교양이나 학력, 인품보다 돈이 우선이다.

· 많은 돈을 벌 수 있다면 자존심과 양심을 잠시 잊을 수 있다.

· 투자와 투기는 실질적으로 아무런 차이가 없다고 생각한다.

· 정당하지 않은 돈, 뇌물도 관행이면 받을 수 있다.

4. 한국인이 부자를 바라보는 이중적 시각을 구체적 사례를 통해 설명하고, 사회 정책적 대안이 무엇인지 토론하라.

5. 돈 문제로 인한 저소득층의 자살이 매년 증가하고 있다. 일반적인 자살예방 프로그램이 아니라 경제적 원인에 의한 자살을 예방하는 사회적 대책을 토론해보자.

6. 한국인의 돈에 관한 의식에 대한 저자의 견해가 타당한지 토론해보자.

7. 돈의 긍정적 기능에 관한 짐멜의 주장을 비판하거나 주장을 강화하는 논거들을 제시하라.

8. 돈의 문화가 인간심리에 미치는 영향에 관한 짐멜의 생각은 얼마나 타당한가? 이 문제에 관한 입장을 제시하고 토론해보자.

11

정의, 분노와 희망의 변주

머위

1 정의의 기준이 있는가?

●●●●

마이클 샌델의 저서 《정의란 무엇인가》가 지난 몇 년간 폭발적인 인기를 끌고 있다. 인문학 서적으로는 보기 드물게 100만 권 이상 팔려나갔다. 왜 이런 현상이 나타나는가? 한국사회에 정의(justice)에 대한 사회적 경험이 없기 때문인가? 한국인들이 정의에 목말라서인가? 우연의 일치인지는 모르나 '정의'의 광풍이 일자 이명박 정부는 후기 국정지표로 '공정한 사회'를 들고 나왔다. 그런데 공정한 사회를 국정지표로 삼은 정부의 외교장관 딸이 해당 부처에 특채로 채용된 사건이 발생했다. 현실과 '공정한 사회'라는 국정운영의 이념과의 거리, 이러한 거리를 한국인들은 일상적으로 경험하고 있는 것은 아닐까? 국가기관이나 각종 국가 산하 기관의 자리를 노리는 '취업 로열층'이 존재한다는 것이 일반적인 인식이다. 우리는 이와 같은 것은 '공정하지 않다'고 말한다. 대기업인 현대자동차 노조에서 노조간부들의 자녀가 취업을 원하는 경우 특혜를 줄 것을 사측에 요구한 사건도 발생했다. 우리는 이것은 공정한 것이 아니라고 말한다.

같은 자격을 갖고 같은 일을 하는데 급여가 다른 경우에 우리는 '부당하다', '공정하지 않다'고 말한다. 여성들은 같은 성과를 올려도 동일 직장 남성보다 적은 보수를 받거나 승진에서 배제되는 것에 분노하며 말한다. 이건 공정하지 않다고. 어떤 직장인은 같은 노동을 하는 경우에 근무연한에 따라 임금이 책정되는 것, 부양가족 수가 많은 경우에 더 많은 급여가 지급되는 것이

공정하다고 생각한다. 그런데 어떤 직장인은 성과와 기여도를 기준으로 해야 하며 나머지는 '개인의 문제'이므로 그것이 임금산정의 요소가 되는 것은 공정한 기준이 아니라고 생각한다. 진보적인 성향이 있는 사람들은 사회적 기여도와 상관없이 가난한 사람들은 국가로부터 충분한 인간적인 삶을 보장받아야 한다고 생각한다. 보수적인 사람들은 노력하지 않는 사람들을 도와주면 복지병에 걸리고 자립적인 삶을 못살게 한다고 생각하며 보편복지 자체를 부정한다. 어떤 사람들은 모든 시민이 동등한 기회와 참여를 보장받는 것이 공정하다고 생각한다. 어떤 사람들은 기회와 참여도 개인의 의지와 노력 및 능력에 따라야 하며 획일적인 잣대로 판단하는 것이야말로 공정에 반하는 것으로 생각한다.

그런데 '공정하다', '부당하다', '형평에 어긋난다'라고 판단하는 객관적 기준이 성립할 수 있는가? 객관적 기준에 사람들이 동의했다면 그 기준을 무조건 지키는 것이 공정한 것인가? 객관적 기준은 모든 사회에 동일하게 적용되어야 하는가? 실제로 많은 사람이 공정성에 대한 객관적 기준이 있다고 생각했지만 과연 그런가? 대답은 '아니다'이다. 기본적으로 사람은 이기적이며 자신의 이익을 최대화하는 데 관심이 많다. 그래서 자신의 이익이 스스로 수용할 만큼 관철되면 공정성에 대한 시비를 걸지 않는다. 그런데 자신의 이익이 침해되었다고 생각하면 공정성을 요구한다. 이렇듯 공정성은 입장에 따라 다르다. 좀 더 자세히 들여다보면 개인의 정치적 성향, 사회적 지위, 수입 정도, 결혼 여부, 나이, 객관적 능력, 계층귀속감, 성별에 따라 공정성에 대한 인식의 정도와 개념이 다르다. 또한 공정성에 대한 인식은 사회의 중심 흐름, 정치 문화적 환경, 역사적 상황에 영향을 받는다.

위에서 말한 '공정하다', '공정하지 못하다'는 판단은 결국 정의를 둘러싼 판단들이다. 정의의 문제는 무엇이 옳고 정당한가에 관한 판단의 문제이다. 이 장에서는 정의의 기준과 원칙들을 살펴보고 한국사회는 정의로운 사회인지, 한국사회에서 정의를 실현하려면 무엇이 필요한지를 검토해볼 것이다.

2 정의의 기준과 원칙에 관한 생각들

① 트라시마코스: 강자의 이익이 정의다

앞서 우리는 많은 사람이 정의의 객관적 기준이 있다고 가정하지만 실제로 존재하지 않는다고 살펴보았다. 소피스트인 트라시마코스(Thrasymachus)는 "강자의 이익이 정의다"라고 주장한다. 소피스트(sophist)는 '지혜를 가진 사람', '현자'라는 의미가 있는데 그리스 사회에 등장한 최초의 직업교사 집단이기도 하다. 아테네를 중심으로 한 델로스 동맹이 페르시아전을 승리로 이끌면서 아테네의 정치사회적 영향력이 확대되었다. 새로운 인재양성의 필요성이 대두된 시점에 등장한 소피스트들은 연설과 설득의 기술, 수사학과 처세술의 훈련을 통해 정치사회적 성공을 거둘 수 있다고 믿었으며 성공이 곧 정의라고 생각했다. 성공한 자의 생각과 가치, 그가 관철한 이익이 곧 정의라는 생각이다. 승자독식의 논리가 정의이다. 트라시마코스의 말을 들어보자.

정의란 것은 사실 다른 사람에게 좋은 것, 즉 더욱 강한 자 그리고 통치자들의 이익이며 복종하고 섬기는 자들에게는 해가 된다. 이와는 반대로 정의롭지 못한 것은 참으로 순진하고 정의로운 사람들을 조종하기 위한 것이다. 그런 사람들은 자신이 섬기는 사람들을 행복하게 만드는 것일 뿐 결코 자기 자신을 행복하게 만들지는 못한다.

트라시마코스의 정의론은 강자의 정의론, 권력을 가진 자의 정의론이다. 마키아벨리는 《군주론》에서 통치자의 이익을 위한 통치의 방법과 기술을 설파한다. 절대 권력의 실현을 통해 통일된 이탈리아를 꿈꾸었던 마키아벨리에게 정의란 통치자의 정의이며 통치자에 의해 실현될 수밖에 없다.

그런데 과연 한 사람이나 특정한 몇 사람, 특정한 집단만을 위한 법률, 정치행위가 정의라고 할 수 있는가? 박정희나 전두환 정권하에서의 각종 표현과 결사의 자유를 침해하는 정치행위나 법률이 정의라고 할 수 있는가? 당연히 그것은 정의가 아니라 정의의 이름으로 치장된 강자의 힘의 논리이다. 전두환 군사정권의 등장과 함께 유포된 '정의사회의 구현'이라는 정치이데올로기를 생각해보라. 정의롭지 않은 사회에서 힘을 가진 자가 '정의'를 말할 때 그 정의는 사이비 정의이다.

② 아리스토텔레스: 덕이 정의다

정의의 문제를 본격적으로 논의한 인물은 아리스토텔레스(Aristoteles)이다. 그는 《니코마코스 윤리학》에서 정의를 "사람들로 하여금 옳은 일을 하게 하며, 옳은 태도로 행동하게 하며, 옳은 것을 원하게 하는 성품"이라고 정의한다. 여기서 우리는 아리스토텔레스가 정의를 '덕'의 연관 속에서 덕의 한 부분으로 정의하며, 심지어 "덕은 완전한 정의다"라고 말한다. 아리스토텔레스는 올바른 심성, 올바른 태도, 올바른 행동이 덕이며 정의라는 근본 생각을 보여준다. 다른 한편으로 그는 자신의 이득만을 추구하고 남의 것을 탐하는 것, 사회적으로 승인된 법률을 어기는 행위 역시 정의가 아니라고 말한다.

위법한 사람과 욕심이 많고 불공정한 사람은 모두 부정하다고 생각된다. 따라서 법을 준수하는 사람과 공정한 사람은 옳은 사람일 것이다. 이처럼 옳음이란 준법적인 것과 공정한 것을 포함하며 불법이란 무법적인 것과 불공정한 것을 포함한다.

욕심이 많고 불공정하다는 것은 '분배의 정의'에 관한 문제이다. 아리스토텔레스는 법을 "공동체를 위해서 행복 및 행복의 부분을 만들어내고 지키는 것"이며 "공동의 이익을 위해 제정되는 것"으로 본다. 따라서 여기서 말하는 법은 '정의의 원칙'으로 해석해도 큰 무리가 없다. 다음 사례를 아리스토텔레스의 관점에서 평가해보라.

1

기업형 슈퍼마켓(SSM) 문제로 서민경제가 더더욱 어렵다. 기업형 슈퍼마켓이 골목상권을 장악해 영세상공인, 자영업자의 생계수단이 다 없어지는 형국이다. 기업형 슈퍼마켓은 지역의 100개 영세사업장을 잠식하는 효과가 있다. 대기업들이 기업형 슈퍼마켓을 점령하고 나서는 빵가게, 편의점, 심지어 떡볶이까지 손을 뻗치고 있다. 그런데 문제는 법망을 교묘히 피해 골목상권을 장악한다는 것이다. 게다가 그곳에서 일하는 노동자들은 최저임금에 계약직으로 근무한다.

분배의 정의 차원에서 대기업은 업종의 적절한 분배에 의해 정의를 저버리는 행위를 하는 것이다. 중소기업 적합업종, 대기업 적합업종, 자영업자 적합업종의 구분은 경제적 역할분담을 어떻게 공정하게 구분해야 하는가의 문제와 관련이 있다. 경제활동 주체의 능력과 전체 사회의 이익균형 및 경제적 공공선의 실현이 곧 정의 실현의 문제이다. 대기업이 법을 위반하지 않았어도 법망을 자신의 이익관철을 위해 의도적으로 교묘하게 이용했다는 점에서 위법적이지 않지만 '덕'의 행위는 아니다. 이 경우에 법을 넓은 의미의 '정의의

▲ '월가를 점령하라' 시위 모습

원칙'으로 가정하면 위의 행위들은 법의 정신을 훼손한 행위라고 볼 수 있다.

분배의 정의와 관련해 아리스토텔레스는 "명예, 금전, 국민 간에 분배될 수 있는 것들의 분배"를 말한다. 아리스토텔레스는 명예를 최고의 것으로 인정했고 명예가 있는 사람은 재화가 적어야 한다고 보았다. 궁핍한 사람에게 재화가 더 많이 분배되어야 한다는 입장이다. 그는 공공선의 관점에서, 다시 말해 공동체의 행복에서 이루어지는 분배를 공평한 분배로 보았다. 필요한 사람에게 필요한 만큼의 분배가 이루어져야 한다는 입장이다. 그의 관점에서 산업이 발달한 지역에 각종 자원과 자본을 집중 투자하는 개발방식은 자원의 정의로운 분배에 해당하는 것이라 할 수 있다.

아리스토텔레스의 시각에서 '정의로운 사람'은 타인에게도 덕을 베푸는 사람이다. 베푸는 것은 시혜적인 차원이나 반대급부를 원하는 것이 아니라 정의로운 사람의 자연스러운 행동이다. 덕을 가지고 행위를 할 때 그 행위자는 행복하며 타인도 행복하고 사회도 행복하다는 것이 아리스토텔레스의 입장이다. 결국 덕으로서의 정의는 공공선을 추구하는 것을 말한다. 그런데 과연 덕을 잘 발휘하는 정의로운 사람이 많을까? 많지 않은 것이 사실이다.

아리스토텔레스는 "많은 사람이 자신의 일에는 덕을 발휘할 수 있지만 이웃사람의 일에는 그렇지 못하다"고 말한다. 우리는 흔히 자신에 대해서는 한없이 관대하고 남들의 행위나 실수에 대해서는 엄격하고 냉정한 잣대를 적용한다. 정의와 관련해서도 마찬가지이다. 아리스토텔레스의 말처럼 우리는 타자의 이익, 공동체의 이익과 관련된 것에 대하여 '나 몰라라' 하는 태도를 보이곤 한다. 다음의 사례를 아리스토텔레스의 관점에서 평가해보라.

G는 환경문제에 관심이 많다. 처음에는 환경 영화제 같은 것을 보러 다니다가 환경 관련 시민단체 활동을 시작했다. 사회에 의미 있는 일을 한다고 자부하고, 누군가 시간과 열정을 가지고 해야 한다고 생각했다. 집에서도 분리수거를 철저히 하고 친환경 물품, 자원재활용을 한다. 그런데 그녀가 사는 아파트 인근에 소각장이 들어온다는 시당국의 발표 후에 속이 불편하다. 아파트 가격이 하락할 것이라는 생각과 흐트러진 재정계획 때문에 소각장 이전 반대모임에 참여하기로 했다.

G는 정의로운 사람인가? 그녀는 공공선을 위해 환경운동에 참여한 정의로운 사람이었다. 그런데 공공선과 자기 이해가 충돌하는 상황에서 G의 선택은 정의로운 선택이 아니었다. 자신의 사적 이익과 공동의 이익을 계산하는 과정이 생략된 채 G는 자신의 사적 이익을 선택했다. 결국 G는 덕을 발휘하지 못한 사람이다.

❸ 롤즈: 공정이 정의다

롤즈의 정의는 공정으로서 정의(justice as fairness)이다. 그는 공정이 실현된 사회를 '정의로운 사회'로 규정하고, 어떻게 그러한 사회가 가능한가를 이론적으로 탐색한다. 가상의 공정한 사회를 만들기 위해 롤즈는 '원초적 입장'(original position)이라는 '순수한 가상적 상황' 개념을 등장시킨다. 원초적 상황은 "아무도 자신의 사회적 지위나 계층상의 위치를 모르며 누구도 자기가 어떠한 소질이나 능력, 지능, 체력 등을 천부적으로 타고났는지 모른다는 점이다. 심지어 당사자들은 자신의 가치관이나 특수한 심리적 성향까지도 모른다고 가정된다."

원초적 입장에 있는 인간들은 이처럼 무지의 베일(veil of ignorance) 속에 있다. 롤즈는 왜 이런 가설적 상황과 무지의 베일을 가정해야 했을까? 대답은 간단하다. 이러한 무지의 베일 속에서만 타고난 자연적 우연성(건강, 외모, 인종)이나 사회적 여건의 우연성(전쟁 상태, 평화 상태)으로 인해서 유리하거나 불리하지 않은 공정한 정의의 원칙을 세울 수 있기 때문이다. 또한 최초의 공정한 상황으로서 원초적 입장에 들어선 인간은 '합리적'이며 상대방의 이해관계에 관심이 없다. 이러한 상태에서만이 공정한 합의로서 정의의 원칙이 가능하다. 계속해서 롤즈는 정의의 원칙을 세우는 데 다섯 가지 전제조건을 앞세운다. 그 원칙은 ① 원칙의 일반성, ② 원칙 적용의 보편성, ③ 원칙의 인지, ④ 상충하는 요구 간의 우선순위 결정, ⑤ 원칙의 변경 불가능성이다. 이상의 정의에 대한 원칙이 최초의 당사자들이 정하는 일반적 정의의 원칙이라면 원초적 입장 당사자들의 숙고와 수정과정을 거쳐 최종적으로 도달하는 것이 아래 정의의 두 원칙이다.

제1원칙 각자는 타인의 동등한 자유와 양립 가능한 한도 내에서 권리를 가진다(평등한 자유의 원칙).

제2원칙 사회경제적 불평등은 다음 두 가지가 있다.
① 최소 수혜자에게 최대의 이익이 되고 모든 사람에게 이익이 되

어야 한다(차등의 원칙).

　② 공정한 기회균등하에서 직책과 지위는 모든 사람에게 개방되어
야 한다(공정한 기회균등의 원칙).

제1원칙이 자유를 우선하는 원칙이라면 제2원칙은 재산, 소득, 권한, 책임 등에 차등을 두지만 모두에게 이익이 되는 조건에서는 차등을 두지 않는다. 그렇다면 두 가지 원칙 간의 충돌이 발생할 때 무엇이 우선 고려되어야 하는가? 롤즈는 제1원칙이 제2원칙에 우선한다고 주장한다.

이처럼 롤즈는 정의의 원칙들이 실현되는 사회를 '질서 있는 사회'라고 말한다.

사회구성원들의 선(good)을 증진하도록 고안되었을 때, 그리고 정의(공평성)에 관한 공공의 인식에 의해 그 사회가 효과적으로 통제될 때 그 사회는 매우 안정된 상태라고 할 수 있다. 즉 모든 사람이 정의의 원칙을 받아들이고 다른 사람들도 그러한 정의의 원칙을 받아들이고 있다는 사실을 인식하며, 나아가 사회의 근본적인 제도들이 이러한 원칙을 일반적으로 존중하고 있을 때, 그 사회는 질서 있는 사회라고 할 수 있다.

그렇다면 아래에 제시된 사례를 롤즈의 관점에서 평가해보라.

북한의 기아문제가 심각하다. 김대중 정부와 노무현 정부는 유연한 대북정책의 기조 아래 대북 쌀 지원 및 남북정상회담, 남북경제협력사업, 민간인 교류사업을 적극 추진하였다. 이에 반해 이명박 정부는 호혜성의 원칙에 입각해 최소한의 대북 지원만 하고 있다.

2

대기업 S는 모든 계열사의 입사시험에서 학력 기재란을 없애기로 했다. 블라인드 테스트를 통해 능력 있는 인재를 적극 발굴하겠다는 취지이다. 인사원칙도 나이, 근무연한을 배제하고 업무능력에 따른 인사배치와 연봉계약을 매년 하기로 했다. 업무평가 방식도 다면평가로 바꾸었다. 그런데 또 다른 대기업 H는 학력별로 채용 인원을 정하고 같은 업무성과의 경우에도 근속연한과 학력, 애사심을 연봉에 반영 하기로 했다.

3

초등학교나 중학교의 교사 중 여성교사 비율이 90% 가까이 되고 있다. 교육 당국 은 성 역할 교육과 학생지도 및 학교행정에서 남성교사가 필요하다는 입장이다. 교육 당국은 임용정책을 바꿔 내년부터 전체 임용교사 응시자 중 10%를 남성으로 채용할 예정이다. 단, 여성합격자와 최저점수에서 -5점 이내를 대상으로 한다고 발표했다.

앞서 살펴보았듯이 롤즈의 공정으로서의 정의는 근대의 사회계약론자들이 가정한 자연 상태와 같은 '원초적 입장'을 전제로 한다. 그런데 과연 항시적인 이익갈등이 존재하고 이익관철을 위한 입법로비와 정책입안자를 대상으로 한 로비가 공식·비공식으로 이루어지는 현실에서 '원초적 입장'이라는 가설적 상황 설정이 의미가 있는가? 일반 상비약의 슈퍼판매를 저지하려는 대한약사회와 그들의 입장을 대변하는 관련 상임위 국회의원들의 행태가 생활세계에서도 일상적으로 목격되는 것이 현실이다. 롤즈의 정의 원칙은 현실사회에서 실현될 수 없으며, 그가 가정한 '완전히 정의로운 사회'에서만 통용된다는 비판을 면하기 어렵다.

그 다음으로 롤즈의 공정으로서의 정의 개념은 계약 자체의 형식적 공정성이 확보되었다 해도 힘의 불균형적인 관계로 인해 내용적인 공정함이 확보되지 못하는 계약들에 대하여 계약을 계속 준수하라고 할 수 있는가? 연예인의 노예계약, 부동산 계약 시 소위 다운 계약서 작성, 뉴타운 개발 과정에서 세입자들과 집주인, 시공회사, 시당국과의 이해갈등 같은 문제를 롤즈의 공정으로서의 정의관으로 설명하는 데 어려움이 있다. 또한 과연 롤즈의 주장처럼 자유가 절대적 우선권을 갖는지도 의문인 경우가 있다. 가령 자유의 부분적 손실을 감내하면서 더 많은 경제적 보상을 얻는 경우들이 현실에서 더 자주 발견되기 때문이다.

▟ 프레이저: 동등한 참여가 정의다

미국의 여성 철학자 낸시 프레이저(Nancy Fraser)는 지구화 시대의 새로운 정의를 모색해왔다. 프레이저의 관점에서 기존의 정의론은 특정 국가공동체를 전제로 하거나 이상적인 사회를 전제로 한 논의들이었다. 지구화가 가속하면서 정의에 대한 새로운 요구가 분출하였다. 프레이저가 보기에 정의의 문제를 지구적 차원에서 새롭게 모색할 필요가 생긴 것이다. 오늘날 지구화는 자본의 국제적 이동, 노동의 노마드화, 문화의 초국적 현상, 수많은 영역에서 초국가 단체들의 활동, 다국적 기업들의 지구적 활동, 지구적 차원의 담론이나 아젠다의 생산과 유통, 상시적인 상호접촉으로 인해 더 이상 정의의 문제를 일개 단위국가의 문제로 보기 어려운 상황이다.

아일랜드·그리스·이탈리아의 경제위기, 일본의 원자력 폭발로 인한 세계경제의 악화, 이란의 핵 문제가 세계경제에 미치는 영향 등을 봤을 때 일국의 문제가 전 세계에 영향을 직접 미치는 상호의존과 상호영향 체제 속에 있다. 특히 한국과 같이 외부 위험요인에 쉽게 노출되는 사회에서는 지구적 상황의 변화에 민감할 수밖에 없다. 이것이 말하는 바는 소위 정의 문제에서 '당사자' 범위가 단일 국민국가 차원에서 전 지구적 차원으로 확장되었다는 것을 뜻한다. 다음 사례는 일자리 분배의 정의문제에 관련한 당사자 범위가 넓어진 사례이다.

1

이주노동자들은 주로 한국인이 꺼리는 3D업종에서 일한다. 건설현장의 단순 노무직도 대부분 이주노동자로 채워지고 있다. IT 분야에서도 인도 등 외국의 노동자들이 많이 유입되고 있다. 대학을 졸업하고 2년째 취업준비를 하는 K는 이러한 사실에 별다른 흥미가 없었다. 그런데 청년실업 문제가 어쩌면 이 문제와도 연관성이 있을 것이라는 생각이 들었다. 희망취업 분야가 달라도 장기적으로는 한국인의 일자리를 뺏는 효과와 함께 이해갈등이 발생하고 사회에 부정적인 영향을 줄 것으로 생각한다.

2

최근 4~5년 전부터 추진 중인 다문화정책들은 이주노동자, 결혼이주민을 포함한 모든 주한 외국인을 '다문화'라는 개념으로 통칭한다. 정책의 주안점은 결혼이주민에 놓여 있다. 그런데 다문화정책에는 다문화의 인정과 장려가 아니라 동화정책의 성격이 강하다. 다문화정책에 문화다원주의는 없고 문화적응 교육과 정착 도우미 프로그램만 있다. 정책의 입안과 추진에서 체류 외국인 130만의 목소리는 처음부터 배제되었고, 각종 언론에서는 "한국 며느리 다 되었어요" 하고 떠들어댄다.

이와 같은 사정에서 프레이저는 당사자의 문제를 해결하는 것이 지구화 시대의 정의문제를 새롭게 정립하는 데 중요한 문제임을 강조한다. 이를 위해 프레이저는 새로운 정의의 원칙으로 '동등한 참여'(parity of participation)의 원리를 내세운다. 동등한 참여는 첫째, 모든 사회구성원은 동등한 자격을 가지며 둘째, 사회적 상호작용에 동등한 자격으로 참여하는 것을 말한다. 그렇다면 동등한 참여의 원리가 구체적으로 어떻게 나타나야 하는가? 프레이저는 분배, 인정, 대표성이라는 세 가지 차원에서 찾는다. 경제적 차원에서 동등한 참여를 위한 물적 토대인 분배의 몫이 확보되어야 한다. 정치적 차원에서는 당사자들 모두 대표성을 가질 수 있어야 한다. 문화적 차원에서는 동등한 참여의 자격을 인정받아야 한다. 프레이저는 분배, 인정, 대표성이 확보되지 않는다면 동등한 참여를 통한 정의의 실현은 불가능하며 그것이 부정의라고 보았다.

그렇다면 각각의 차원에서 존재하는 부정의를 어떻게 제거하고 동등한 참여로서 정의를 구현할 수 있는가? 결국 이 문제의 해결은 전 지구적 차원에서 자본, 자원, 문화의 분배에서나 전 세계적인 주요 문제와 관련된 논의와 의사결정 과정에서 선진국과 개발도상국, 저개발 국가 간의 차이 없는 인정과 대표성을 '동등하게' 인정하고 '참여의 동등성'을 보장할 수 있는가의 문제이다. 따라서 제도적인 차원의 접근이 불가피하다. 문제는 과연 그것이 어느 정도의 수준에서 가능한가이다. 각종 국제기구나 세계경제기구 및 국제적인 민간단체에서 개발도상국이나 저개발 국가의 발언권과 대표성이 프레이저의 주장처럼 반영되고 있는가? 전 지구적 차원에서 국가 간 질서는 여전히 경제력을 바탕으로 한 힘의 논리에 의해 작동되고 있다. 국제법과 국내법이 갈등하는 상황에서 국제법의 강제력은 소멸하는 것이 일반적 상황이다.

프레이저의 정의 원리를 실현하는 가능한 방식은 '질서 있는 단일한 세계정부의 구성'에서 찾을 수 있다. 그러나 세계정부의 구성과정과 구성 이후의 '동등한 참여'의 문제는 여전히 미해결 과제로 남는다. 이러한 차원에서 볼 때 프레이저의 새로운 정의 원칙으로서 동등한 참여의 원리는 지구화 시대의 정의를 둘러싼 다양한 요구를 포괄하는 규범적 준거를 제공하지만, 실현 가능성에 한계를 보여준다. 다음 사례를 보자. 자국의 이익을 위해 책임을 위한 '동등한 참여'를 거부하는 경우이다. 프레이저의 관점에서 볼 때 무엇이 문제인가?

1

1997년 12월에 채택된 교토의정서는 지구 온난화를 막기 위해 선진 38개 국가가 2007년부터 2012년까지 온실가스를 1990년 대비 5.2% 줄이도록 하고 있다. 의정서는 온실가스 감축 의무대상국을 선진국에 한정했다. 이 의정서는 전 세계 온실가스의 30%를 배출하는 중국과 인도 같은 개도국을 제외했다. 게다가 18%를 배출하는 미국은 중간에 서명을 거부했다.

2

중국이 UN 상임이사국이 되었다. 한나라정책을 외교정책으로 채택했고 타이완을 유엔에서 탈퇴시켰다. 독일, 인도, 브라질도 상임이사국이 되기를 희망하지만 주변국인 이탈리아, 파키스탄, 멕시코가 반대하고 있으며, 중국과 한국은 일본의 상임이사국 진출을 반대한다. 일본이 아직도 과거 침략역사를 충분히 반성하지 않고 있다는 이유에서다. 일부에서는 '준상임이사국 신설방안'을 주장한다.

3 우리 사회에 정의는 있는가?

●●●●

영국의 사회학자 예란 테르보른은 《다른 세계를 요구한다》에서 "한국은 OECD에 가입한 부유한 국가 중 하나지만 사회정의가 뒤처진 나라"라고 지적한다. 그는 "한국이 길을 잃지 않으려면 사회의 지도와 가치관의 나침반이 필요하다"고 말한다. 한국이 필요한 다른 세계란 사회정의의 실현이라는 것을 암시한다.

그렇다면 한국인들은 한국사회를 정의로운 사회라고 생각하는가? 2010년 문화일보가 여론조사전문기관인 디오피니언과 공동으로 실시한 여론조사 결과, '현재 우리 사회의 공정성 수준이 어느 정도라고 생각하는가?'라는 질문에 '공정하지 못하다'는 응답이 69.6%를 차지했다. 2011년 정부에 의해서 실시된 여론조사 결과, '우리 사회가 공정하지 않다'는 응답이 73%였다. 특히 주목할 것은 20~30대 연령층에서 '공정하지 않다'는 응답이 가장 많았다는 사실이다. 한국인들이 향후 미래에도 공정한 사회, 정의로운 사회의 가능성을 내다보고 있는가? 대답은 회의적이다.

기획재정부가 2012년 1월에 발표한 〈2020년 한국사회의 질적 수준 제고를 위한 미래연구 보고서〉에 따르면 2020년에도 지도층의 준법수준, 정·재계의 투명성, 인사결정의 공정성 등에 큰 폭의 개선은 없을 것으로 나타났다. 이 보고서는 2020년에 "기회의 공정성 면에서도 교육기회나 승진, 취업 분야의 공정성은 보통수준 이상으로 개선되나 학벌의 불공정성은 여전하며 계층

간 이동이 쉽지 않을 것"으로 전망했다. 사회 신뢰 측면에서는 "지도층에 대한 불신이 시민 상호 간의 신뢰 문제로 확대돼 여전히 타인에 대한 신뢰는 낮을 것"으로 예측했다. 한국사회의 공정성에 대한 현재의 여론조사와 미래전망 보고서가 보여주는 것은 우리 사회가 지금이나 미래나 정의롭지 못할 것이라는 암울한 진단이다.

한국사회의 암울한 현실은 사회통계에서도 그대로 나타난다.

한국은 자살공화국이다. 한국은 OECD 국가 중 자살률 1위다. 청소년 자살률 역시 1위다. 2009년 통계에 따르면 국내에서 자살로 사망하는 사람을 계산하면 하루 평균 42.2명으로, 34분마다 1명이 자살로 사망하는 것을 의미한다. 성적 비관으로 자살하고, 가난으로 자살하고, 유치원생부터 90 먹은 노인이 자살하는 우울한 자살공화국이 한국이다.

한국은 성폭력 국가이다. 2009년 성폭력 사범은 1만 8,158명이었다. 영화 〈도가니〉의 소재가 된 특수학교에서 벌어진 성폭력에 대한 통계는 존재하지도 않는다. 2008년에 발생해 전 국민을 경악케 했던 '나영이' 사건 이후에도 아동 성폭력은 계속되었다. 13세 미만 아동 성폭력이 하루에 2.8건 일어난다. 성폭력을 저지른 교장이나 교사가 다시 교단에 서고, 성폭력범인 판사나 의사가 다시 같은 일을 하는 나라가 불행하게도 한국이다.

한국은 술 취한 사회이다. 2011년 세계보건기구(WHO)의 발표에 따르면 한국은 알코올 도수가 높은 소주·위스키 등 증류주의 1인당 소비가 세계 1위다. 한국 성인 1인당 증류주의 섭취량은 9.57리터, 전체 알코올 섭취량은 성인 1인당 14.리터로 나타났다.

한국은 비리공화국이다. 2011년에 발생한 저축은행 비리사건에 청와대와 감사원 고위공직자, 국전에 현직 국회의원의 연루, 전당대회 돈 봉투 사건, 금융경찰인 금융감독원 비리사건, 국토부 건설 수자원실 직원이 업체 관계자들로부터 룸살롱과 나이트클럽 등에서 향응을 받은 사건, 장학사 승진로비 사건, 교장의 방과 후 학교비리 사건, 사학재단 비리, 법조 비리, 지자체 단체장들의 비리, 정부 각 부처나 지자체 인허가 관련 뇌물수수나 공금횡령 사건이 끊이지 않고 있다. 공직 분야에서 매년 비리로 해임 또는 파면당하는 공무원이 3,000명에 이른다. 민간 부문도 더하면 더했지 덜하지 않다. 한국은 2011년 국제투명성기구(TI)에 의해 '뇌물방지 협약' 이행의지가 없는 국가로 분류되어 있다.

한국사회는 법을 안 지켜도 되는 사회이다. 2012년 초에 개봉된 영화 〈부러진 화살〉은 우리 사회의 사법 불신과 전관예우, 사법로비 및 법조 비리를 한눈에 볼 수 있게 해준다. 한국인의 법의식을 단적으로 보여주는 것이 '유전무죄, 무전유죄', '법은 지키면 손해'라거나 '법은 안 지켜도 된다'는 사고방식이다. KBS 〈개그콘서트〉의 애정남 코너는 이러한 우리 사회의 법의식을 블랙코미디 형식으로 보여준다. 바로 "안 지켜도 쇠고랑 차지는 않는다"는 멘트이다. 이것은 '법을 안 지켜도 된다'는 체험적 진리를 냉소적으로 표현한 것이다. 대통령이 '정당하지 않은 법은 안 지켜도 된다'고 말하는 나라, 법을 만드는 국회의원들이 법을 어기는 나라, 재벌 총수들의 범법행위가 사회기여도 참작이라는 명목으로 허용되는 나라, 법을 집행하는 사법부의 관리들이 빈번하게 비리에 연루되는 나라에서 사는 한국인은 법을 지키기 원하지 않으며 편법을 사용하고 법을 악용하는 데 익숙하다. 돈과 권력이 법 위에 있는 이상한 법치주의 나라이다.

한국사회는 한 줄 공화국이다. 사립 영어 유치원에 가기 위해 대기자 명단에 줄을 선다. 특목고를 가기 위해 줄을 서고, 성적순으로 대학에 들어간다. 대학은 서울대를 정점으로 줄이 서 있고, 재계서열에 따라 취업희망 기업의 줄이 만들어진다. 예쁜 여자들이 순서대로 줄을 서고, 돈 많이 버는 직업을 가진 남자들이 순서대로 줄을 선다. 결혼시장도 품계에 따라 줄을 세운다. 집의 크기에 따라 사람을 줄 세운다. 죽어서도 묘지의 크기에 따라 줄이 세워져 있다. 아무도 이 한 줄 공화국에서 벗어날 수 없다. 거부하면서도 수용하는 한 줄의 마술을 터득한 한 줄 공화국의 사람들이 한국인이다.

이와 같은 암울한 우리의 현실이 한국에 사회정의는 없다고 말한다. 그렇다고 냉소만 보낼 것인가? 정의롭지 못한 사회에서 한 개인이 정의롭게 살기란 무척이나 어렵다. 이것은 나의 불행이자 사회의 불행이다. 정의로운 한국 사회를 실현하기 위해서는 수천의 아이디어와 수백의 정책과 제도정비만으로 가능하지 않다. 한국인의 자기 성찰과 변화의 의지가 반드시 필요하다.

4 그래도 사회정의의 희망은 있는가?

●●●

사회정의 실현의 희망은 여전히 존재한다. 우리 사회에 정의에 대한 요구와 수요가 분출하기 때문이다. 그렇다면 어떻게 그 희망을 실현할 수 있는가? 먼저 부정의와 사회모순에 분노할 줄 알아야 한다. 정당한 분노를 표출하지 못하는 사회구성원이 존재하는 사회에서 늘 파시즘과 군사독재, 문민독재, 권위주의 정권이 권력을 휘둘러 왔다는 것을 세계사와 우리 역사가 증명하고 있다. "분노하라, 분노하라"고 말하는 프랑스의 지성이 있다. 스테판 에셀은 그의 저서 《분노하라》에서 부정의에 무관심한 지식인과 잠자는 시민의식이 부정의한 사회의 주범임을 강조한다. 문제를 제기하지 않는 잠자는 시민이 존재하는 사회에서 더 나은 사회로의 변화는 일어나지 않는다.

권력과 사회 부정의에 침묵하는 기능적 지식인, 권력 지향적 지식인, 기회주의적 지식인만이 존재하는 사회에서 권력은 브레이크 없는 자동차와 같은 것이다. 불행하게도 우리 사회에는 소수의 비판적 지식인만이 존재한다. 실제로 비판적 지식인마저 비판의 경력을 발판삼아 권력의 달콤한 유혹에 얼마나 많이 빠졌는가? 에셀의 '분노하라'는 메시지는 '잘 굴러가는 사회'처럼 보이는 사이비 조화를 거부하고 사회정의가 인간적인 사회를 구현하는 첫 번째 발걸음임을 분명하게 말한다.

'법률상 원인 없이 징수한 국립대학 기성회비를 반환하라'는 법원의 판결이 내려졌다. 서울대학교를 비롯한 8개 국립대학 학생 4,219명이 제기한 부당이득금 반환청구 소송 1심 판결에서 이와 같이 원고 일부 승소판결이 내려졌다. '과연 반환될까? 국립대학이 파산하지 않을까?'와 같은 문제가 제기되고 있고, 교과부는 적극적인 대응책을 세운다고 말하고 있다. 왜 국립대학은 법적 근거도 없는 기성회비를 자유롭게 걷는가? 지금껏 수만의 국립대 학생들은 알면서 또 모르면서 내왔다. 고액 등록금 문제는 2011년에 사회적 이슈가 되었다.

부정의에 대한 분노는 정의를 향한 열정으로 전환되어야 한다. 사회정의의 실현을 위해 제도적인 측면에서 무엇이 어떻게 바뀌어야 하는가? 한국사회는 1987년 정치민주화로의 패러다임의 전환을 가져오면서 형식적 민주주의, 정치적 민주주의를 달성하였다. 그러나 내용적 민주주의, 질적 민주주의는 여전히 요원한 상태이다. 정당구조의 후진성과 지역감정에 기대는 정치행태, 사회적 변화와 시민의 다양한 욕구를 수용하지 못하는 제왕적 대통령제하의 후진적 의정문화, 권위주의적 질서가 여전히 팽배하다. 정치와 사회영역에서 절차적 정당성이 확보되어야 한다. 정치적 의사결정 과정에서의 절차적 정당성, 사회문화적 가치 및 사회적 의제설정과 배분에서의 절차적 정당성, 사회조직의 의사결정 과정에서의 절차적 정당성이 실현되어야 진정한 의미의 민주주의가 실현되었다고 할 수 있다. 절차적 정당성이 중요한 이유는 그것을 통해서만 사회구성원의 승인과 동의에 의해 합리적으로 이루어질 수 있기 때문이다. 절차적 정당성의 확보는 곧 '게임의 규칙'을 세우는 것과 같다. 권력과 부의 논리, 지역의 논리, 서열 논리, 연줄의 논리가 우리 사회를 '정글의 법칙' 속에 순환하게 해왔다. 이것을 타파하는 것이 절차적 정당성, 곧 절차적 정의라고 할 수 있다.

그다음으로 중요한 것이 경제민주주의로의 전환이다. 경제민주주의는 결국 배분적 정의를 실현하는 것과 같다. 경제적 가치와 자원을 어떻게 분배할 것인가가 핵심이다. 승자독식과 대기업의 논리가 정부 관료에 의해 정책에 반영되고, 경제 권력이 정치권력, 시민권력 위에 서 있는 현재의 구조를 개혁해야 한다. 시장의 독과점 체제, 순대, 청국장, 김밥, 샌드위치까지 대기업이 전방위로 사업하는 대기업의 나라에서 경제력 집중은 자연스러운 현상이다. 결국 경제민주주의를 관철하는 핵심문제는 경제력 집중, 경제 양극화를 억제하는 길이다. 이명박 정부 4년간 15대 재벌의 전체 계열사 수는 472개사에서 778개사로 64.8%나 급증했다. 이것이 의미하는 바는 중소기업, 자영업자의 위축과 도태, 서민경제의 악화를 의미한다. 출자총액제한 제도의 부활과 대기업의 자회사 일감 몰아주기, 공정거래법의 재정비가 필요하다. 경제 민주주의에서 무엇보다 중요한 것은 경제활동을 원하는 사람들에게 경제활동의 기회를 가능한 한 확대하는 것이다. 노동의 양극화는 소득의 양극화로 나타난다. 노동시장에서 비정규직 임금차별의 시정 없이 경제 민주주의는 허상에 불과하다. 경제 민주주의의 실현은 경제정의로 가는 길이다.

사회정의를 실현하는 데 문화의 정의 역시 빼놓을 수 없다. 문화정의는 가치의 위계질서를 타파하는 데서 시작해야 한다. 왜 우리는 같은 사고방식, 같은 행동패턴, 같은 라이프스타일로 살아야 하는가? 다양한 가치의 공존과 다양한 라이프스타일이 관습과 억압적 문화를 벗어나 실현될 때 우리는 비로소 한 '개인'으로 살 수 있다. 획일화의 압력을 강제함으로써 개성적 삶이 가능하다. 문화의 정의는 문화향유의 민주주의를 제도적 차원에서 보장함으로써 달성될 수 있다. 출신, 신분, 인종, 능력, 나이, 지역과 관계없이 누구나 문화시민으로서 문화향유 권리를 보장받아야 한다. 이를 위해서는 문화를 공공재로 인식하고, 다양한 문화적 자원을 분배하는 원칙을 세워야 하며, 문화 소외 계층에 대한 보다 발전적인 정책이 추진되어야 한다.

성찰&생각 키우기

1. 한국 현대사에서 '강자의 이익이 정의이다'를 논증할 사례를 제시하고 토론해보자.

2. 왜 '정의'의 원칙과 요구가 사회와 문화공동체 및 역사적 상황에 따라 달라질 수 있는가?

3. 한국사회에서 분배정의를 실현하기 위해 가장 먼저 해야 할 일은 무엇인가?

4. 자연적 우연성과 사회적 우연성에 의해 공정으로서의 정의가 실현되지 않는 경우를 세 가지 이상 제시하고 그 이유를 제시하라.

5. 우리는 흔히 '역차별'이라는 말을 하거나 듣는다. 한국사회에서 정당한 역차별과 정당하지 못한 역차별의 사례와 그 근거를 제시하라.

6. 정의의 문제에서 '기회의 균등'은 아주 중요하다. 기회의 균등성을 확보하지 못한 국가 정책들에는 무엇이 있는가?

7. 만약 마이클 샌델의 《정의란 무엇인가》를 읽었다면 아리스토텔레스의 덕으로서의 정의와 무엇이 어떻게 다른가?

8. 프레이저의 '동등한 참여의 원리'를 기후협정이나 부패방지협정에 적용할 때 발생하는 어려움은 무엇인가?

9. 한국사회의 정의실현을 위해 한국 NGO 단체 활동의 성과와 한계는 무엇인가?

10. '부정의한 사회에서 개인의 옳은 삶은 불가능하다'는 주장을 옹호하는 논거와 반대 논거를 제시해보라.

12

종교, 신이 죽은 그 이후

안개꽃

1 신과 함께 살기와 신 없이 살기

●●●

니체(Nietzsche)가 《차라투스트라는 이렇게 말했다》에서 "모든 신은 죽었다"라고 선언한 이후에 절대 권력을 행사했던 기독교와 기독교 세계관에 관한 사망선고와 종교의 위기 주장은 계속되었다. 과학문명의 발달과 다윈의 진화론, 과학주의, 실증주의, 이성주의 세계관이 사회 전반에 뿌리를 내리면서 '신의 이름'으로, '종교의 이름'으로' 행해졌던 모든 문제는 의심의 대상이 되었다. 많은 사람이 초월자의 명령과 위로를 통해 삶의 문제를 풀어나가기보다는 스스로 '주체'로서 신 없이 살아가기를 원하며 신 없이 살 수 있다고 말한다.

▲ 프리드리히 니체

제도화되고 산업화한 종교가 권력화되고 정치화되는 것을 보면서 사람들은 차라리 신 없이, 종교 없이 살아가는 것이 평화로운 삶을 살아가는 하나의 방법이라고 생각한다. 분쟁과 갈등을 일으키고 살생을 일삼는 전 지구적 차원의 종교 분쟁을 보면서 '평화의 신'이 아니라 '전쟁의 신'이라는 종교적 염증을 느끼게 된다. '정의'에 답하는 것보다 부정의를 참아내기를 권하는 종교, 부정의에 편승해 권력자를 위한 축복의 성가를 부르는 종교에 사람들은 등을 돌린다. 사람들은 부조리와 고통을 먹이 삼아 세력을 확장하고 배타적 종교 이데올로기를 선전하는 광신적 종교집단에 고통당하고 싶어 하지 않는다. 재산을 사유하고 세습을 일삼는 자칭 '선택받은 자 중의 선택받은 성직자'들에게 사람들은 더 이상 희망을 품지 않는다. '희망을 잃어버린 종교'는 더 이상 종교가 아니라고 사람들은 생각한다. 오늘날의 건강한 이성을 가진 사람들에게 신은 죽었고 종교도 죽었다. 탈종교화된 사회에서 신과 종교는 종교인들 사이에 통용되는 고유한 언어가 되었다.

그러나 동서장벽이 붕괴한 이후 그리고 9·11테러가 발생한 후에 흥미로운 사회현상이 일어났다. 종교의 부흥 혹은 종교의 르네상스라고 할 만한 사회문화 현상들이 한 흐름을 이루게 된 것이다. 대중적 차원의 영성 활동이 증가하였으며 종교사회학 영역에서 종교성의 새로운 차원에 대한 새로운 담론이 활발하게 이루어졌다. 철학 분야에서도 하버마스(Habermas), 로티(Rorty), 바티모(Vattimo), 데리다(Derrida) 등이 주도하는 미래 사회의 종교에 대한 철학적 담론이 활발하게 제기되었다. 이러한 현상을 보면서 피터 버거(Peter Berger)는 "우리가 세속화된 세계에 살고 있다는 것은 잘못된 가정"이라고 지적했다.

그러면 이와 같은 서구사회의 종교문화 현상과 종교를 둘러싼 새로운 담론이 의미하는 것은 무엇일까? 인간은 여전히 신을 필요로 한다는 것일까? 개별적인 차원에서 신과 함께 사는 행복이나 종교의 즐거움을 누리려는 것은 선택의 문제이다. 여전히 신과 종교를 필요로 하는 사람이나 정체성을 신과 종교를 통해 찾으려는 사람은 어디든 존재한다. 2004년 미국의 일반사회조사에 의하면 미국인의 62%가 매일 '신의 존재를 느낀다'고 대답했다는 사실로도 알 수 있다. 그러나 이와 같은 종교적 담론 차원의 논의가 '신과 함께 살아가는 삶으로 회귀하자'고 주장하는 것은 아니다. 이는 변화된 세계의 환경과 인간의 실존적 상황 속에서 신과 종교의 긍정적 기능과 역할에 대해 주목하는 것이다.

신과 함께 살 것인지, 신 없이 살 것인지를 최종적으로 선택하는 것은 결국 개인의 문제이다. 그러나 전체 인류의 차원에서나 인간의 역사에서 신과 종교의 문제는 신과 종교의 죽음을 말하거나 위기를 말하는 것과 관계없이 인간의 자기 물음과 인간 삶의 연관 속에서 끊임없이 제기되었다. 이와 같은 문제의식을 느끼면서 이 장에서는 인간에게 종교는 무엇인가? 종교의 기능과 역할은 무엇인가? 한국에서의 종교현상을 어떻게 비판적으로 이해해야 하는가에 대해 검토해볼 것이다.

2 신은 원래 있었다 vs 인간이 신을 만들었다

● ● ● ●

왜 인간에게 신이 필요한 것인가? 왜 인간은 신을 찾는가? 인간의 삶을 관장하는 초월적 힘이나 존재가 있는 것인가? 초기 인류의 원시종교 형태인 애니미즘이나 마나의 관념, 토테미즘 등에서 볼 수 있는 사실은 인간의 힘을 능가하고 인간의 삶에 구체적이며 직접적인 영향을 미치는 '초월적 존재'의 가정이다. 네안데르탈인(10만~2만 5천 년)의 매장문화가 보여주는 것은 사후세계의 존재이며, 사후세계를 관장하는 초월적인 힘의 존재이다. 원시 인류의 의식세계에서 이러한 초월적인 힘은 구체적으로 실재하는 의심할 수 없는 존재였다. 종교가 고등종교로 발전하면서 교리화와 제도화가 나타난다. 고등종교에서 나타나는 교리화는 절대적 존재로서 '태초에 신이 있었다'는 신의 실재성과 신이 인간에게 내리는 명령과 복종의 의무 및 축복의 약속이다.

서구사회의 경우 로마 제국의 황제 콘스탄티누스(Constantinus) 1세(306~337)가 313년에 밀라노 칙령을 공포하여 기독교를 공인한 이래로 기독교의 세속화가 가속화되었고, 점차 사회와 인간 삶을 지배하는 권력이 되었다. 기독교나 이슬람, 유교와 같은 고등종교의 교리화는 원시 인간의 신에 대한 막연한 표상을 논리적 개념체계의 틀로 만들고 제도와 의례를 통해 교리로 내면화시킨다. 교리의 내면화는 인간의 의식세계와 생활세계를 지배하는 수단이 된다. 오늘날 인간이 가진 신에 관한 표상 역시 원시종교의 고등종교화 과정에서 획득된 표상 내용이다.

신에 관한 표상 내용은 완전성, 영원성, 무한성, 전지전능, 성스러움으로 요약할 수 있다. 이에 반해서 인간은 불안전성, 유한성, 무능력, 무력함, 비천, 비속을 표상한다. 신과 인간에 대한 이와 같은 대립하는 표상은 어디서 발생한 것인가? 그것은 다름 아닌 인간의 존재론적 특성에 기인한다. 인간은 유한하다. 생물학적 존재로서 '죽음을 향해 나아가는 존재'라고 할 수는 없지만, 죽을 수밖에 없는 존재이다. 죽을 수밖에 없는 존재가 꿈꾸는 것은 '영원한 삶에 대한 갈망'이다. 영원히 살 수 없는 유한한 존재가 영원히 사는 방법은 '영원한 삶을 약속'하는 종교에 귀의하는 방법이다. 유한자로서 살아가는 인간이 죽음 직전까지 경험하는 것은 무엇인가? 원하는 것이나 원하는 삶을 다 얻을 수 없다는 경험이다. 다 가진 것 같은 사람 역시 자신의 삶에서 희로애락을 경험한다. 그 역시 다른 사람이 이해할 수 없는 다른 차원의 삶의 고통을 경험한다.

유한한 존재의 삶은 불확실성과 불투명성의 연속이다. '내일 일은 난 몰라요'는 문맥상 여러 가지 해석이 가능한데, 이 경우에는 삶의 우연성 때문에 계획에서 계산되지 않는 변수들이 존재한다는 것을 시인하는 말이다. 즉, 삶의 불확실성과 불투명성, 예측 불가능성을 표현한 것이다. 현재를 사는 인간이 자신의 미래 삶을 어떻게 알겠는가? 미래학이나 사회과학의 지표들을 활용한 다양한 미래예측은 사회구조에 대한 불완전한 전망의 수준일 뿐 그 이상은 아니다. 그 전망 역시 다양한 상호작용의 변수들, 자연적 우연성들이 개입되는 상황을 고려하지 못한다. 가정적 전망에 지나지 않는 것이다. 하물며 개인의 삶에 대한 미래전망이 얼마나 가능한가?

1

대학생 L은 자기 인생을 자기 맘대로 살아본 적이 없다고 생각한다. 그런데 L이 그런 생각을 하게 된 것은 최근에 남자친구를 사귀고 서로의 삶을 얘기하면서부터

다. 자신이 하고 싶었던 공부나 미래계획은 부모의 반대로 번번이 좌절되었다. 지금도 L은 부모가 원하는 직종의 취업준비를 하고 있으며, 부모가 실망하지 않을 남자를 만나야 한다는 중압감에 사로잡혀 있다. L은 답답한 마음에 타로 점을 봤다. 신기하게도 과거의 사실과 성격 등이 다 맞는 것처럼 느껴졌다. 혹시나 하는 마음으로 점을 보았는데 놀랍게도 과거의 일을 맞히는 것을 보고 L은 점에 대한 신뢰감이 생겼다. L은 답답한 마음이 들 때마다 종종 점을 보기 시작했다.

📖2

대학 강사 K는 이혼을 여러 번 결심했다가 그때마다 포기했다. K는 최근 들어 가정폭력을 당하기 시작했다. 처음에는 약한 몸싸움 정도로 시작했으나 폭력의 횟수나 정도가 차츰 심해지기 시작했다. K에게는 아이가 둘이 있었는데 심한 몸싸움을 하다가 아이들에게 폭력 장면이 노출되고 말았다. 그 이후 아이들도 아빠를 보면 불안해한다. 아이들은 결국 심리치료까지 받게 되었다. 친정에서도 이 사실을 알고 있지만 "참고 지내면 더 좋은 일이 있을 거다", "네가 잘하면 다 잘될 거야"라며 이혼을 반대한다. K는 '도대체 언제까지 이런 삶을 살아야 하나' 하고 한숨 속에 살면서 가끔은 극단적인 생각도 하였다. 그러던 중 K는 용하다는 점집을 소개받았다. 점쟁이는 하루빨리 이혼하는 것이 K에게 좋다고 하면서 남편 없이도 잘살 수 있다고 하였다. K는 그날 당장 이혼을 결심하게 되었다.

사례 1과 2를 보면 고통을 자각하고 그 고통을 해결하는 방법을 찾고 있다. 이 경우에 친구나 선후배 혹은 전문상담사를 찾는 일도 있지만, 그것으로 만족하지 못할 때 사람들은 점이나 사주팔자, 타로, 부적 혹은 굿을 하기도 한다. 이런 방법들은 하나같이 삶의 고통을 해결하려는 인간의 '몸짓'이라고 할 수 있다. 왜 인간은 '자기 삶의 주인'이 되어 초인처럼 살지 못하는가? 왜 사람들은 '최선을 다했으니 천명(天命)을 기다리자'고 하는가? 왜 사람들은 '행운을 타고난 자를 이길 수 없다'고 말하는가? 이유는 간단하다. 인간의 강인함이 삶의 우연성을 이길 수 없기 때문이다. 이렇듯 인간은 불완전하고 나약한 존재다.

평범한 일상의 삶을 사는 인간의 모습도 이러한데 빠져나오기 어려운 삶의 고통 속에서 비참하게 사는 사람들은 어떠하겠는가? 이들의 선택은 그렇게 많지 않다. 삶을 비관하며 살거나 자살 아니면 초월적 존재를 선택한다. 삶에 대한 회의, 비참함, 부정의, 불평등 같은 고통을 경험하는 인간은 그 반대의 것을 표상한다. 삶의 행복과 죽음이 없는 행복, 현세의 비참함과 고통을 완전히 대체할 축복된 삶을 표상한다. 그것이 천국이다. 영원히 살며, 누구나 차별 없이 평등하며, 행복한 죽음 이후에 또 다른 삶의 세계로서 천국을 표상한다.

철학자 포이어바흐(Feuerbach)는 위와 같은 심리적 투사가 바로 '종교의 본질'이라고 말한다. "신학의 본질이 인간학"이라는 그의 말은 위와 같은 의미가 있다. 같은 맥락에서 현대의 사회철학자 호르크하이머(Horkheimer)는 "종교에는 셀 수 없이 오래 지속한 세대들의 소망과 동경, 고발의 목소리가 스며들어 있다."고 말하였다. 특히 그는 비참함과 고통의 경험, 현세의 운명에 대한 불만족의 경험이 인간으로 하여금 신의 개념 속에 정의(gerechtigkeit)의 측면을 부각했다고 지적한다. 쇼펜하우어는 기독교의 중생이나 은총 개념은 극복되기 어려운 고통의 상태를 가장하는 허구적인 개념이라고 비판했다. 이들은 종교를 심리적 투사물 이상의 것으로서 인간의 사회적 삶의 생산물로 간주한다. 마르크스는 "신의 현존을 논증하는 것은 공허하거나 동어 반복에 지나지 않으며 인간의 자의식 존재를 증명하는 것일 뿐"이라고 하였다. 그는 "인간이 종교를 만드는 것이지 종교가 인간을 만들지 않는다"고 선언했다.

여러분의 생각은 어떠한가? 신이 실재하든 인간이 신을 만들었든 중요한 것은 유한한 인간이 삶을 사는 이상 인간의 종교성(religiosity)은 제거되지 않는다는 것이다. 삶의 고통이 제거되지 않는 이상 신을 찾고 종교에 귀의하려는 인간의 성향은 여전히 DNA처럼 인간에게 작용하기 때문이다. 중요한 것은 그러한 종교 DNA의 기능과 역할을 한 개인을 파괴하지 않고, 사회의 악이 되지 않는 방향으로 전환한다. 그러면 종교의 기능과 영향에 대하여 알아보자.

3 종교의 사회적 기능과 역할

종교의 기능과 역할은 다양한 차원에서 제기할 수 있으나 크게 개인적 차원과 사회적 차원으로 나눌 수 있다. 개인적 차원에서 종교는 위안과 치료의 기능을 제공한다. 인간은 종교를 통해 인간관계에서 치유될 수 없는 문제를 신의 말씀과 신의 손을 통해서 위로와 치료를 받는다.

절대적으로 믿었던 동업자로부터 배신당하고 사업을 접을 수밖에 없었던 C는 경제적 어려움에 빠지게 되었다. 사이가 좋던 부부관계도 악화하였다. 아내의 요구로 이혼과 함께 아파트를 넘기고 C는 고시원에서 기숙하다가 결국 노숙자가 되었다. 배신과 분노, 자신에 대한 원망 속에서 살던 그는 우연한 기회에 한 신사를 알게 되었다. 그는 C에게 대가 없이 친절했고 C를 잘 이해해줬다. 그 신사는 소리를 내지 않는 신앙인이었다. C는 그 신사와의 신뢰감을 통해서 인간애와 신앙의 세계를 접하게 되었다. C는 노숙자 지원 프로그램에 적극 참여하며 신앙을 통해 마음의 위로와 평화를 찾았다.

이렇듯 절대 고독과 존재의 무의미함에 대한 체험, 극복되기 어려운 마음의 상처를 입은 사람들에게 종교는 위로와 함께 심리적인 치유 기능을 수행한다. 누구에게나 '어떻게 살 것인가'를 심각하게 고민하는 시기가 있다. 왜 살아야 하는지, 인간 존재의 의미는 무엇인지, 어떤 삶의 태도와 가치를 가지고 살아야 하는지, 자기 자신과 타자와의 관계를 어떻게 해야 하는지에 대하여 모든 종교는 나름의 대답을 준비하고 있다. 그러면 개인적 차원의 유의미한 기능 이외에 종교의 사회적 기능은 무엇인가?

첫째로 사회구성원의 이념과 가치를 통일시키고 귀속감을 강화시키는 기능을 가진다. 이슬람 문화공동체, 기독교 문화공동체, 가톨릭 문화공동체, 유교 문화공동체, 불교 문화공동체와 같이 특정한 종교는 그것을 믿는 공동체 구성원으로 하여금 공동의 이념과 정신 및 가치를 공유하며 개인과 집단의 정

▲ 라파엘로 산치오, 〈성모 마리아의 결혼〉
1504년 / 패널에 유채 / 117×170cm / 브레라미술관 소장

체성 형성에 이바지한다. 실제로 종교가 강세인 지역에서 정체성의 결정요인 중에서 가장 중요한 것은 국가나 문화가 아니라 종교이다. 가령 한 조사에 따르면, 파키스탄인은 자신을 '무슬림'이라고 한 경우가 94%인 반면 '파키스탄인'이라고 한 경우는 3%에 불과했다. 2009년 이스라엘 민주주의연구소의 거트먼 센터와 아비차이 재단이 공동으로 조사한 결과에 따르면 이스라엘에 거주하는 유대인의 70%가 "유대인은 하느님의 선택받은 민족이라고 믿고 있다"고 응답했다. 이 대답이 의미하는 것은 유대인의 정체성 결정요인은 인종이 아니라 유대경전에 대한 신뢰 여부가 관건임을 보여주는 것이다.

둘째, 사회통합 기능이다. 종교는 기존 사회의 가치나 규범에 정당성을 부여하며 기존질서의 전복을 비판한다. 종교는 기존의 가치와 사회질서를 강화하는 방식으로 사회통합을 이루는 데 이바지한다. 종교는 현재 상존하는 사회적 부정의와 모순, 현재의 사회적 위계질서는 신의 섭리로 만들어진 것임을 강조함으로써 기존 체제에 정당성을 부여한다. 또한 현재의 모순과 부조리, 약자가 받는 고통의 원인에 대한 책임과 처벌이 인간의 몫이 아니라 신의 몫임을 천명함으로써 기존 사회를 전복하려는 시도들을 원천봉쇄한다. 동시에 종교는 타자와의 관계에서 용서와 사랑, 배려를 강조함으로써 종교인으로 하여금 사회통합의 역할을 수행할 것을 요구한다.

셋째, 종교는 사회통합 기능과 반대되는 사회비판 및 사회변동 기능을 수행한다. 서양사에서 기독교 공인 이전과 이후, 십자군 전쟁 이전과 이후, 종교개혁 이전과 이후를 생각하면 종교가 사회변동에 얼마나 지대한 영향을 미치는지 이해할 수 있다. 한국의 경우 기독교 전래 이전과 이후, 대형교회가 들어서기 전과 들어선 이후 사회변화와 사회변동이 초래되었다는 것을 알 수 있다. 기독교의 한국 전파는 단순한 사회변동에 그치지 않고 상당한 문화변동을 가져왔다.

넷째, 종교는 사회발전에 이바지한다. 한국에서 '서학'이라는 이름으로 알려진 가톨릭의 전래는 근대 한국 지식인들의 기존 성리학적 세계관에 엄청난 자극을 주었으며 실사구시(實事求是)의 관점을 형성하는 데 직간접적 영향을 미쳤다. 또한 기독교의 전래와 함께 세워진 각종 학교와 교육사업 및 의료사업, 사회복지 사업은 한국사회의 변동과 발전에 크게 이바지했다고 평가할 수 있다. 1970~80년대 전국 정의구현사제단의 활동은 한국사회의 정치적 약자와 정치발전에 크게 이바지했다. 이들 사제단 뒤에는 '공의로운 신'이라는 종교적 관념이 자리 잡고 있다.

다섯째, 종교는 한 사회의 도덕적인 잣대를 제공한다. 종교는 신의 명령과 계율을 통해 사회 통제와 개인 통제뿐만 아니라 사회 구성원의 행위에 도덕적 기준을 제공한다. 단순히 기도나 종교적 의례에 그치지 않고 생활 전반의 규칙들이 엄격하게 지켜지는 사회가 유대인 사회와 이슬람 사회이다. 이들 사회에서는 종교적 계율이 곧 도덕률이다. 이와 같은 엄격한 종교적 계율이 개인사와 사회생활 전반에 엄격히 적용되지 않는 사회에서도 종교가 도덕적 판단에 직접적인 영향을 미치는 경우를 쉽게 찾을 수 있다. 가령 가톨릭이 강한 나라에서나 보수주의적 종교 신념을 지지하는 구성원이 많은 사회에서는 특수한 경우를 제외한 일반적인 낙태는 금지되어 있고 생명윤리의 기준 역시 상당히 엄격하다.

하지만 종교가 항상 긍정적인 기능만을 수행하는 것은 아니다. 사회통합으로서 종교의 기능은 가치와 규범의 강화, 사회질서의 정당성을 부여하는 방식이다. 그러나 이러한 방식은 니체에 의하면 '노예 도덕'을 통해서 이루어진다. 특히 기독교식 노예 도덕은 자비, 인내, 근면, 사랑, 용서, 순종, 부드러움을 가르침으로써 인간의 '삶의 의지'를 약화시키며 권력 앞에 복종시킨다는 것이다. 주인의 도덕이 아닌 노예 도덕의 내면화를 통해 주체로서 인간의 죽음을 초래한다고 말한다. 니체는 노예 도덕을 버리고 스스로 삶을 약동시키는 초인의 길을 택할 것을 제안한다. 호르크하이머는 종교의 사회 통합적 기능의 역기능을 지배도구로서 종교의 이데올로기적 기능에서 찾는다. 그가 보기에 종교는 하나의 사회세력으로 발전하며 사회를 변혁하는 기능이 아니라 종교적 포장을 통해 기존 질서를 옹호하는 조야한 설명만을 제공해왔다고 평가한다. 이러한 종교는 더 이상 종교적이지 않으며 정치적일 뿐이라는 것이다. 각 종교 성직자들의 부정하고 타락한 권력에 면죄부를 주면서 권력 일부를 분점해오고 스스로 현실권력으로 행세했던 현실의 역사를 본다면 호르크하이머의 주장에 충분히 동의할 수 있다.

　역사적으로 살펴보면 종교가 사회통합 기능을 수행한 것이 아니라 사회의 분열을 조장하고 심지어 해체하는 경우를 흔히 볼 수 있다. 현대사에서 가장 대표적인 경우는 인도와 파키스탄의 분리이다. 인도가 영국으로부터 독립하자마자 힌두교도와 이슬람교도 사이의 종교적 분열이 발생했다. 결국 이슬람교도가 많이 사는 지역을 분리하여 '파키스탄'을 새로 만들었다. 이와 같은 종교적 분열을 막아내는 데 노력했던 간디는 이슬람교도의 포용정책을 거부한 동족인 힌두교도에 의해 생을 마감했다. 북아일랜드에서의 종교 분쟁 역시 영국의 관점에서는 사회통합을 저해하는 위험요소이다. 북아일랜드에서 일어나는 가톨릭과 프로테스탄트 간의 종교적 갈등은 30여 년간 3,600여 명의 생명을 앗아갔다. 아프리카의 나이지리아에서도 종교 간 갈등은 사회의 위험요소가 되고 있다. 주로 북쪽 지역에 거주하는 이슬람교도와 남부에 거주하는 기독교도와의 종교적 갈등은 사회 갈등과 정치적 갈등으로 치닫고 있으며 살상과 보복이 야만적으로 자행되고 있다. 국제위기그룹(ICG)에 따르면 장기적인 유혈충돌로 지난 10년간 1만 4,000명이 사망했다고 한다. 이 밖에 스리랑카 내에서의 불교와 힌두교 간의 내전 때문에 살인과 피해가 발생하고 있다.

　한 사회 내에서 종교 간의 갈등과 분쟁을 해결하는 방법에는 특별한 것이 없다. 종교 간 대화를 통해 공존의 법칙을 체득하거나 특정 종교 내에서 종교적 근본주의를 내세우는 종교적 분파를 경계하는 방법 이외에는 특별한 대책이 없다. 종교의 본래 목적과 가치를 회복하는 종교 내의 자기 성찰과 종교 권력의 정치화를 막아내려는 내적 노력이 중요하다.

한국인의 종교성과 한국에서의 종교문제

한국인은 종교성과 종교적 심성이 다른 나라에 비해 발달해 있는가? 이런 질문을 흔히 던지게 되는 이유는 수많은 종교 간판을 일상의 공간에서 흔히 보기 때문이다. 옥상에 올라가 내려다보면 레스토랑이나 PC방보다 십자가 불빛이 더 많이 보인다. 어느 거리에서든 지하에는 노래방과 단란주점, 1층은 식당, 2층은 병원, 3층은 학원, 4층은 마사지 가게, 5층은 PC방, 6~7층은 모텔, 8층은 교회라는 식의 진풍경을 종종 볼 수 있다. 상업지구나 업무지구, 주택가나 유흥가를 가리지 않고 종교 건물들이 있고, 지하철을 타고 출퇴근을 하면서도 원하지 않는 방식으로 종교를 설파하는 사람들을 만나는 것이 우리의 일상이다. 문화체육관광부의 '2008 한국의 종교현황' 통계자료는 흥미롭기 그지없다.

종교단체가 제출한 자료에 근거한 이 통계를 보면 한국의 종교인 수가 총인구보다 많은 7,150만 2,831명으로 집계되어 있다. 통계에 따르면 불교도는 3,958만 1,983명, 개신교도 1,194만 4,174명, 유교도 1,018만 5,001명, 천주교도 487만 3,447명이다. 종교별 교단 현황은 개신교가 290개, 불교 168개 교단이며, 천주교나 유교 · 천도교 · 원불교 · 대종교는 단일교단이다. 위의 통계가 한국 종교단체의 종교인 수 부풀리기의 결과라 하더라도 한국인이 종교단체에 관여하거나 종교생활을 하는 경우는 서구 선진국이나 일본, 중국과 비교하기 어려울 정도로 높다는 사실이 놀랍다. 서구사회의 교회는 출석인원이 매우 적고 이 때문에 레스토랑이나 음식점, 술집으로 바뀌는 경우도 종종 볼 수 있다. 한국의 종교 인구가 감소한다고 해도 종교자유 국가에서 전체 인구의 절반 이상이 종교생활을 하는 경우는 상당히 이례적인 현상이다.

그렇다면 도대체 왜 이런 종교현상이 발생하는 것인가? 근대 한국인보다 현대 한국인의 종교성이 발달한 결과인가? 아니면 종교성과 무관한 다른 사회문화적 배경이 존재하는가? 일단 한국인의 종교성 특징부터 생각해볼 수 있다. 한국 종교인들의 종교적 정체성은 종교 내적인 동인보다 욕구의 투사로서 기복적인 종교 정체성이 강하다. 종교를 갖고 생활하는 가장 중요한 원인이 '나와 가족의 성공과 축복'에 있다. 욕망 실현의 다양한 동기를 가진 기복적 종교성은 종교단체를 내용적 측면에서 하나의 '이익 실현 공동체'로 변질시키거나 사적 이익 실현을 위한 수단으로 활용한다. 대형교회 중심의 종교생활은 종교생활의 내적 원리 이외에 다른 기복적 종교성 실현의 측면으로 보아야 할 것이다.

두 번째로 한국인의 종교적 정체성은 가족주의 또는 집단주의적 성향을 띤다는 사실이다. 한국인의 가족주의적 성향이 종교생활에도 투영되어 있다. 가족 전체가 같은 종교단체에서 종교생활을 하는 것을 종교적 축복으로 이해하는 경향이 강하다.

세 번째, 한국인의 종교적 경향성이 강화되고 종교생활에 열중하는 태도는 한국사회의 건전성과 관련이 있다. 건전하지 못한 사회에서 수많은 성공신화가 탄생하지만 그 이면에는 힘의 논리, 권모술수, 로비, 뇌물, 배신, 변칙성, 불확실성, 우연성이 자리 잡고 있다는 체험적 사회경험과 인식이 한국인들로 하여금 종교생활을 하게 만든다. 부정의와 불공정 그리고 불평등의 차별경험의 내면화 보상을 종교를 통해서 해소하려는 욕구가 한국인들을 종교로 이끈다고 볼 수 있다. 실제로 투명도가 높고 부패지수가 낮으며 사회복지 제도가 발달해 있는 사회나 사회구성원들이 기회의 균등이나 분배에서 공정하다고 느끼는 사회에서 인구 대비 종교인 수는 현저히 적다는 점을 고려한다면 종교생활과 사회정의와의 관계는 상당히 밀접한 관련이 있다.

흥미로우면서도 심각한 문제는 종교인들이 이렇게 많고 장로 대통령에 매주 조찬기도회가 열리는 나라에서 사회정의를 찾아보기 어렵다는 점이다. 이러한 사실은 한국인의 이기적이고 기복적인 종교적 정체성을 해부하는 단서를 제공한다. 이제 사회문제가 되어버린 한국의 종교문제 중 몇 가지 핵심적인 문제들을 검토해보자.

① 세습의 문제

> 대한예수교장로회(예장) 합동 직전 총회장 K 목사가 사위에게 담임목사직을 물려주면서 또다시 개신교의 교회세습 논란이 고개를 들었다. 최근 총신대 J 총장의 "교회세습도 하나의 청빙방법"이라는 주장을 대표적인 사례로 해석하며, 본을 보여야 할 교계 지도자들이 오히려 교회세습의 표본이 되고 있다는 우려의 목소리가 높아지고 있다(《천지일보》, 2011. 11. 24).

위의 기사에서 보듯이 중대형 교회의 교회세습이 관례가 되고 있다. 그 사례를 들어보자. 교인 8만여 명의 강남 대형교회의 담임목사가 그의 아들에게 담임목사직을 세습했다. 서울 서초구 방배동의 대형교회, 잠실의 대형교회도 역시 아들에게 세습되었다. K, L, S 등 그 밖의 많은 대형교회가 세습되었다. 교회의 세습이 세습을 일삼는 자들이 말하는 신의 공의나 뜻에 맞는 것인가를 묻지 않을 수 없다. 공동목회니 공식청빙의 절차를 밟았느니 하는 그들의 '세습 기술'의 배후에는 무엇이 있는가? 교회를 자신의 사유물로 간주하는 태도에서 나올 수 있는 것은 '혈통으로의 소유권 이전'이며 그것은 세습으로 나타난다. 북한의 3대 세습이나 대기업의 세습보다 도덕적 비판의 대상이 되어야 한다.

종교인들에게 사회가 요구하는 도덕적 탁월성을 묵살하는 이러한 세습의 문제는 건전한 교회 공동체의 형성문제를 떠나 사회정의를 심각하게 훼손하는 행위이다. 세습의 전횡을 일삼는 종교 주식회사의 총수를 제어·관리하기 위해서는 목사 임기제, 청빙의 투명성 제고를 위한 재정비, 사무총회 권한 강화 등의 다양한 제도적 장치와 평신도들의 의식 전환이 요구된다.

❷ 종교계의 비리

종교계의 비리는 어제오늘의 일이 아니다. 사찰과 교회의 사적 매매, 횡령 등 종교지도자의 사금고화 재정운영이 문제이다. 다음 신문기사를 보자.

> 최근 H사에서 주지직 선출을 앞두고 계파 간 치열한 공방전이 지속되고 있다. 특히 종단 내 일부 세력이 주지 스님의 각종 수익사업과 법당 건축 예산과 관련한 여러 가지 의혹을 제기하면서 단순한 공방전을 넘어 폭로전으로 비화하고 있다. …… 이미 H사는 다른 사찰 세 곳에서 납골당 수익사업을 벌이고 있다. 특히 주지 스님이 세운 다른 K 사찰에서는 'ㅇㅇ실업'이라는 사업체를 만들어 납골당 운영은 물론 장의용품 장사까지 하고 있다. …… K 사찰은 지난해 무리한 사업추진으로 건설업체로부터 불상을 압류당한 일까지 있었다. …… 기자와 통화한 H사 내부 관계자 역시 "내년은 주지직 선출이 있는 해다. 최근 벌어지고 있는 주지와 반주지파의 싸움은 주지 선출을 앞두고 4년마다 한 번씩 반복되는 일이다. 사실 그다지 특별하지도 않다."는 입장을 보였다(《일요신문》, 2011. 6. 8).

2008년 시사 프로그램 〈뉴스 후〉에서는 스님들이 포르쉐, 렉서스, 아우디, BMW, 혼다 등 각종 외제차를 타고 다니는 실태와 가짜 문화재를 진짜처럼 전시하여 문화재 관람료를 받고, 국고보조금을 횡령하고 도피 중인 한 유명사찰의 전직 주지 이야기를 다룬 바 있다. 2011년에 일어난 기독교계 종교비리의 대표적인 사례는 여의도 순복음교회 C 목사의 배임 및 횡령 관련 사건과 한국기독교총연맹에서 K 목사의 금권선거이다. C 목사와 일가족은 업무상 배임 및 횡령 혐의로 고발되었으며 추후 공식 사과로 사안이 종결된 것으로 알려졌다. K 목사는 '10억 쓰면 당선되고 5억 쓰면 떨어진다'는 한기총 대표회장 당시 금권선거 책임으로 3개월간 대표회장 직무정지처분을 당했다. 그 이후 그는 여러 경로를 통해 대표회장에 다시 복귀했으나 개혁안 무력화를 시도한 인물이다. K 목사의 사건 이후 한기총 해체운동이 벌어지기도 했다.

매일같이 벌어지는 종교비리의 대책이 있는가? 문제는 대책이 없다는 데 있다. 종교비리는 대부분 종교지도자가 지위를 활용해 벌어지는 일인데 그들을 통제할 마땅한 장치가 없다는 것이다. 무소불위의 권력을 행사하게 하는 종교집단의 독특한 문화와 더불어 제도적인 견제 장치가 없거나 있어도 형식에 그치기 때문에 근본적인 대책이라는 것이 사실상 불가능하다. 종교지도자들의 잃어버린 본래적 종교성의 회복을 요구할 수밖에 없으며 종교집단 스스로 자정 활동을 기대해야 한다. 종교집단의 특수성을 주장하며 사회의 일반적 회계, 감시 시스템을 거부하거나 사회의 다른 조직이 비리 방지예방을 위한 조치들을 수용하지 않는 문제 역시 종교집단 내에서 해결되어야 한다. 종교 비리의 척결문제는 쉽지 않은 문제이다. 사회의 비리에 대한 도덕적 거울이 되기보다 비리의 사슬에 묶여 있는 것이 오늘날 한국 종교계의 현실이다.

❸ 종교의 권력화

한국역사에서 종교의 권력화 양상은 주류 종교의 패러다임과 궤를 같이 한다. 고려 시대의 불교, 산중불교 시대인 조선불교에서도 불교는 항상 권력의 지척에 있었다. 지배이념을 제공하거나 권력의 정당성을 묻지 않고 항상 권력의 편에 서 있었던 것이 불교와 권력의 관계라는 것이 비판적인 종교학자들의 주장이다. 기독교가 주류종교가 되면서 양상은 크게 바뀌었다. 대형교회들의 등장과 사회적 영향력은 그 자체로 하나의 '권력'으로서 작용하기에 이르렀다.

"'돈 있는 곳'에 S 교회 신도 꼭 있다", "모든 길은 'S 교회'로 통한다?" 한국 신문의 기사 제목들이다. 선거철마다 여러 종교단체에서 종교정당을 시도한 바는 있지만, 한국 사회에서 교회의 권력화 문제가 본격화된 것은 최근의 일이다. 이명박 정부의 정권인수위 시절부터 지금까지 S 교회 인맥의 정관계 요직 등용은 더 이상 뉴스거리가 되지 않는다. S 교회는 60명의 전·현직 장관, 10명의 대학 총장, 150명의 연예인이 출석하는 그야말로 한국의 권력 집단이라고 해도 과언이 아니다. 특정 교회의 인맥을 정부의 주요 요직에 배치하는 것이 가져올 사회·정치적 파장과 갈등에 대한 문제를 생각해봐야 한다. 권력의 분점이 특정 교회 세력에 쏠리는 현상은 정치 자원의 비효율적 활용의 측면에서나 권력집단 내의 화학적 결합의 어려움을 넘어서 종교 간 갈등으로도 나타난다.

교회의 정치 권력화와 관련해 특히 경계해야 할 부분은 대형교회 목사들의 노골적인 선거개입이다. K 교회의 L 목사는 18대 대선 때도 선관위의 경고를 묵살하고 설교에서 대통령 후보 지지 발언을 반복적으로 하다가 검찰에 고발되어 벌금형을 받았다. 이명박 정권이 등장한 이후 대형교회 목사들은 서울시 교육감 선거와 시장 선거에서 노골적으로 특정후보를 지지하는 발언을 하는 데 그치지 않고 신도들에게 특정후보에게 투표할 것을 독려하고 신도들을 동원하는 정치행위를 해왔다. 문제는 그들이 선거법을 위반하면서까지 그러한 정치행위를 한다는 데 있다.

교회의 권력 집단화와 대형교회 목사들의 선거 개입 행위가 과연 바람직한가를 묻지 않을 수 없다. 종교가 현실정치에 뛰어들려고 하는 근본적인 이유가 무엇인지 물어봐야 할 것이다. 종교 국가가 아닌 한국에서 종교의 정치 권력화가 이루어지는 것은 중세적 신정 정치를 꿈꾸고 있는 것인가? 이것은 권력 지향적인 종교인들이 종교를 내세워 이념을 강조하는 정치를 하려는 것으로 보인다. 특히 다종교 사회에서 교회의 권력화와 정치 세력화는 종교적 긴장과 갈등을 야기하는 위험요소이다. 교회와 종교 집단이 현실정치가 아니더라도 종교적 가치를 확산시키면서 한국사회의 많은 부분에 이바지해왔다는 점을 상기할 필요가 있다. 또한 현실정치의 권력을 쟁취하는 것이 과연 기독교 정신에 맞는 것인지 스스로 물어봐야 할 것이다.

④ 배타주의

모든 종교는 기본적으로 타 종교에 대하여 배타성을 가진다. 타 종교의 인정 여부는 종교마다 차이는 있지만 그 차이는 상대적이라고 볼 수 있다. 한국 불교가 기독교에 비해 상대적으로 배타성이 적다고 하지만, 불교 교단 간이나 주류 불교 교단인 조계종 내 문중문화의 배타적 성격은 타 종교와의 배타성만큼이나 큰 것으로 알려져 있다. 기독교에서 종교의 배타성은 '신은 오직 자신과 계약을 맺은 자들에게만 계시를 내린다'는 관념에서 출발하며 소위 보편계시 개념을 거부하는 태도이다. 따라서 오직 특정 종교만이 참 종교로서 다른 종교를 인정하지 않는다. 종교적 배타주의는 문자주의적 경전 해석과 결합하면서 상당히 공격적인 배타주의로 나타난다.

L과 S는 사랑했다. S는 불교신자이고 L은 기독교 신자이다. 둘은 사회봉사단체에서 만나 사랑을 키워왔다. 봉사하면서 서로의 세계관과 가치를 이해하고 미래를 약속하게 되었다. 그런데 문제는 L이 S를 어머니한테 소개하면서 벌어졌다. L의 어머니는 종교가 같지 않으면 결혼시킬 수 없다고 했다. S가 결혼을 위해 기독교

로 개종하였으나 L의 어머니는 S의 가족 모두 개종해야 한다고 주장했다. 결국 L
과 S는 헤어질 수밖에 없었다.

위의 사례와 같은 장면은 그리 낯선 풍경이 아니다. 한국 여성과 쿠바 남
성의 사랑을 다룬 영화 〈쿠바의 연인〉에서도 종교적 배타주의 장면이 등장한
다. 여자 주인공의 어머니가 사위인 쿠바 남성 오리엘비스에게 여러 방법으로
전도를 시도하는 장면이나 오리엘비스가 지하철을 탔을 때 한 할머니가 오리
엘비스의 '폭탄 머리'가 '사탄'처럼 보인다며 말세라고 한탄하는 장면 등이다.

종교적 배타주의는 가깝게는 가족 내 종교 갈등으로 인한 가족해체로 나
타난다. 타 종교와의 관계에서는 종교가 다르다는 이유만으로 사찰에 불을 지
르는 행동과 단군 상(像)을 훼손하는 행동으로 나타나 종교 간 갈등, 문화적
갈등을 촉발한다. 한국 종교성의 배타성은 선교에서도 나타난다. 선교가 금지
된 지역에 들어가 공격적인 개종 운동을 하다가 국가 간의 외교 마찰을 일으
키는 사건들이 미디어를 장식한다. 종교적 보수주의자들은 종교적 배타성을
종교적 순수성과 혼동하며 종교 간의 대화와 화해를 거부한다. '오직 하나만
이 진리다', '오직 내 종교만이 진리다'라는 잘못된 종교적 확신이 종교 전쟁
과 분쟁을 야기하고 있다. 그로 인해 불필요한 정치·사회적 비용을 지불함으
로써 자신들이 원하는 선교의 대상에게서 멀어진다는 사실을 인식할 필요가
있다. 적을 만드는 배타주의가 선인가를 물어봐야 한다.

⑤ 종교세

한국의 종교 기관은 종교 관련 비영리법인으로 지정되어 세금을 내지 않
는다. 종교 관련 비영리단체는 기부금 손비 처리, 이자소득의 과세표준 신고

특례 및 납부, 특별부가세 면제, 재산세 비과세, 상속세 면제, 취득세 비과세, 종합토지세 비과세, 사업소세 비과세, 재산 압류금지 등의 혜택을 받는다. 또한 이사회 구성이나 예산 결산에 대한 감사를 전혀 받지 않는다. 세금과 관련된 모든 혜택을 누리면서 국가나 감사 기관으로부터 어떠한 관리감독도 받지 않는다. 종교세의 문제는 종교 직업의 조세와 관련된 것이다.

현행법상 종교 직업인은 면세자가 아니지만 관행상 원하는 자에 한해서 세금을 받고 있다. 문제는 이처럼 실질적인 면세특권이 과연 국민의 의무인 납세의 정신에 맞으며 조세 법률주의에 부합하는가이다. 한국의 성직자들은 전 세계에서 보기 드물게 면세특권을 누리고 있다. 선진국에서 종교 직업인이 소득세를 내지 않는 나라는 대한민국 이외에는 없다. 미국의 종교 직업인들은 소득세와 연금 및 의료보험료도 내며, 정기 소득 외 소득(강연, 타 교회 설교, 결혼·장례 등의 의식 집전)에 대하여도 납세의 의무를 가진다. 독일, 일본 등 다른 나라도 마찬가지이다. 종교가 권력화되고 하나의 거대 세력이 형성된 이상 그 힘에 상응하는 기본 책임과 의무를 물어야 할 때이다.

5 건강한 종교, 인간해방을 위한 종교 문화를 꿈꾸며

●●●

르네상스 시대의 신부이자 최고 인문주의자였던 에라스무스 (Erasmus)는 《우신예찬》에서 교회와 성직자를 조롱한다. 조롱의 이유는 기독성의 상실이다. 철학자들이 늘 해왔고 하고 있는 종교비판의 핵심은 기독성의 상실, 사랑을 실천하지 않고 사랑의 이데올로기를 파는 교회와 교회지도자들이었다. '신은 죽었다'라는 선언에는 제도로서의 종교의 사망선고도 포함된다. 바로 위에서 말한 바와 같이 '사랑'의 정신을 상실하고 '신'의 진정한 목소리가 사라진 신 없는 종교, 예수 없는 교회에 대한 사망선고이다. 지금도 이 사망신고는 여전히 유효하다.

신 없는 종교도 문제이지만 인간 없는 종교 역시 문제이다. 상업 논리와 권력의 냄새를 풍기는 종교는 산업이고 정치 결사체이지 종교가 아니다. 종교가 아름다운 것은 아픈 인간, 고통 받는 인간 옆에 앉아 있을 때이다. 가진 자만을 위한 종교, 자기증식적 전도만을 일삼는 종교, 형제애를 저버린 종교는 인간이 없는 종교이다. 종교가 아름다운 것은 바로 낮은 데서 소외된 인간과 함께할 때이다. 소외된 인간을 위해 종교가 필요한 것이지 종교를 위해 인간이 필요한 것은 아니다.

오늘날과 같은 일그러진 종교 질서에서 종교는 사회의 악으로 작용하기 쉽다. 종교가 종교성을 회복하지 않는 한 종교는 인간과 사회에 해를 입힐 뿐이다. 부인하려 해도 부인할 수 없는 존재의 유한성에서 오는 인간의 종교성에 꽃을 피울 수 있는 것은 종교와 인간해방의 이념이 결합할 때이다. 종교를 통해서 인간이 진정으로 행복하기 위해서는 종교 그 자체를 문제 삼지 말고 종교인, 종교기관, 종교행위자들의 삶과 실천이 인간해방의 이념에 얼마나 부합하는지를 물어야 할 것이다.

성찰&생각 키우기

1. 삶의 의미를 추구하는 과정에서 초월적인 존재에 대해 생각해본 적이 있는가?

2. 니체의 '신은 죽었다'는 선언의 의미와 그것이 인간사회에 미치는 영향이 무엇인가?

3. 오늘날 '신'의 자리를 대체하며 종교로서 기능하는 것들은 무엇이 있는가?

4. 한국 고대사회의 종교 기능과 오늘날 한국사회의 종교 기능에는 어떤 유사점과 차이점이 있는가?

5. 가톨릭이 한국에 유입되는 단계에서 발생한 종교 탄압의 정치·사회적 배경과 의미는 무엇인가?

6. 마르크스가 말하는 '종교는 아편이다'라는 말이 의미하는 것은 무엇인가?

7. 한국, 중국, 일본의 종교의 특성과 종교인들의 종교생활 차이는 무엇인가?

8. 종교 다원주의 시대에 종교 배타주의를 어떻게 극복할 수 있는가?

9. 한국 주류 종교의 근본문제는 무엇이며 한국사회를 위해 주류 종교가 할 수 있는 일
   은 무엇인가?

10. 주위에서 존경받는 종교인이 있는가? 그들이 종교인과 비종교인에게 존경받는 이
    유는 무엇인가?

찾아보기 INDEX